Bryn Mawr Greek Commentaries

Herodotus Book III

Stephen T. Newmyer

Thomas Library, Bryn Mawr College
Bryn Mawr, Pennsylvania

Copyright ©1986 by **Bryn Mawr Commentaries**

Manufactured in the United States of America
ISBN 0-929524-14-4
Printed and distributed by
Bryn Mawr Commentaries
Thomas Library
Bryn Mawr College
Bryn Mawr, PA 19010

Series Preface

These lexical and grammatical notes are meant not as a full-scale commentary but as a clear and concise aid to the beginning student. The editors have been told to resist their critical impulses and to say only what will help the student read the text. Our commentaries, then, are the beginning of the interpretative process, not the end.

We expect that the student will know the basic Attic declensions and conjugations, basic grammar (the common functions of cases and moods; the common types of clauses and conditions), and how to use a dictionary. In general we have tried to avoid duplication of material easily extractable from the lexicon, but we have included help with odd verb forms, and, recognizing that endless page-flipping can be counter-productive, we have provided the occasional bonus of assistance with uncommon vocabulary. The bibliography lists a few works that have proved helpful as secondary reading.

The commentaries are based on the Oxford Classical Text unless otherwise noted. Oxford University Press has kindly allowed us to print its edition of the Greek text in cases where we thought it would be particularly beneficial to the student. The text was set by Stephen V. F. Waite of Logoi Systems (Hanover, N.H.).

Production of these commentaries has been made possible by a generous grant from the Division of Education Programs, the National Endowment for the Humanities.

                        Richard Hamilton, General Editor
                        Gregory W. Dickerson, Associate Editor
                        Gilbert P. Rose, Associate Editor

Volume Preface

The third book of Herodotus' *Histories* has never enjoyed the popularity of the second book, with its extended treatment of the fascinating culture of Egypt, or of the fourth book, whose account of the peculiar customs of the Scythians is justly famous. Yet Book III, with its colorful account of the Persian conquest of Egypt and of the Persian Empire under Darius, amply repays the attention of the student.

Ionic dialectal features are glossed extensively in the earlier chapters of the commentary, somewhat less fully in the later chapters. The format "X=Attic Y" is used to mean: "The Ionic dialectal form X is equivalent to the Attic form Y." The Biography of Herodotus and the Synopsis of Major Ionic Differences from Attic, which immediately precede the commentary, are taken from the Bryn Mawr Commentary on Herodotus I by George A. Sheets. The Greek text is reproduced from C. Hude's third Oxford edition (1927).

My thanks are due to Professor Gregory W. Dickerson for his painstaking reading of the drafts of this commentary and for his many helpful suggestions.

Stephen T. Newmyer
Pittsburgh, PA
June 1986

Biography of Herodotus

The bare facts of Herodotus' life are these. He was born during the 480's B.C. in Halicarnassus, a prosperous Greek city on the southwest coast of Asia Minor. As a young man in the 450's, he was forced to leave the city by Lygdamis, the dynastic tyrant of Halicarnassus. Herodotus' uncle, the epic poet Panyassis, was killed in the same political upheaval which led to the nephew's expulsion. For a while, Herodotus lived in Samos but, before long, he began or resumed that series of travels which took him over much of the then known world—to the Levant and Mesopotamia, to Egypt and Italy, throughout Greece and Ionia, around the entire circuit of the Black Sea. Eventually, Herodotus participated in the pan-Hellenic colonization of Thurii in South Italy, an event which took place under the direction of Athens in 444/3. The internal evidence of the *Histories* suggests that Herodotus died not long after 430, probably in Thurii.

During the early 440's, Herodotus had lived for a while in Athens. His public readings there were hugely acclaimed and still remembered years later by Thucydides and Aristophanes. He is said to have been a particular friend of Sophocles, in whose work there exists a number of clear correspondences to passages in the *Histories*.

It is generally agreed that Herodotus composed different parts of his work during different periods of his life. These "logoi" were later combined and edited by the author into a single, continuous narrative on the grand themes announced in the prologue. The division of the whole work into nine books was made by a later, probably Hellenistic, editor.

Supplementary Reading

Drews, R. *The Greek Accounts of Eastern History*, Cambridge 1973. Chapter 3, "The *Histories* of Herodotus," offers a valuable discussion of the historian's accounts of Eastern empires, including that of Persia.

Evans, J.A.S. *Herodotus*, Boston 1982. This work, in the Twayne's World Authors Series, includes a biography of Herodotus. Chapter 4, "The Growth of Empire," deals with the historical material of Book III in summary form.

Myres, J.L. *Herodotus: Father of History*, Oxford 1953. Perhaps the best general work on the historian, this book contains helpful discussion of the structure of Herodotus' work as a whole and features an enlightening account of the historian's conception of the shape of the world.

Olmstead, A.T. *History of the Persian Empire*, Chicago 1948. The classic work on the subject, this volume contains background material on the geographical places and Persian historical personalities mentioned in Book III of Herodotus. Olmstead has made considerable use of Herodotus' work.

de Selincourt, A. *The World of Herodotus*, San Francisco 1962. This general history of Greece before and during the wars with Persia gives special emphasis to Herodotus' contribution to our understanding of this period.

Synopsis of Major Ionic Differences from Attic

I. Spelling Differences:
 1) η for ᾱ after ε, ι, ρ (e.g., πρῆγμα, αἰτίη for πρᾶγμα, αἰτία).
 2) ει, ου for ε, ο before ν, ρ, λ (e.g., ξεῖνος, μοῦνος, κούρη, οὖλος for ξένος, μόνος, κόρη, ὅλος).
 3) ω for αυ or ου (e.g., θῶμα, ὦν for θαῦμα, οὖν).
 4) κ for π in κῶς, κότερος, κοῦ, κοῖος, etc. (cf. Attic πῶς, πότερος, ποῦ, ποῖος, etc.).
 5) π, τ, κ for φ, θ, χ (e.g., ἀπικνέομαι, αὖτις, δέκομαι for ἀφικνέομαι, αὖθις, δέχομαι).
II. Inflectional Differences:
 1) First Declension.
   a. -εω for -ου in genitive singular of masculine nouns.
   b. -έων for -ῶν in genitive plural of all nouns.
   c. -ῃσι for -αις in dative plural of all nouns.
 2) Second Declension.
   a. -οισι for -οις in dative plural.
 3) Third Declension.
   a. uncontracted endings: e.g., γένεος for γένους, βασιλέες for βασιλεῖς.
 4) Pronouns.
   a. uncontracted endings: e.g., ἐμέο/σέο (or ἐμεῦ/σεῦ) for ἐμοῦ/σοῦ; τεῦ/τέῳ for τοῦ/τῷ (τίνος/τίνι).
   b. οἱ, μιν = αὐτῷ/-ῇ, αὐτόν/-ήν.
   c. σφεῖς, σφέων, σφι, σφέας = αὐτοί/-αί, etc.
   d. all non-nominative forms of relative pronouns have initial τ- and are identical to corresponding forms of the definite article: e.g., τῷ, τόν = ᾧ, ὅν.
 5) Verbs.
   a. occasional omission of augment: e.g., ἀμείβετο = ἠμείβετο.
   b. mostly uncontracted vowel stems: e.g., ἀδικέεται, ἐών = ἀδικεῖται, ὤν.
   c. -αται and -ατο for -νται and -ντο in 3rd person plural middle-passive of many verbs: e.g., τιθέαται, ἱστέατο, γενοίατο, ἐτετάχατο for τίθενται, ἵσταντο, γένοιτο, τεταγμένοι ἦσαν.

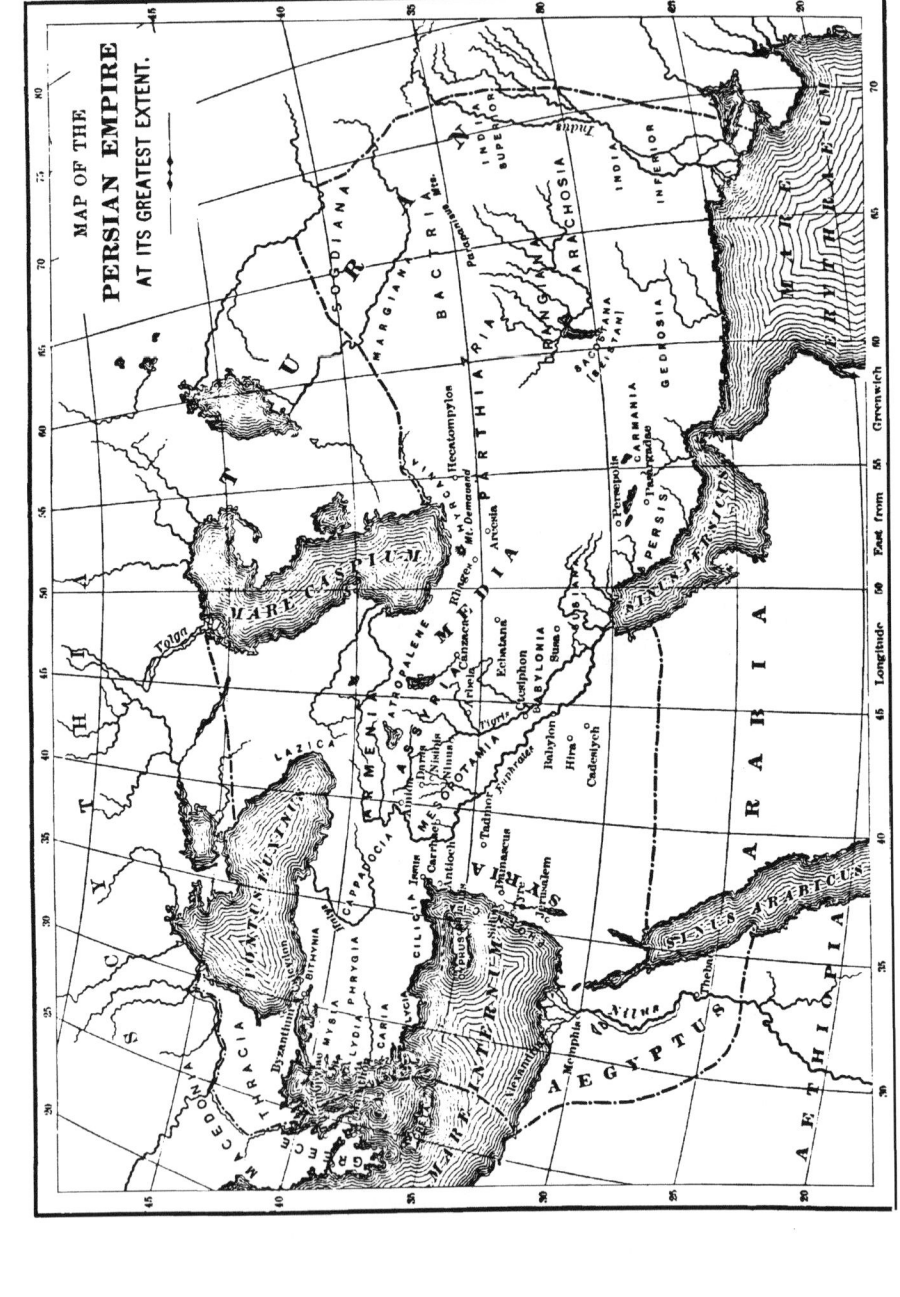

ΙΣΤΟΡΙΩΝ Γ

Ἐπὶ τοῦτον δὴ τὸν Ἄμασιν Καμβύσης ὁ Κύρου ἐστρα- 1
τεύετο, ἄγων καὶ ἄλλους τῶν ἦρχε καὶ Ἑλλήνων Ἰωνάς
τε καὶ Αἰολέας, δι' αἰτίην τοιήνδε· πέμψας Καμβύσης
ἐς Αἴγυπτον κήρυκα αἴτεε Ἄμασιν θυγατέρα, αἴτεε δὲ ἐκ
βουλῆς ἀνδρὸς Αἰγυπτίου, ὃς μεμφόμενος Ἀμάσι ἔπρηξε
ταῦτα ὅτι μιν ἐξ ἁπάντων τῶν ἐν Αἰγύπτῳ ἰητρῶν ἀπο-
σπάσας ἀπὸ γυναικός τε καὶ τέκνων ἔκδοτον ἐποίησε
ἐς Πέρσας, ὅτε Κῦρος πέμψας παρὰ Ἄμασιν αἴτεε ἰητρὸν
ὀφθαλμῶν, ὃς εἴη ἄριστος τῶν ἐν Αἰγύπτῳ. ταῦτα δὴ 2
ἐπιμεμφόμενος ὁ Αἰγύπτιος ἐνῆγε τῇ συμβουλῇ κελεύων
αἰτέειν τὸν Καμβύσεα Ἄμασιν θυγατέρα, ἵνα ἢ δοὺς ἀνιῷτο
ἢ μὴ δοὺς Καμβύσῃ ἀπέχθοιτο. ὁ δὲ Ἄμασις τῇ δυνάμι
τῶν Περσέων ἀχθόμενος καὶ ἀρρωδέων οὐκ εἶχε οὔτε δοῦναι
οὔτε ἀρνήσασθαι· εὖ γὰρ ἠπίστατο ὅτι οὐκ ὡς γυναῖκά
μιν ἔμελλε Καμβύσης ἕξειν ἀλλ' ὡς παλλακήν. ταῦτα 3
δὴ ἐκλογιζόμενος ἐποίησε τάδε· ἦν Ἀπρίεω τοῦ προτέρου
βασιλέος θυγάτηρ κάρτα μεγάλη τε καὶ εὐειδής, μούνη τοῦ
οἴκου λελειμμένη, οὔνομα δέ οἱ ἦν Νίτητις. ταύτην δὴ
τὴν παῖδα ὁ Ἄμασις κοσμήσας ἐσθῆτί τε καὶ χρυσῷ ἀπο-
πέμπει ἐς Πέρσας ὡς ἑωυτοῦ θυγατέρα. μετὰ δὲ χρόνον 4
ὥς μιν ἠσπάζετο ⟨Καμβύσης⟩ πατρόθεν ὀνομάζων, λέγει
πρὸς αὐτὸν ἡ παῖς· Ὦ βασιλεῦ, διαβεβλημένος ὑπὸ
Ἀμάσιος οὐ μανθάνεις, ὅς ἐμέ σοι κόσμῳ ἀσκήσας ἀπέ-
πεμψε, ὡς ἑωυτοῦ θυγατέρα διδούς, ἐοῦσαν τῇ ἀληθείῃ

---

2 καὶ ἄλλους] ἄλλους τε R S V   5 συμβουλίης R S V : συμβουλῆς
Theo prog. 193   Ἀμάσι I.hardy: Ἄμασιν L.   10 συμβυυλίῃ C P
12 δυνάμει L   14 εὖ γὰρ ἠπίστατο] ἐπίστατο γὰρ R S V   οὐχ
A B C P   15 παλακήν A B C (corr. 1) V   16 τάδε] ταῦτα C P
18 δὴ] δὲ C S   21 Καμβύσης add. Stein   24 ἀληθείαι A B

ΗΡΟΔΟΤΟΥ

Ἀπρίεω, τὸν ἐκεῖνος ἐόντα ἑωυτοῦ δεσπότεα μετ' Αἰγυπτίων ἐπαναστὰς ἐφόνευσε. τοῦτο δὴ τὸ ἔπος καὶ αὕτη ἡ αἰτίη ἐγγενομένη ἤγαγε Καμβύσεα τὸν Κύρου μεγάλως θυμωθέντα ἐπ' Αἴγυπτον. οὕτω μέν νυν λέγουσι Πέρσαι. 2 Αἰγύπτιοι δὲ οἰκηιεῦνται Καμβύσεα, φάμενοί μιν ἐκ ταύτης δὴ τῆς Ἀπρίεω θυγατρὸς γενέσθαι· Κῦρον γὰρ εἶναι τὸν πέμψαντα παρὰ Ἄμασιν ἐπὶ τὴν θυγατέρα, ἀλλ' οὐ Καμβύσεα. λέγοντες δὲ ταῦτα οὐκ ὀρθῶς λέγουσι. οὐ μὲν οὐδὲ λέληθε αὐτούς (εἰ γάρ τινες καὶ ἄλλοι, τὰ Περσέων νόμιμα ἐπιστέαται καὶ Αἰγύπτιοι) ὅτι πρῶτα μὲν νόθον οὔ σφι νόμος ἐστὶ βασιλεῦσαι γνησίου παρεόντος, αὖτις δὲ ὅτι Κασσανδάνης τῆς Φαρνάσπεω θυγατρὸς ἦν παῖς Καμβύσης, ἀνδρὸς Ἀχαιμενίδεω, ἀλλ' οὐκ ἐκ τῆς Αἰγυπτίης. ἀλλὰ παρατρέπουσι τὸν λόγον προσποιεύμενοι τῇ Κύρου 3 οἰκίῃ συγγενέες εἶναι. καὶ ταῦτα μὲν ὧδε ἔχει. λέγεται δὲ καὶ ὅδε λόγος, ἐμοὶ μὲν οὐ πιθανός, ὡς τῶν Περσίδων γυναικῶν ἐσελθοῦσά τις παρὰ τὰς Κύρου γυναῖκας, ὡς εἶδε τῇ Κασσανδάνῃ παρεστεῶτα τέκνα εὐειδέα τε καὶ μεγάλα, πολλῷ ἐχρᾶτο τῷ ἐπαίνῳ ὑπερθωμάζουσα, ἡ δὲ Κασσανδάνη, 2 ἐοῦσα τοῦ Κύρου γυνή, εἶπε τάδε· Τοιῶνδε μέντοι ἐμὲ παίδων μητέρα ἐοῦσαν Κῦρος ἐν ἀτιμίῃ ἔχει, τὴν δὲ ἀπ' Αἰγύπτου ἐπίκτητον ἐν τιμῇ τίθεται. τὴν μὲν ἀχθομένην τῇ Νιτήτι εἰπεῖν ταῦτα, τῶν δέ οἱ παίδων τὸν πρεσβύτερον 3 εἰπεῖν Καμβύσεα· Τοιγάρ τοι, ὦ μῆτερ, ἐπεὰν ἐγὼ γένωμαι ἀνήρ, Αἰγύπτου τὰ μὲν ἄνω κάτω θήσω, τὰ δὲ κάτω ἄνω. ταῦτα εἰπεῖν αὐτὸν ἔτεα ὡς δέκα κου γεγονότα, καὶ τὰς γυναῖκας ἐν θώματι γενέσθαι· τὸν δὲ διαμνημονεύοντα

1 δεσπότην R S [V]   2 αἰτία R V   3 ἐγένομ. V   5 οἰκηιεῦνται S: οἰκειεῦνται A: οἰκειοῦνται B C P: οἰκοιοῦνται R V   6 δὴ om. R S V   8 λέγοντες] λέγεται R   μὴν L   9 λέλυθεν R   10 νόμιμα] ν. ὀρθῶς P R S V   13 Ἀχαιμενίδαωι C   15 συγγενὲς R V   16 ὅδε ὁ λόγος E R S V   17 εἰσελθ. A B E   18 τὰ τέκνα R V   19 ὑπερθωυμ. L   20 τοῦ om. E   τοιάδε R V: τοιαῦτα S   ἐμὲ om. E   21 μητέραν R V   ἀπ'] ἐπ' C   23 πρεσβύτατον R S V   24 τοι om. C P R S V   27 θωυματι L

ΙΣΤΟΡΙΩΝ Γ

οὕτω δή, ἐπείτε ἀνδρώθη καὶ ἔσχε τὴν βασιληίην, ποιήσασθαι τὴν ἐπ᾿ Αἴγυπτον στρατηίην. συνήνεικε δὲ καὶ ἄλλο τι τοιόνδε πρῆγμα γενέσθαι ἐς τὴν ἐπιστράτευσιν ταύτην· ἦν τῶν ἐπικούρων Ἀμάσιος ἀνὴρ γένος μὲν Ἁλικαρνησσεύς, οὔνομα δέ οἱ ἦν Φάνης, καὶ γνώμην ἱκανὸς καὶ τὰ πολεμικὰ ἄλκιμος. οὗτος ὁ Φάνης μεμφόμενός κού τι Ἀμάσι ἐκδιδρήσκει πλοίῳ ἐξ Αἰγύπτου, βουλόμενος Καμβύσῃ ἐλθεῖν ἐς λόγους. οἷα δὲ ἐόντα αὐτὸν ἐν τοῖσι ἐπικούροισι λόγου οὐ σμικροῦ ἐπιστάμενόν τε τὰ περὶ Αἴγυπτον ἀτρεκέστατα, μεταδιώκει ὁ Ἄμασις σπουδὴν ποιεύμενος ἑλεῖν, μεταδιώκει δὲ τῶν εὐνούχων τὸν πιστότατον ἀποστείλας τριήρεϊ κατ᾿ αὐτόν, ὃς αἱρέει μιν ἐν Λυκίῃ, ἑλὼν δὲ οὐκ ἀνήγαγε ἐς Αἴγυπτον· σοφίῃ γάρ μιν περιῆλθε ὁ Φάνης. καταμεθύσας γὰρ τοὺς φυλάκους ἀπαλλάσσετο ἐς Πέρσας. ὁρμημένῳ δὲ στρατεύεσθαι Καμβύσῃ ἐπ᾿ Αἴγυπτον καὶ ἀπορέοντι τὴν ἔλασιν, ὅκως τὴν ἄνυδρον διεκπερᾷ, ἐπελθὼν φράζει μὲν καὶ τἆλλα τὰ Ἀμάσιος πρήγματα, ἐξηγέεται δὲ καὶ τὴν ἔλασιν, ὧδε παραινέων, πέμψαντα παρὰ τὸν Ἀραβίων βασιλέα δέεσθαι τὴν διέξοδόν οἱ ἀσφαλέα παρασχεῖν. μούνῃ δὲ ταύτῃ εἰσὶ φανεραὶ ἐσβολαὶ ἐς Αἴγυπτον· ἀπὸ γὰρ Φοινίκης μέχρι οὔρων τῶν Καδύτιος πόλιός [ἢ] ἐστι Σύρων τῶν Παλαιστίνων καλεομένων· ἀπὸ δὲ Καδύτιος ἐούσης πόλιος, ὡς ἐμοὶ δοκέει, Σαρδίων οὐ πολλῷ ἐλάσσονος, ἀπὸ ταύτης τὰ ἐμπόρια τὰ ἐπὶ θαλάσσης μέχρι Ἰηνύσου πόλιός ἐστι τοῦ Ἀραβίου, ἀπὸ δὲ Ἰηνύσου αὖτις Σύρων

1 ἔχε R   βασιλήιν R   2 στρατιήν A B C P : στρατείην E
3 τοιοῦτον R S V   εἰς Λ B   4 Ἀμάσιος] τῶν Ἀ. R S V   γένος
μὲν] γενόμενος C   5 ἦν om. Λ B C P   πολέμια R S V   6 Ἄμασιν
C S Pc (?)   εἰδιδρήσκει V : εἰσδ. R : διαδ. S   8 οἷα] ὁ R S V
10 ποιεύμενον C   ἐλθεῖν S V   11 τριήρη A¹ B C   εἰς ταὐτόν
R S : κα εἰς ταὐτόν V   13 θύσας R S V   14 ἀπηλλάσσετο R S V
16 μιν R S V   18 τῶν B   20 αἱ ἐσβολαὶ R V   21 Φοινίκοις R
μέχρι P : μέχρις rell.   ἢ del. Dobree : γῆ Gronov   22 Σύρων
A B C P   23 πόλιος ἐούσης R S V   δοκεῖ A B   24 τὰ ἐμπόρια
om. S   ἀπὸ ταύτης R V   ἐπὶ] ἀπὸ A B C   μέχρι P : μέχρις
rell.   Ἰκνύσου R S V (hic it. infra)   25 τοῦ] τῆς A B C
αὖτις] πόλιος R S V

μέχρι Σερβωνίδος λίμνης, παρ' ἣν δὴ τὸ Κάσιον ὄρος
3 τείνει ἐς θάλασσαν· ἀπὸ δὲ Σερβωνίδος λίμνης, ἐν τῇ δὴ
λόγος τὸν Τυφῶ κεκρύφθαι, ἀπὸ ταύτης ἤδη Αἴγυπτος.
τὸ δὴ μεταξὺ Ἰηνύσου πόλιος καὶ Κασίου τε ὄρεος καὶ τῆς
Σερβωνίδος λίμνης, ἐὸν τοῦτο οὐκ ὀλίγον χωρίον ἀλλὰ
6 ὅσον τε ἐπὶ τρεῖς ἡμέρας ὁδοῦ, ἄνυδρόν ἐστι δεινῶς. τὸ
δὲ ὀλίγοι τῶν ἐς Αἴγυπτον ναυτιλλομένων ἐννενώκασι,
τοῦτο ἔρχομαι φράσων. ἐς Αἴγυπτον ἐκ τῆς Ἑλλάδος
πάσης καὶ πρὸς ἐκ Φοινίκης κέραμος ἐσάγεται πλήρης οἴνου
δι' ἔτεος ἑκάστου, καὶ ἐν κεράμιον οἰνηρὸν ἀριθμῷ κεινὸν
2 οὐκ ἔστι ὡς λόγῳ εἰπεῖν ἰδέσθαι. κοῦ δῆτα, εἴποι τις
ἄν, ταῦτα ἀναισιμοῦται; ἐγὼ καὶ τοῦτο φράσω. δεῖ τὸν
μὲν δήμαρχον ἕκαστον ἐκ τῆς ἑωυτοῦ πόλιος συλλέξαντα
πάντα τὸν κέραμον ἄγειν ἐς Μέμφιν, τοὺς δὲ ἐκ Μέμφιος
ἐς ταῦτα δὴ τὰ ἄνυδρα τῆς Συρίης κομίζειν πλήσαντας
ὕδατος. οὕτως ὁ ἐπιφοιτῶν κέραμος καὶ ἐξαιρεόμενος ἐν
7 Αἰγύπτῳ ἐπὶ τὸν παλαιὸν κομίζεται ἐς Συρίην. οὕτω μέν
νυν Πέρσαι εἰσὶ οἱ τὴν ἐσβολὴν ταύτην παρασκευάσαντες
ἐς Αἴγυπτον, κατὰ δὴ τὰ εἰρημένα σάξαντες ὕδατι, ἐπείτε
2 τάχιστα παρέλαβον Αἴγυπτον. τότε δὲ οὐκ ἐόντος κω
ὕδατος ἑτοίμου, Καμβύσης πυθόμενος τοῦ Ἁλικαρνησσέος
ξείνου, πέμψας παρὰ τὸν Ἀράβιον ἀγγέλους καὶ δεηθεὶς
τῆς ἀσφαλείης ἔτυχε, πίστις δούς τε καὶ δεξάμενος παρ'
8 αὐτοῦ. σέβονται δὲ Ἀράβιοι πίστις ἀνθρώπων ὅμοια
τοῖσι μάλιστα. ποιεῦνται δὲ αὐτὰς τρόπῳ τοιῷδε· τῶν
βουλομένων τὰ πιστὰ ποιέεσθαι ἄλλος ἀνὴρ ἀμφοτέρων

2 δὴ om. R S V   3 ἤδη] δὴ A B C   4 δὴ] δὲ S V   alt. καὶ om.
C   5 Σερβωνίτιδος R V   6 ὁδοῦ Stein : ὁδόν L   ἔστιν ἄνυδρον
R S V   τὸν C   9 νῦν καὶ πρὸς S V   10 δι' ἔτεος S : δι' ἔτους
ἔτεος R V : δὶς τοῦ ἔτεος A B C P   ἑκάστου del. Gomperz   κείμενον
A B C   11 λόγος R S V   12 ἀναισιμοῦνται V¹ C P   16 ἐπι-
φοιτέων C P R S V   19 ἐς] ἐπ' A B R S V   ἔλξαντες A B C P
ἐπείτε τάχιστα] ἐπὶ τὸ χαστὰ R S V   20 ἐόντες C   κως R
21 ἑτοίμου ὕδατος R S V   -νησῆος R : -ναθῆος S V   22 Ἀράβιον]
Ἀ. βασιλέα R S V   23 πίστεις A B C (corr. 1) : πίστι R : πιστίεις
V   24 πίστεις A B C (corr. 1)   25 τίσι R S V   δὴ B C P

ΙΣΤΟΡΙΩΝ Γ   III. 8

αὐτῶν ἐν μέσῳ ἑστεὼς λίθῳ ὀξέϊ τὸ ἔσω τῶν χειρῶν παρὰ
τοὺς δακτύλους τοὺς μεγάλους ἐπιτάμνει τῶν ποιευμένων
τὰς πίστις, καὶ ἔπειτα λαβὼν ἐκ τοῦ ἱματίου ἑκατέρου
κροκύδα ἀλείφει τῷ αἵματι ἐν μέσῳ κειμένους λίθους ἑπτά,
τοῦτο δὲ ποιέων ἐπικαλέει τόν τε Διόνυσον καὶ τὴν
Οὐρανίην. ἐπιτελέσαντος δὲ τούτου ταῦτα ὁ τὰς πίστις 2
ποιησάμενος τοῖσι φίλοισι παρεγγυᾷ τὸν ξεῖνον ἢ καὶ τὸν
ἀστόν, ἢν πρὸς ἀστὸν ποιῆται, οἱ δὲ φίλοι καὶ αὐτοὶ τὰς
πίστις δικαιεῦσι σέβεσθαι. Διόνυσον δὲ θεῶν μοῦνον καὶ 3
τὴν Οὐρανίην ἡγέονται εἶναι καὶ τῶν τριχῶν τὴν κουρὴν
κείρεσθαί φασι κατά περ αὐτὸν τὸν Διόνυσον κεκάρθαι·
κείρονται δὲ περιτρόχαλα, ὑποξυρῶντες τοὺς κροτάφους.
ὀνομάζουσι δὲ τὸν μὲν Διόνυσον Ὀροτάλτ, τὴν δὲ Οὐρανίην
Ἀλιλάτ. ἐπεὶ ὦν τὴν πίστιν τοῖσι ἀγγέλοισι τοῖσι παρὰ 9
Καμβύσεω ἀπιγμένοισι ἐποιήσατο ὁ Ἀράβιος, ἐμηχανᾶτο
τοιάδε· ἀσκοὺς καμήλων πλήσας ὕδατος ἐπέσαξε ἐπὶ τὰς
ζωὰς τῶν καμήλων πάσας, τοῦτο δὲ ποιήσας ἤλασε ἐς τὴν
ἄνυδρον καὶ ὑπέμενε ἐνθαῦτα τὸν Καμβύσεω στρατόν.
οὗτος μὲν ὁ πιθανώτερος τῶν λόγων εἴρηται, δεῖ δὲ καὶ 2
τὸν ἧσσον πιθανόν, ἐπεί γε δὴ λέγεται, ῥηθῆναι. ποταμός
ἐστι μέγας ἐν τῇ Ἀραβίῃ τῷ οὔνομα Κόρυς, ἐκδιδοῖ δὲ
οὗτος ἐς τὴν Ἐρυθρὴν καλεομένην θάλασσαν. ἀπὸ τούτου 3
δὴ ὦν τοῦ ποταμοῦ λέγεται τὸν βασιλέα τῶν Ἀραβίων,
ῥαψάμενον ὠμοβοέων καὶ ἄλλων δερμάτων ὀχετὸν μήκεϊ
ἐξικνεύμενον ἐς τὴν ἄνυδρον, ἀγαγεῖν διὰ δὴ τούτου τὸ

1 τῷ C   εἴσω R   3 πίστις P : πίστεις rell.   ἑκάστου R S V
4 κροκίδα R S V Aᶜ   · 5 τε τὸν A B C : τὸν S   6 δὲ om. C R V
ὁ] ὥς C   πίστις P R : πίστεις rell.   7 παρεγγυιᾶι C   8 ἀστὸν]
αὐτὸν C S V   ποιέηται C P   8-9 σέβεσθαι post αὐτοὶ R S V
9 πίστεις A B C V   10 ἡγεῦνται R S V   11 κείρασθαί R S V
12 περιτρόχ. R S V Phot. s. v.: ὑποτρόχ. rell.   ὑποξυροῦντες R S V :
περιξυρῶντες A B : περιξυροῦντες C P   13 δὲ om. C   μὲν τὸν C
Ὀρατάλ R S V   16 πλήσας...καμήλων om. R   17 ζωὰς Λ Β
18 ὑπέμεινεν R S V   21 Κόρους A (?) C   24 ἀψάμενον A B C
τῶν ὠμοβοέων A B C² (τῶν...ἐξικν. om. C¹)   τῶν ἄλλων A B C P
25 ἐξιχν. R S V   εἰς R V   τούτου S : τοῦτο R V : τούτων A B C P

ὕδωρ, ἐν δὲ τῇ ἀνύδρῳ μεγάλας δεξαμενὰς ὀρύξασθαι, ἵνα
4 δεκόμεναι τὸ ὕδωρ σῴζωσι. ὁδὸς δ᾽ ἐστὶ δυώδεκα ἡμερέων
ἀπὸ τοῦ ποταμοῦ ἐς ταύτην τὴν ἄνυδρον. ἀγαγεῖν δέ μιν
δι᾽ ὀχετῶν τριῶν ἐς τριξὰ χωρία.
10 Ἐν δὲ τῷ Πηλουσίῳ καλεομένῳ στόματι τοῦ Νείλου
ἐστρατοπεδεύετο Ψαμμήνιτος ὁ Ἀμάσιος παῖς, ὑπομένων
2 Καμβύσεα. Ἄμασιν γὰρ οὐ κατέλαβε ζῶντα Καμβύσης
ἐλάσας ἐπ᾽ Αἴγυπτον, ἀλλὰ βασιλεύσας ὁ Ἄμασις τέσσερα
καὶ τεσσεράκοντα ἔτεα ἀπέθανε, ἐν τοῖσι οὐδέν οἱ μέγα
ἀνάρσιον πρῆγμα συνηνείχθη. ἀποθανὼν δὲ καὶ ταριχευθεὶς
ἐτάφη ἐν τῇσι ταφῇσι τῇσι ἐν τῷ ἱρῷ, τὰς αὐτὸς οἰκοδο-
3 μήσατο. ἐπὶ Ψαμμηνίτου δὲ τοῦ Ἀμάσιος βασιλεύοντος
Αἰγύπτου φάσμα Αἰγυπτίοισι μέγιστον δὴ ἐγένετο· ὕσθησαν
γὰρ Θῆβαι αἱ Αἰγύπτιαι, οὔτε πρότερον οὐδαμὰ ὑσθεῖσαι
οὔτε ὕστερον τὸ μέχρι ἐμεῦ, ὡς λέγουσι αὐτοὶ Θηβαῖοι. οὐ
γὰρ δὴ ὕεται τὰ ἄνω τῆς Αἰγύπτου τὸ παράπαν· ἀλλὰ καὶ
11 τότε ὕσθησαν αἱ Θῆβαι ψακάδι. οἱ δὲ Πέρσαι ἐπείτε
διεξελάσαντες τὴν ἄνυδρον ἵζοντο πέλας τῶν Αἰγυπτίων ὡς
συμβαλέοντες, ἐνθαῦτα οἱ ἐπίκουροι οἱ τοῦ Αἰγυπτίου, ἐόντες
ἄνδρες Ἕλληνές τε καὶ Κᾶρες, μεμφόμενοι τῷ Φάνῃ ὅτι
στρατὸν ἤγαγε ἐπ᾽ Αἴγυπτον ἀλλόθροον, μηχανῶνται πρῆγμα
2 ἐς αὐτὸν τοιόνδε· ἦσαν τῷ Φάνῃ παῖδες ἐν Αἰγύπτῳ κατα-
λελειμμένοι, τοὺς ἀγαγόντες ἐς τὸ στρατόπεδον καὶ ἐς ὄψιν
τοῦ πατρὸς κρητῆρα ἐν μέσῳ ἔστησαν ἀμφοτέρων τῶν στρατο-
πέδων, μετὰ δὲ ἀγινέοντες κατὰ ἕνα ἕκαστον τῶν παίδων
3 ἔσφαζον ἐς τὸν κρητῆρα. διὰ πάντων δὲ διεξελθόντες τῶν
παίδων οἶνόν τε καὶ ὕδωρ ἐσεφόρεον ἐς αὐτόν, ἐμπιόντες δὲ

2 σῴζωσι] ποτίζωσιν RSV 3 ἄγειν ABCP 4 τριῶν om.
ABC 6 ἐστρατεύετο ABC 8 ἐς RSV τέσσ. καὶ om. SV
9 τέσσαρ. CRV 12 βασιλεύσαντος ABCP 13 δὴ om. RSV
οἰσθησαν AB 14 αἱ om. AB ὑθεῖσαι (?) R 15 μέχρι P:
μέχρις rell. ὠ] οὔτε SV 16 δὴ om. RV 17 ψεκάδι PS
Eust. Dion. 248 23 τοὺς] τούτους RSV 24 παντὸς R
26 ἔσφαζον ... παίδων om. SV 27 ἐσφόρεον C: ἐφόρεον
RSV

ΙΣΤΟΡΙΩΝ Γ

III. 11

τοῦ αἵματος πάντες οἱ ἐπίκουροι οὕτω δὴ συνέβαλον. μάχης δὲ γενομένης καρτερῆς καὶ πεσόντων [ἐξ] ἀμφοτέρων τῶν στρατοπέδων πλήθεϊ πολλῶν ἐτράποντο οἱ Αἰγύπτιοι. θῶμα 12 δὲ μέγα εἶδον πυθόμενος παρὰ τῶν ἐπιχωρίων· τῶν γὰρ ὀστέων κεχυμένων χωρὶς ἑκατέρων τῶν ἐν τῇ μάχῃ ταύτῃ πεσόντων (χωρὶς μὲν γὰρ τῶν Περσέων ἔκειτο τὰ ὀστέα, ὡς ἐχωρίσθη κατ' ἀρχάς, ἑτέρωθι δὲ τῶν Αἰγυπτίων), αἱ μὲν τῶν Περσέων κεφαλαί εἰσι ἀσθενέες οὕτω ὥστε, εἰ θέλοις ψήφῳ μούνῃ βαλεῖν, διατετρανέεις, αἱ δὲ τῶν Αἰγυπτίων οὕτω δή τι ἰσχυραί, μόγις ἂν λίθῳ παίσας διαρρήξειας. αἴτιον 2 δὲ τούτου τόδε ἔλεγον, καὶ ἐμέ γε εὐπετέως ἔπειθον, ὅτι Αἰγύπτιοι μὲν αὐτίκα ἀπὸ παιδίων ἀρξάμενοι ξυρῶνται τὰς κεφαλὰς καὶ πρὸς τὸν ἥλιον παχύνεται τὸ ὀστέον. τὠυτὸ 3 δὲ τοῦτο καὶ τοῦ μὴ φαλακροῦσθαι αἴτιόν ἐστι· Αἰγυπτίων γὰρ ἄν τις ἐλαχίστους ἴδοιτο φαλακροὺς πάντων ἀνθρώπων. τούτοισι μὲν δὴ τοῦτό ἐστι αἴτιον ἰσχυρὰς φορέειν τὰς 4 κεφαλάς, τοῖσι δὲ Πέρσῃσι, ὅτι ἀσθενέας φορέουσι τὰς κεφαλάς, αἴτιον τόδε· σκιητροφέουσι ἐξ ἀρχῆς πίλους τιάρας φορέοντες. ταῦτα μέν νυν τοιαῦτα [ἐόντα εἶδον]· εἶδον δὲ καὶ ἄλλα ὅμοια τούτοισι ἐν Παπρήμι τῶν ἅμα Ἀχαιμένεϊ τῷ Δαρείου διαφθαρέντων ὑπὸ Ἰνάρω τοῦ Λίβυος. οἱ δὲ 13 Αἰγύπτιοι ἐκ τῆς μάχης ὡς ἐτράποντο, ἔφευγον οὐδενὶ κόσμῳ. κατειληθέντων δὲ ἐς Μέμφιν ἔπεμπε ἀνὰ ποταμὸν Καμβύσης νέα Μυτιληναίην κήρυκα ἄγουσαν ἄνδρα Πέρσην, ἐς ὁμολογίην προκαλεόμενος Αἰγυπτίους. οἱ δὲ ἐπείτε τὴν νέα εἶδον 2 ἐσελθοῦσαν ἐς τὴν Μέμφιν, ἐκχυθέντες ἁλέες ἐκ τοῦ τείχεος τήν τε νέα διέφθειραν καὶ τοὺς ἄνδρας κρεουργηδὸν διασπά-

---

1 συνέβαλλον C   2 ἐξ om. R S V   τῶν στρατ. del. Gomperz
3 ἐτράποντο R   θωυμα L   4 δὲ] τε A B : τι C   ἴδον
S V R⁰ (1)   γὰρ om. R S V   5 περικεχυμένων A B C P
6 ἐκέετο A B C P : κέεται R S V   8 θέλεις A B C P   9 βαλέειν L.
10 διαρρήξεις A B C : διαράξειας R S (διαρρ·) V   12 ξυρεῦνται C P
17 τοῖσι (τούτοισι C) . . . κεφαλάς om. R   18 ἐξ] τε ἐξ R S V
19 ἐόντα εἶδον (ἴδον R S) om. A B C P   ἴδον R S V   21 τῷ]
τοῦ R S V   Ἰνάρου R S V   24 Μιτυλ. C P R S V (it. infra)
25 παρακαλ. C   Ἴδον ἐλθοῦσαν R S V   27 κρεουργηδὸν L

σαντες ἐφόρεον ἐς τὸ τεῖχος. καὶ Αἰγύπτιοι μὲν μετὰ τοῦτο πολιορκεόμενοι χρόνῳ παρέστησαν, οἱ δὲ προσεχέες Λίβυες δείσαντες τὰ περὶ τὴν Αἴγυπτον γεγονότα παρέδοσαν σφέας αὐτοὺς ἀμαχητὶ καὶ φόρον τε ἐτάξαντο καὶ δῶρα ἔπεμπον. ὡς δὲ Κυρηναῖοι καὶ Βαρκαῖοι, δείσαντες ὁμοίως καὶ οἱ Λίβυες, ἕτερα τοιαῦτα ἐποίησαν. Καμβύσης δὲ τὰ μὲν παρὰ Λιβύων ἐλθόντα δῶρα φιλοφρόνως ἐδέξατο, τὰ δὲ παρὰ Κυρηναίων ἀπικόμενα μεμφθείς, ὡς ἐμοὶ δοκέει, ὅτι ἦν ὀλίγα (ἔπεμψαν γὰρ δὴ πεντακοσίας μνέας ἀργυρίου οἱ Κυρηναῖοι), ταύτας δρασσόμενος αὐτοχειρίῃ διέσπειρε τῇ στρατιῇ. ἡμέρῃ δὲ δεκάτῃ ἀπ' ἧς παρέλαβε τὸ τεῖχος τὸ ἐν Μέμφι Καμβύσης, κατίσας ἐς τὸ προάστιον ἐπὶ λύμῃ τὸν βασιλέα τῶν Αἰγυπτίων Ψαμμήνιτον, βασιλεύσαντα μῆνας ἕξ, τοῦτον κατίσας σὺν ἄλλοισι Αἰγυπτίοισι διεπειρᾶτο αὐτοῦ τῆς ψυχῆς ποιέων τοιάδε· στείλας αὐτοῦ τὴν θυγατέρα ἐσθῆτι δουληίῃ ἐξέπεμπε ἐπ' ὕδωρ ἔχουσαν ὑδρήιον, συνέπεμπε δὲ καὶ ἄλλας παρθένους ἀπολέξας ἀνδρῶν τῶν πρώτων, ὁμοίως ἐσταλμένας τῇ τοῦ βασιλέος. ὡς δὲ βοῇ τε καὶ κλαυθμῷ παρῇσαν αἱ παρθένοι παρὰ τοὺς πατέρας, οἱ μὲν ἄλλοι πάντες ἀντεβόων τε καὶ ἀντέκλαιον ὁρῶντες τὰ τέκνα κεκακωμένα, ὁ δὲ Ψαμμήνιτος προϊδὼν καὶ μαθὼν ἔκυψε ἐς τὴν γῆν. παρελθουσέων δὲ τῶν ὑδροφόρων, δεύτερά οἱ τὸν παῖδα ἔπεμπε μετ' ἄλλων Αἰγυπτίων δισχιλίων τὴν αὐτὴν ἡλικίην ἐχόντων, τούς τε αὐχένας κάλῳ δεδεμένους καὶ τὰ στόματα ἐγκεχαλινωμένους. ἤγοντο δὲ ποινὴν τείσοντες Μυτιληναίων τοῖσι ἐν Μέμφι

1 καὶ om. V   2 πολιορκούμενοι A B : πολιορκεύμ. C P (-ερκ-)
5 ἀβαρκ. C : οἱ B. R S V   δείσαντες] δ. τε R S V   καὶ Schaefer :
ἃ καὶ A B C P : ὡς καὶ R S V   6 ἕτερα om. A B C P   π' ἐποίησαν R : πεπ. S V   9 δὴ om. R   πεντηκ. A B C P   11 ἐμέμφι A :
ἐμ μέφι R   12 προάστειον L   14 διεπειρεᾶτο R S V   15 δουλίῃ S V   16 ἐς E R V : ἐπ' ὕδωρ om. S   συνέπεμψε R S V
18 παρήισαν Reiz : παρῆεσαν R S V : παρῆσαν A B C E P   19 πάντες] πατέρες R S V   ἀντεβόων E : ἀνεβόων rell.   20 ἀνέκλαιον C P
21 προσιδὼν R S V   παρεξελθουσέων R S V   23 Αἰγυπτίων om. E
τε] δὲ P R S V   24 καὶ] ἦγον καὶ R S V   25 ἄγοντο C P
πείσοντες E : τ + ισ. V : τίσ. rell.   τῶν ἐν Μ. ἀπολομένων E

ΙΣΤΟΡΙΩΝ Γ

ἀπολομένοισι σὺν τῇ νηί· ταῦτα γὰρ ἐδίκασαν οἱ βασιλήιοι δικασταί, ὑπὲρ ἀνδρὸς ἑκάστου δέκα Αἰγυπτίων τῶν πρώτων ἀνταπόλλυσθαι. ὁ δὲ ἰδὼν παρεξιόντας καὶ μαθὼν τὸν παῖδα 6 ἀγόμενον ἐπὶ θάνατον, τῶν ἄλλων Αἰγυπτίων τῶν περικατημένων αὐτὸν κλαιόντων καὶ δεινὰ ποιεύντων, τὠυτὸ ἐποίησε τὸ καὶ ἐπὶ τῇ θυγατρί. παρελθόντων δὲ καὶ τούτων συνήνεικε 7 ὥστε τῶν συμποτέων οἱ ἄνδρα ἀπηλικέστερον, ἐκπεπτωκότα ἐκ τῶν ἐόντων ἔχοντά τε οὐδὲν εἰ μὴ ὅσα πτωχὸς καὶ προσαιτέοντα τὴν στρατιήν, παριέναι Ψαμμήνιτόν τε τὸν Ἀμάσιος καὶ τοὺς ἐν τῷ προαστίῳ κατημένους Αἰγυπτίων. ὁ δὲ Ψαμμήνιτος ὡς εἶδε, ἀνακλαύσας μέγα καὶ καλέσας ὀνομαστὶ τὸν ἑταῖρον ἐπλήξατο τὴν κεφαλήν. ἦσαν δ' ἄρα 8 αὐτοῦ φύλακοι, οἳ τὸ ποιεύμενον πᾶν ἐξ ἐκείνου ἐπ' ἑκάστῃ ἐξόδῳ Καμβύσῃ ἐσήμαινον. θωμάσας δὲ ὁ Καμβύσης τὰ ποιεύμενα πέμψας ἄγγελον εἰρώτα αὐτὸν λέγων τάδε· Δεσπότης σε Καμβύσης, Ψαμμήνιτε, εἰρωτᾷ δι' ὅ τι δὴ τὴν 9 μὲν θυγατέρα ὁρῶν κεκακωμένην καὶ τὸν παῖδα ἐπὶ θάνατον στίχοντα οὔτε ἀνέβωσας οὔτε ἀνέκλαυσας, τὸν δὲ πτωχὸν οὐδέν σοι προσήκοντα, ὡς ἄλλων πυνθάνεται, ἐτίμησας; ὁ μὲν δὴ ταῦτα ἐπειρώτα, ὁ δ' ἀμείβετο τοισίδε· Ὦ παῖ Κύρου, 10 τὰ μὲν οἰκήια ἦν μέζω κακὰ ἢ ὥστε ἀνακλαίειν, τὸ δὲ τοῦ ἑταίρου πένθος ἄξιον ἦν δακρύων, ὃς ἐκ πολλῶν τε καὶ εὐδαιμόνων ἐκπεσὼν ἐς πτωχηίην ἀπῖκται ἐπὶ γήραος οὐδῷ. καὶ ταῦτα ὡς ἀπενειχθέντα †ὑπὸ τούτου†, εὖ δοκέειν σφι εἰρῆσθαι. ὡς δὲ λέγεται ὑπ' Αἰγυπτίων, δακρύειν μὲν 11 Κροῖσον (ἐτετεύχεε γὰρ καὶ οὗτος ἐπισπόμενος Καμβύσῃ

4 ἀγόμενον Dindorf: ἠγεόμενον L   6 τῷ C   καὶ om. A B C E
τῇ om. R S V   7 ὥστε καὶ.τῶν R V   8 ἐκ τῶν om. R
τε] δὲ R S V   10 προαστείῳ L   τῶν Αἰγ. E   11 ἴδεν R S V
12 οὐνομαστὶ C : οὐνόματι S : ὀνόματι R V   13 ἅπαν R S V   ἐξ...
ἐπ'] ἐπ'...ἐξ R S V   14 ἐσήμηνον R V   θωυμ. L   15 ἠρώτα
C P V   16 ἐρωτᾷ C P R V   δια τί τὴν E   17 παῖδα δὲ ἐπὶ
R S V   18 ἀνέκλαυσας E: ἀπέκλαυσας rell.   19 πυνθάνομαι
C P   ἐτίμησας] ἐ. τούτοισιν R S V   20 τοῖσδε L   21 μείζω
R V   ἢ om. A B C   22 ἑτέρου C S V   πάθος E   23 εὐδαιμόνῳ R   24 ὡς secl. Matthiae   ὑπὸ τούτου] ἐπύθοντο Tkatsch
25 δὲ om. R S V   26 ἐτετεύχε C   γὰρ om. C

ἐπ' Αἴγυπτον), δακρύειν δὲ Περσέων τοὺς παρεόντας, αὐτῷ
τε Καμβύσῃ ἐσελθεῖν οἶκτόν τινα καὶ αὐτίκα κελεύειν τόν
τέ οἱ παῖδα ἐκ τῶν ἀπολλυμένων σῴζειν καὶ αὐτὸν ἐκ τοῦ
προαστίου ἀναστήσαντας ἄγειν παρ' ἑωυτόν. τὸν μὲν δὴ
παῖδα εὗρον οἱ μετιόντες οὐκέτι περιεόντα ἀλλὰ πρῶτον
κατακοπέντα, αὐτὸν δὲ Ψαμμήνιτον ἀναστήσαντες ἦγον παρὰ
Καμβύσεα· ἔνθα τοῦ λοιποῦ διαιτᾶτο ἔχων οὐδὲν βίαιον. εἰ
δὲ καὶ ἠπιστήθη μὴ πολυπρηγμονέειν, ἀπέλαβε ἂν Αἴγυπτον
ὥστε ἐπιτροπεύειν αὐτῆς, ἐπεὶ τιμᾶν ἐώθασι Πέρσαι τῶν
βασιλέων τοὺς παῖδας· τῶν, εἰ καί σφεων ἀποστέωσι, ὅμως
τοῖσί γε παισὶ αὐτῶν ἀποδιδοῦσι τὴν ἀρχήν. πολλοῖσι μέν
νυν καὶ ἄλλοισι ἔστι σταθμώσασθαι ὅτι τοῦτο οὕτω νενο-
μίκασι ποιέειν, ἐν δὲ καὶ τῷ τε Ἰνάρω παιδὶ Θαννύρᾳ, ὃς
ἀπέλαβε τήν οἱ ὁ πατὴρ εἶχε ἀρχήν, καὶ τῷ Ἀμυρταίου
Παυσίρι· καὶ γὰρ οὗτος ἀπέλαβε τὴν τοῦ πατρὸς ἀρχήν·
καίτοι Ἰνάρω γε καὶ Ἀμυρταίου οὐδαμοί κω Πέρσας κακὰ
πλέω ἐργάσαντο. νῦν δὲ μηχανώμενος κακὰ ὁ Ψαμμήνιτος
ἔλαβε τὸν μισθόν· ἀπιστὰς γὰρ Αἰγυπτίους ἥλω, ἐπείτε δὲ
ἐπάϊστος ἐγένετο ὑπὸ Καμβύσεω, αἷμα ταύρου πιὼν ἀπέθανε
παραχρῆμα. οὕτω δὴ οὗτος ἐτελεύτησε. Καμβύσης δὲ ἐκ
Μέμφιος ἀπίκετο ἐς Σάϊν πόλιν, βουλόμενος ποιῆσαι τὰ δὴ
καὶ ἐποίησε. ἐπείτε γὰρ ἐσῆλθε ἐς τὰ τοῦ Ἀμάσιος οἰκία,
αὐτίκα ἐκέλευε ἐκ τῆς ταφῆς τὸν Ἀμάσιος νέκυν ἐκφέρειν
ἔξω· ὡς δὲ ταῦτά οἱ ἐπιτελέα ἐγένετο, μαστιγοῦν ἐκέλευε
καὶ τὰς τρίχας ἀποτίλλειν καὶ κεντροῦν τε καὶ τἆλλα πάντα
λυμαίνεσθαι. ἐπείτε δὲ καὶ ταῦτα ἔκαμον ποιεῦντες (ὁ γὰρ δὴ
νεκρὸς ἅτε τεταριχευμένος ἀντεῖχέ τε καὶ οὐδὲν διεχέετο),

4 προαστείου L   5 οἱ om. C : αὐτοῦ οἱ P R S V : παῖδα περ.οὐκέτι
εὗρον οἱ μ. E   8 ἐπιστήθη R S   πολυπρηγμονεῖν L (-πραγμονῶν S V)
9 αὐτὴν R S V   10 εἰ] ην R S V Pᶜ   13 τῷ τε Reiske : τῷ(ι)δε L
Ἰνάρω] Ἰναρω τῷ Λίβυος R S V   ἰθαννύρα R S V   ὡς R S V
14 εἶρχεν R   16 γε] τε R S V   οὐδαμοί κω om. S V   17 ἐργάσατο
R S V   22 εἰσῆλθεν εἰς R V   23 Ἀμάσιον R V   24 οἱ om.
A B C P   μαστιγοῦν] μ. τὸν νέκυν R S V   25 κεντοῦν
A B C P

ΙΣΤΟΡΙΩΝ Γ

ἐκέλευσέ μιν ὁ Καμβύσης κατακαῦσαι, ἐντελλόμενος οὐκ ὅσια. Πέρσαι γὰρ θεὸν νομίζουσι εἶναι τὸ πῦρ. τὸ ὦν κατακαίειν 3 γε τοὺς νεκροὺς οὐδαμῶς ἐν νόμῳ οὐδετέροισί ἐστι, Πέρσῃσι μὲν δι' ὅ περ εἴρηται, θεῷ οὐ δίκαιον εἶναι λέγοντες νέμειν νεκρὸν ἀνθρώπου· Αἰγυπτίοισι δὲ νενόμισται ⟨τὸ⟩ πῦρ θηρίον εἶναι ἔμψυχον, πάντα δὲ αὐτὸ κατεσθίειν τά περ ἂν λάβῃ, πλησθὲν δὲ [αὐτὸ] τῆς βορῆς συναποθνήσκειν τῷ κατεσθιομένῳ. οὐκ ὦν θηρίοισι νόμος οὐδαμῶς σφί ἐστι τὸν νέκυν 4 διδόναι· καὶ διὰ ταῦτα ταριχεύουσι, ἵνα μὴ κείμενος ὑπὸ εὐλέων καταβρωθῇ. οὕτω δὴ οὐδετέροισι νομιζόμενα ἐνετέλλετο ποιέειν ὁ Καμβύσης. ὡς μέντοι Αἰγύπτιοι λέγουσι, 5 οὐκ Ἄμασις ἦν ὁ ταῦτα παθών, ἀλλὰ ἄλλος τις τῶν Αἰγυπτίων ἔχων τὴν αὐτὴν ἡλικίην Ἀμάσι, τῷ λυμαινόμενοι Πέρσαι ἐδόκεον Ἀμάσι λυμαίνεσθαι. λέγουσι γὰρ ὡς πυθόμενος 6 ἐκ μαντηίου ὁ Ἄμασις τὰ περὶ ἑωυτὸν ἀποθανόντα μέλλοι γίνεσθαι, οὕτω δὴ ἀκεύμενος τὰ ἐπιφερόμενα τὸν μὲν ἄνθρωπον τοῦτον τὸν μαστιγωθέντα ἀποθανόντα ἔθαψε ἐπὶ τῇσι θύρῃσι ἐντὸς τῆς ἑωυτοῦ θήκης, ἑωυτὸν δὲ ἐνετείλατο τῷ παιδὶ ἐν μυχῷ τῆς θήκης ὡς μάλιστα θεῖναι. αἱ μέν νυν 7 ἐκ τοῦ Ἀμάσιος ἐντολαὶ αὗται αἱ ἐς τὴν ταφήν τε καὶ τὸν ἄνθρωπον ἔχουσαι οὔ μοι δοκέουσι ἀρχὴν γενέσθαι, ἄλλως δ' αὐτὰ Αἰγύπτιοι σεμνοῦν.

Μετὰ δὲ ταῦτα ὁ Καμβύσης ἐβουλεύσατο τριφασίας 17 στρατηίας, ἐπί τε Καρχηδονίους καὶ ἐπὶ Ἀμμωνίους καὶ ἐπὶ τοὺς μακροβίους Αἰθίοπας, οἰκημένους δὲ Λιβύης ἐπὶ

1 -καῦσαι ... εἶναι τὸ om. C   2 τὸ πῦρ P Stob. flor. 123, 13 : πῦρ rell.   3 γε Schweighaeuser: τε ABCP: om. RSV   4 διότιπερ RSV   5 τὸ Stob. : om. L   6 αὐτὸν AB   ἄν περ RSV   7 αὐτὸ del. Abicht   8 σφί] φησι(ν) ABC   9 καὶ om. C   10 δὴ om. ABCP   ἐνετέλετο RV   12 τῶν τις RSV   13 ἔχων τε RSV   τὴν ἡλικίην Ἀμασιν SV   ᾧ L   14 Ἀμασιν ABCV(?): Ἄμασι R   15 μέλλοι (-ει S) ἀποθανόντα RSV: ἀποθαν. μέλλοντα ABCP   16 γίγν. RSV   μὲν om. RSV   17 ἐπὶ] ἐν P   18 ἐκτὸς RSV   19 αἱ RV : ἐ C   20 Ἀμάσεος R   αἱ om. RSV   21 ἀλλ'·ἄλλως αὐτὰ RSV   23 ἐβουλεύσατο ὁ Καμβύσης RSV

2 τῇ νοτίῃ θαλάσσῃ. βουλευομένῳ δέ οἱ ἔδοξε ἐπὶ μὲν Καρχηδονίους τὸν ναυτικὸν στρατὸν ἀποστέλλειν, ἐπὶ δὲ Ἀμμωνίους τοῦ πεζοῦ ἀποκρίναντα, ἐπὶ δὲ τοὺς Αἰθίοπας κατόπτας πρῶτον, ὀψομένους τε τὴν ἐν τούτοισι τοῖσι Αἰθίοψι λεγομένην εἶναι ἡλίου τράπεζαν εἰ ἔστι ἀληθέως, καὶ πρὸς ταύτῃ τὰ ἄλλα κατοψομένους, δῶρα δὲ τῷ λόγῳ 18 φέροντας τῷ βασιλέϊ αὐτῶν. ἡ δὲ τράπεζα τοῦ ἡλίου τοιήδε τις λέγεται εἶναι· λειμών ἐστι ἐν τῷ προαστίῳ ἐπίπλεος κρεῶν ἑφθῶν πάντων τῶν τετραπόδων, ἐς τὸν τὰς μὲν νύκτας ἐπιτηδεύοντας τιθέναι τὰ κρέα τοὺς ἐν τέλεϊ ἑκάστους ἐόντας τῶν ἀστῶν, τὰς δὲ ἡμέρας δαίνυσθαι προσιόντα τὸν βουλόμενον· φάναι δὲ τοὺς ἐπιχωρίους ταῦτα τὴν γῆν αὐτὴν ἀναδιδόναι ἑκάστοτε. ἡ μὲν δὴ τράπεζα τοῦ ἡλίου καλεο-
19 μένη λέγεται εἶναι τοιήδε. Καμβύσῃ δὲ ὡς ἔδοξε πέμπειν τοὺς κατασκόπους, αὐτίκα μετεπέμπετο ἐξ Ἐλεφαντίνης πόλιος τῶν Ἰχθυοφάγων ἀνδρῶν τοὺς ἐπισταμένους τὴν 2 Αἰθιοπίδα γλῶσσαν. ἐν ᾧ δὲ τούτους μετήισαν, ἐν τούτῳ ἐκέλευε ἐπὶ τὴν Καρχηδόνα πλέειν τὸν ναυτικὸν στρατόν. Φοίνικες δὲ οὐκ ἔφασαν ποιήσειν ταῦτα· ὁρκίοισί τε γὰρ μεγάλοισι ἐνδεδέσθαι καὶ οὐκ ἂν ποιέειν ὅσια ἐπὶ τοὺς παῖδας τοὺς ἑωυτῶν στρατευόμενοι. Φοινίκων δὲ οὐ βουλομένων 3 οἱ λοιποὶ οὐκ ἀξιόμαχοι ἐγίνοντο. Καρχηδόνιοι μέν νυν οὕτω δουλοσύνην διέφυγον πρὸς Περσέων. Καμβύσης γὰρ βίην οὐκ ἐδικαίου προσφέρειν Φοίνιξι, ὅτι σφέας τε αὐτοὺς ἐδεδώκεσαν Πέρσῃσι καὶ πᾶς ἐκ Φοινίκων ἤρτητο ὁ ναυτικὸς στρατός. δόντες δὲ καὶ Κύπριοι σφέας αὐτοὺς Πέρσῃσι 20 ἐστρατεύοντο ἐπ' Αἴγυπτον. ἐπείτε δὲ τῷ Καμβύσῃ ἐκ τῆς Ἐλεφαντίνης ἀπίκοντο οἱ Ἰχθυοφάγοι, ἔπεμπε αὐτοὺς ἐς τοὺς Αἰθίοπας ἐντειλάμενός τε τὰ λέγειν χρῆν καὶ δῶρα

4 καθ. RV πρώτους RSV τε om. RSV 7 αὐτέων RSV 8 προαστείῳ L ἐπίπλεως Aᶜ B C P 9 ἑφθῶν B C R V ὃν R S V 10 ἑκάστοτε Gomperz 14 Καμβύσης R S V 17 ἐν... μετήισαν (μετῆσαν L) om. RSV 19 τε om. ABCP 20 ὅσια] ὦσιν SV 22 λιποὶ R ἐγένοντο RSV 25 πᾶς] τὰς C 29 τε om. ABCP χρῆν καὶ P: χρὴ καὶ ABC: χρῆναι RSV

φέροντας πορφύρεόν τε εἶμα καὶ χρύσεον στρεπτὸν περιαυχένιον καὶ ψέλια καὶ μύρου ἀλάβαστρον καὶ φοινικηίου οἴνου κάδον. οἱ δὲ Αἰθίοπες οὗτοι ἐς τοὺς ἀπέπεμπε ὁ Καμβύσης λέγονται εἶναι μέγιστοι καὶ κάλλιστοι ἀνθρώπων πάντων. νόμοισι δὲ καὶ ἄλλοισι χρᾶσθαι αὐτούς φασι 2 κεχωρισμένοισι τῶν ἄλλων ἀνθρώπων καὶ δὴ καὶ κατὰ τὴν βασιληίην τοιῷδε· τὸν ἂν τῶν ἀστῶν κρίνωσι μέγιστόν τε εἶναι καὶ κατὰ τὸ μέγαθος ἔχειν τὴν ἰσχύν, τοῦτον ἀξιοῦσι βασιλεύειν. ἐς τούτους δὴ ὧν τοὺς ἄνδρας ὡς ἀπίκοντο οἱ 21 Ἰχθυοφάγοι, διδόντες τὰ δῶρα τῷ βασιλέϊ αὐτῶν ἔλεγον τάδε· Βασιλεὺς ὁ Περσέων Καμβύσης, βουλόμενος φίλος καὶ ξεῖνός τοι γενέσθαι, ἡμέας τε ἀπέπεμψε ἐς λόγους τοι ἐλθεῖν κελεύων καὶ δῶρα ταῦτά τοι διδοῖ τοῖσι καὶ αὐτὸς μάλιστα ἥδεται χρεώμενος. ὁ δὲ Αἰθίοψ μαθὼν ὅτι κατόπται 2 ἥκοιεν, λέγει πρὸς αὐτοὺς τοιάδε· Οὔτε ὁ Περσέων βασιλεὺς δῶρα ὑμέας ἔπεμψε φέροντας προτιμῶν πολλοῦ ἐμοὶ ξεῖνος γενέσθαι, οὔτε ὑμεῖς λέγετε ἀληθέα (ἥκετε γὰρ κατόπται τῆς ἐμῆς ἀρχῆς) οὔτε ἐκεῖνος ἀνήρ ἐστι δίκαιος· εἰ γὰρ ἦν δίκαιος, οὔτ' ἂν ἐπεθύμησε χώρης ἄλλης ἢ τῆς ἑωυτοῦ, οὔτ' ἂν ἐς δουλοσύνην ἀνθρώπους ἦγε ὑπ' ὧν μηδὲν ἠδίκηται. νῦν δὲ αὐτῷ τόξον τόδε διδόντες τάδε ἔπεα λέγετε· βασιλεὺς 3 ὁ Αἰθιόπων συμβουλεύει τῷ Περσέων βασιλέϊ, ἐπεὰν οὕτως εὐπετέως ἕλκωσι [τὰ] τόξα Πέρσαι ἐόντα μεγάθεϊ τοσαῦτα, τότε ἐπ' Αἰθίοπας τοὺς μακροβίους πλήθεϊ ὑπερβαλλόμενον στρατεύεσθαι, μέχρι δὲ τούτου θεοῖσι εἰδέναι χάριν, οἳ οὐκ ἐπὶ νόον τρέπουσι Αἰθιόπων παισὶ γῆν ἄλλην προσκτᾶσθαι τῇ ἑωυτῶν. ταῦτα δὲ εἴπας καὶ ἀνεὶς τὸ τόξον παρέδωκε 22

5 ἁπάντων R   ἄλλοις R V   φασι] καὶ A B C : om. P   6 καὶ χωρ. R : κεχαρ. δὲ C   alt. καὶ om. R S V   7 κρίνωσι post ἰσχύν R S V   8 τὸ om. A B C   μέγεθος R V   ἀξιοῦσι om. R S V   9 ὡς om. R S V   ἀπίκον R   10 τὰ] δὲ τὰ R S V   11 τοι ante βουλ. R S V   12 ἀπέπεμπε C P   18 ἔστιν ἀνὴρ R S V   19 ἐπεθύμεε R S V   22 ὁ om. E R S V   ἐπειδὰν C P   23 τὰ om. R S V   μεγάθῃ R S V   25 μέχρις A C   26 κτᾶσθαι πρὸς R S V

τοῖσι ἥκουσι. λαβὼν δὲ τὸ εἷμα τὸ πορφύρεον εἰρώτα ὅ τι εἴη καὶ ὅκως πεποιημένον. εἰπόντων δὲ τῶν Ἰχθυοφάγων τὴν ἀληθείην περὶ τῆς πορφύρης καὶ τῆς βαφῆς, δολεροὺς μὲν τοὺς ἀνθρώπους ἔφη εἶναι, δολερὰ δὲ αὐτῶν τὰ εἵματα. 2 δεύτερα δὲ τὸν χρυσὸν εἰρώτα, τὸν στρεπτὸν τὸν περιαυχένιον καὶ τὰ ψέλια. ἐξηγεομένων δὲ τῶν Ἰχθυοφάγων τὸν κόσμον αὐτοῦ γελάσας ὁ βασιλεὺς καὶ νομίσας εἶναί σφεα πέδας εἶπε ὡς παρ' ἑωυτοῖσί εἰσι ῥωμαλεώτεραι τουτέων 3 πέδαι. τρίτον δὲ εἰρώτα τὸ μύρον· εἰπόντων δὲ τῆς ποιήσιος πέρι καὶ ἀλείψιος, τὸν αὐτὸν λόγον τὸν καὶ περὶ τοῦ εἵματος εἶπε. ὡς δὲ ἐς τὸν οἶνον ἀπίκετο καὶ ἐπύθετο αὐτοῦ τὴν ποίησιν, ὑπερησθεὶς τῷ πόματι ἐπείρετο ὅ τι τε σιτέεται ὁ βασιλεὺς καὶ χρόνον ὁκόσον μακρότατον ἀνὴρ Πέρσης 4 ζώει. οἱ δὲ σιτέεσθαι μὲν τὸν ἄρτον εἶπον, ἐξηγησάμενοι τῶν πυρῶν τὴν φύσιν, ὀγδώκοντα δὲ ἔτεα ζόης πλήρωμα ἀνδρὶ μακρότατον προκεῖσθαι. πρὸς ταῦτα ὁ Αἰθίοψ ἔφη οὐδὲν θωμάζειν εἰ σιτεόμενοι κόπρον ἔτεα ὀλίγα ζώουσι· οὐδὲ γὰρ ἂν τοσαῦτα δύνασθαι ζώειν σφέας, εἰ μὴ τῷ πόματι ἀνέφερον, φράζων τοῖσι Ἰχθυοφάγοισι τὸν οἶνον· τοῦτο γὰρ 23 ἑωυτοὺς ὑπὸ Περσέων ἑσσοῦσθαι. ἀντειρομένων δὲ τὸν βασιλέα τῶν Ἰχθυοφάγων τῆς ζόης καὶ διαίτης πέρι, ἔτεα μὲν ⟨εἶπε⟩ ἐς εἴκοσί τε καὶ ἑκατὸν τοὺς πολλοὺς αὐτῶν ἀπικνέεσθαι, ὑπερβάλλειν δέ τινας καὶ ταῦτα, σίτησιν δὲ 2 εἶναι κρέα ἑφθὰ καὶ πόμα γάλα. θῶμα δὲ ποιευμένων τῶν

2 εἰπάντων RSV   τῶν Ἰ. om. E (it. 6)   3 πορφυρέης R
4 αὐτῶν καὶ τὰ E   5 χρυσοῦν ABCEP   alt. τὸν E, tert.
ABCP om.   7 αὐτοῦ ABCEPR : αὐτῶν S : αὐτῷ (?) V   σφεας
RSV   8 ἑωυτοῖς AB   τούτων ERSV   9 τὸ+C   εἰπάν-
των RSV   ποιήσεως ERV(S)   10 καὶ περὶ] ἐπὶ RSV
11 δὲ καὶ ἐς E   14 τὸν om. E   εἶπαν RSV   15 ζόης PCᶜ :
ζωῆς ABERSV   16 προκέεσθαι L   οὐδὲν ἔφη RSV   17 θωμ.
CRSV : θαυμ. EP   18 οὐ E   ζώειν δύνασθαι RSV   τῷ
πόματι τῷδε E   19 ἀναφέρων RSV   τούτῳ ABCEP   20 ἄντερ.
B   τὸν βασιλέα om. RSV   21 ζωης CRSV   καὶ] καὶ τῆς
RSV   22 εἶπε add. Krueger   ἐς εἴκοσί τε RSV : ἐς εἴκοσι P :
ἐείκοσι ABC   24 κρέα] κ. τε ABCP   μεγάλα R   θῶμα d :
θωνμα I.   δὴ RV

ΙΣΤΟΡΙΩΝ Γ

κατασκόπων περὶ τῶν ἐτέων ἐπὶ κρήνην σφι ἡγήσασθαι,
ἀπ' ἧς λουόμενοι λιπαρώτεροι ἐγίνοντο, κατά περ εἰ ἐλαίου
εἴη· ὄζειν δὲ ἀπ' αὐτῆς ὡς εἰ ἴων. ἀσθενὲς δὲ τὸ ὕδωρ 3
τῆς κρήνης ταύτης οὕτω δή τι ἔλεγον εἶναι οἱ κατάσκοποι
ὥστε μηδὲν οἷόν τ' εἶναι ἐπ' αὐτοῦ ἐπιπλέειν, μήτε ξύλον
μήτε τῶν ὅσα ξύλου ἐστὶ ἐλαφρότερα, ἀλλὰ πάντα σφέα
χωρέειν ἐς βυσσόν. τὸ δὲ ὕδωρ τοῦτο εἴ σφί ἐστι ἀληθέως
οἷόν τι λέγεται, διὰ τοῦτο ἂν εἶεν, τούτῳ τὰ πάντα χρεώ-
μενοι, μακρόβιοι. ἀπὸ τῆς κρήνης δὲ ἀπαλλασσομένων 4
ἀγαγεῖν σφέας ἐς δεσμωτήριον ἀνδρῶν, ἔνθα τοὺς πάντας
ἐν πέδῃσι χρυσέῃσι δεδέσθαι. ἔστι δὲ ἐν τούτοισι τοῖσι
Αἰθίοψι πάντων ὁ χαλκὸς σπανιώτατον καὶ τιμιώτατον.
θεησάμενοι δὲ καὶ τὸ δεσμωτήριον ἐθεήσαντο καὶ τὴν τοῦ
ἡλίου λεγομένην τράπεζαν. μετὰ δὲ ταύτην τελευταίας 24
ἐθεήσαντο τὰς θήκας αὐτῶν, αἳ λέγονται σκευάζεσθαι ἐξ
ὑάλου τρόπῳ τοιῷδε· ἐπεὰν τὸν νεκρὸν ἰσχνήνωσι, εἴτε δὴ 2
κατά περ Αἰγύπτιοι εἴτε ἄλλως κως, γυψώσαντες ἅπαντα
αὐτὸν γραφῇ κοσμέουσι, ἐξομοιεῦντες τὸ εἶδος ἐς τὸ δυνατόν,
ἔπειτα δέ οἱ περιστᾶσι στήλην ἐξ ὑάλου πεποιημένην κοίλην
(ἡ δέ σφι πολλὴ καὶ εὐεργὸς ὀρύσσεται)· ἐν μέσῃ δὲ τῇ 3
στήλῃ ἐνεὼν διαφαίνεται ὁ νέκυς, οὔτε ὀδμὴν οὐδεμίαν
ἄχαριν παρεχόμενος οὔτε ἄλλο ἀεικὲς οὐδέν· καὶ ἔχει πάντα
φανερὰ ὁμοίως αὐτῷ τῷ νέκυϊ. ἐνιαυτὸν μὲν δὴ ἔχουσι τὴν 4
στήλην ἐν τοῖσι οἰκίοισι οἱ μάλιστα προσήκοντες πάντων
τε ἀπαρχόμενοι καὶ θυσίας οἱ προσάγοντες· μετὰ δὲ ταῦτα
ἐκκομίσαντες ἱστᾶσι περὶ τὴν πόλιν. θεησάμενοι δὲ τὰ 25
πάντα οἱ κατάσκοποι ἀπαλλάσσοντο ὀπίσω. ἀπαγγειλάντων

---

1 σφι] τινά σφι(η R)σιν R S V   2 γί(γ)νονται R S V
3 τὸ] καὶ τὸ R S V   7 χωρεῖν R V (S)   βυθόν R S V
8 λέγεται] λ. ἐστι A B C   10 ἄγειν R S V   13 et 15 ἐθηήσ.
C P R V   15 ἃ C   ἐξ ὑάλου R S V^c : ἐξ ὑάλλου V^1 : ἐξ ὑέλου P :
ἐκ ξύλου A B C   16 ἰσχήνωσιν R : ἰσχνήσωσιν C   18 κοσμοῦσι
A B C P   ἐξομοιούμενοι S   19 ἐξ ὑάλλου R : A B C P ut supra
20 εὐεργῶς R : εὐεργετῶς S V   21 οὐδὲ μίην R S V   25 τε
om. A B C P   ἀρχόμενοι C   27 ἀπαλλάσσονται R S V

δὲ ταῦτα τούτων αὐτίκα ὁ Καμβύσης ὀργὴν ποιησάμενος ἐστρατεύετο ἐπὶ τοὺς Αἰθίοπας, οὔτε παρασκευὴν σίτου οὐδεμίαν παραγγείλας, οὔτε λόγον ἑωυτῷ δοὺς ὅτι ἐς τὰ 2 ἔσχατα γῆς ἔμελλε στρατεύεσθαι· οἷα δὲ ἐμμανής τε ἐὼν καὶ οὐ φρενήρης, ὡς ἤκουσε τῶν Ἰχθυοφάγων, ἐστρατεύετο, Ἑλλήνων μὲν τοὺς παρεόντας αὐτοῦ ταύτῃ τάξας ὑπομένειν, 3 τὸν δὲ πεζὸν πάντα ἅμα ἀγόμενος. ἐπείτε δὲ στρατευόμενος ἐγένετο ἐν Θήβῃσι, ἀπέκρινε τοῦ στρατοῦ ὡς πέντε μυριάδας, καὶ τούτοισι μὲν ἐνετέλλετο Ἀμμωνίους ἐξανδραποδισαμένους τὸ χρηστήριον τὸ τοῦ Διὸς ἐμπρῆσαι, αὐτὸς δὲ τὸν λοιπὸν 4 ἄγων στρατὸν ἤιε ἐπὶ τοὺς Αἰθίοπας. πρὶν δὲ τῆς ὁδοῦ τὸ πέμπτον μέρος διεληλυθέναι τὴν στρατιήν, αὐτίκα πάντα αὐτοὺς τὰ εἶχον σιτίων ἐχόμενα ἐπελελοίπεε, μετὰ δὲ τὰ 5 σιτία καὶ τὰ ὑποζύγια ἐπέλιπε κατεσθιόμενα. εἰ μέν νυν μαθὼν ταῦτα ὁ Καμβύσης ἐγνωσιμάχεε καὶ ἀπῆγε ὀπίσω τὸν στρατόν, ἐπὶ τῇ ἀρχῆθεν γενομένῃ ἁμαρτάδι ἦν ἂν ἀνὴρ σοφός· νῦν δὲ οὐδένα λόγον ποιεύμενος ἤιε αἰεὶ ἐς τὸ πρόσω. 6 οἱ δὲ στρατιῶται ἕως μέν τι εἶχον ἐκ τῆς γῆς λαμβάνειν, ποιηφαγέοντες διέζωον, ἐπεὶ δὲ ἐς τὴν ψάμμον ἀπίκοντο, δεινὸν ἔργον αὐτῶν τινες ἐργάσαντο· ἐκ δεκάδος γὰρ ἕνα 7 σφέων αὐτῶν ἀποκληρώσαντες κατέφαγον. πυθόμενος δὲ ταῦτα ὁ Καμβύσης, δείσας τὴν ἀλληλοφαγίην, ἀπεὶς τὸν ἐπ' Αἰθίοπας στόλον ὀπίσω ἐπορεύετο, καὶ ἀπικνέεται ἐς Θήβας πολλοὺς ἀπολέσας τοῦ στρατοῦ. ἐκ Θηβέων δὲ καταβὰς ἐς Μέμφιν τοὺς Ἕλληνας ἀπῆκε ἀποπλέειν.

26 Ὁ μὲν ἐπ' Αἰθίοπας στόλος οὕτως ἔπρηξε, οἱ δ' αὐτῶν ἐπ' Ἀμμωνίους ἀποσταλέντες στρατεύεσθαι, ἐπείτε ὁρμηθέντες ἐκ τῶν Θηβέων ἐπορεύοντο ἔχοντες ἀγωγούς, ἀπικό-

ΙΣΤΟΡΙΩΝ Γ

μενοι μὲν φανεροί εἰσι ἐς Ὄασιν πόλιν, τὴν ἔχουσι μὲν Σάμιοι τῆς Αἰσχριωνίης φυλῆς λεγόμενοι εἶναι, ἀπέχουσι δὲ ἑπτὰ ἡμερέων ὁδὸν ἀπὸ Θηβέων διὰ ψάμμου, ὀνομάζεται δὲ ὁ χῶρος οὗτος κατὰ Ἑλλήνων γλῶσσαν Μακάρων νῆσοι. ἐς μὲν δὴ τοῦτον τὸν χῶρον λέγεται ἀπικέσθαι τὸν στρατόν, 2 τὸ ἐνθεῦτεν δέ, ὅτι μὴ αὐτοὶ Ἀμμώνιοι καὶ οἱ τούτων ἀκούσαντες, ἄλλοι οὐδένες οὐδὲν ἔχουσι εἰπεῖν περὶ αὐτῶν· οὔτε γὰρ ἐς τοὺς Ἀμμωνίους ἀπίκοντο οὔτε ὀπίσω ἐνόστησαν. λέγεται δὲ καὶ τάδε ὑπ' αὐτῶν Ἀμμωνίων· ἐπειδὴ ἐκ τῆς 3 Ὀάσιος ταύτης ἰέναι διὰ τῆς ψάμμου ἐπὶ σφέας, γενέσθαι τε αὐτοὺς μεταξύ κου μάλιστα αὐτῶν τε καὶ τῆς Ὀάσιος, ἄριστον αἱρεομένοισι αὐτοῖσι ἐπιπνεῦσαι νότον μέγαν τε καὶ ἐξαίσιον, φορέοντα δὲ θῖνας τῆς ψάμμου καταχῶσαί σφεας, καὶ τρόπῳ τοιούτῳ ἀφανισθῆναι. Ἀμμώνιοι μὲν οὕτω λέγουσι γενέσθαι περὶ τῆς στρατιῆς ταύτης. ἀπιγμένου δὲ 27 Καμβύσεω ἐς Μέμφιν ἐφάνη Αἰγυπτίοισι ὁ Ἄπις, τὸν Ἕλληνες Ἔπαφον καλέουσι· ἐπιφανέος δὲ τούτου γενομένου αὐτίκα οἱ Αἰγύπτιοι εἵματά τε ἐφύρεον τὰ κάλλιστα καὶ ἦσαν ἐν θαλίῃσι. ἰδὼν δὲ ταῦτα τοὺς Αἰγυπτίους ποιεῦντας 2 ὁ Καμβύσης, πάγχυ σφέας καταδόξας ἑωυτοῦ κακῶς πρήξαντος χαρμόσυνα ταῦτα ποιέειν, ἐκάλεε τοὺς ἐπιτρόπους τῆς Μέμφιος· ἀπικομένων δὲ ἐς ὄψιν εἴρετο ὅ τι πρότερον μὲν ἐόντος αὐτοῦ ἐν Μέμφι ἐποίεων τοιοῦτον οὐδὲν Αἰγύπτιοι, τότε δὲ ἐπεὶ αὐτὸς παρείη τῆς στρατιῆς πλῆθός τι ἀποβαλών. οἱ δὲ ἔφραζον ὥς σφι θεὸς εἴη φανεὶς διὰ χρόνου 3 πολλοῦ ἐωθὼς ἐπιφαίνεσθαι, καὶ ὡς ἐπεὰν φανῇ, τότε πάντες Αἰγύπτιοι κεχαρηκότες ὀρτάζοιεν. ταῦτα ἀκούσας ὁ Καμ-

2 φυγῆς R S V   3 Θηβαίων C R V   4 δὲ om. R V   νῆσοι R S V Olympiod., Eustath. : νῆσος rell.   6 ἀκούοντες R S V
9 καὶ om. R S V   ἐπεὶ δὲ R, corr. 1   10 ἐπεὶ R V   11 αὐτέων A B C   12 αὐτέοισι A B C   13 ἐξέσιον R   16 ὁ om. R S V
17 καλ. Ἔπαφον R S V   18 τε om. A B C P   ἔφερον R S V
19 ταῦτα τότε τοὺς R S V   21 ἐκάλεσε C P   22 ἀπικομένους A B C P
23 αὐτοῦ ἐόντος R S V   οἱ Αἰγ. R S V   24 ἐπειδὴ R S V   αὖτις Herwerden   26 εἰωθὼς R S V   πάντες om. R : π. οἱ P

ΗΡΟΔΟΤΟΥ

βύσης ἔφη ψεύδεσθαί σφεας καὶ ὡς ψευδομένους θανάτῳ
28 ἐζημίου. ἀποκτείνας δὲ τούτους δεύτερα τοὺς ἱρέας ἐκάλεε
ἐς ὄψιν. λεγόντων δὲ κατὰ ταὐτὰ τῶν ἱρέων οὐ λήσειν ἔφη
αὐτὸν εἰ θεός τις χειροήθης ἀπιγμένος εἴη Αἰγυπτίοισι.
τοσαῦτα δὲ εἴπας ἀπάγειν ἐκέλευε τὸν Ἆπιν τοὺς ἱρέας.
2 οἱ μὲν δὴ μετήισαν ἄξοντες. ὁ δὲ Ἆπις οὗτος ὁ Ἔπαφος
γίνεται μόσχος ἐκ βοὸς ἥτις οὐκέτι οἵη τε γίνεται ἐς γαστέρα
ἄλλον βάλλεσθαι γόνον. Αἰγύπτιοι δὲ λέγουσι σέλας ἐκ
τοῦ οὐρανοῦ ἐπὶ τὴν βοῦν κατίσχειν καί μιν ἐκ τούτου
3 τίκτειν τὸν Ἆπιν. ἔχει δὲ ὁ μόσχος οὗτος ὁ Ἆπις καλεό-
μενος σημήια τοιάδε, ἐὼν μέλας ἐπὶ μὲν τῷ μετώπῳ λευκὸν
τετράγωνον, ἐπὶ δὲ τοῦ νώτου αἰετὸν εἰκασμένον, ἐν δὲ τῇ
29 οὐρῇ τὰς τρίχας διπλάς, ὑπὸ δὲ τῇ γλώσσῃ κάνθαρον. ὡς
δὲ ἤγαγον τὸν Ἆπιν οἱ ἱρέες, ὁ Καμβύσης, οἷα ἐὼν ὑπο-
μαργότερος, σπασάμενος τὸ ἐγχειρίδιον, θέλων τύψαι τὴν
γαστέρα τοῦ Ἄπιος παίει τὸν μηρόν· γελάσας δὲ εἶπε πρὸς
2 τοὺς ἱρέας· Ὦ κακαὶ κεφαλαί, τοιοῦτοι θεοὶ γίνονται,
ἔναιμοί τε καὶ σαρκώδεες καὶ ἐπαΐοντες σιδηρίων; ἄξιος μέν
γε Αἰγυπτίων οὗτός γε ὁ θεός· ἀτάρ τοι ὑμεῖς γε οὐ χαί-
ροντες γέλωτα ἐμὲ θήσεσθε. ταῦτα εἴπας ἐνετείλατο τοῖσι
ταῦτα πρήσσουσι τοὺς μὲν ἱρέας ἀπομαστιγῶσαι, Αἰγυπτίων
3 δὲ τῶν ἄλλων τὸν ἂν λάβωσι ὁρτάζοντα κτείνειν. ⟨ἡ⟩ ὁρτὴ
μὲν δὴ διελέλυτο Αἰγυπτίοισι, οἱ δὲ ἱρέες ἐδικαιεῦντο, ὁ δὲ
Ἆπις πεπληγμένος τὸν μηρὸν ἔφθινε ἐν τῷ ἱρῷ κατακεί-
μενος. καὶ τὸν μὲν τελευτήσαντα ἐκ τοῦ τρώματος ἔθαψαν
οἱ ἱρέες λάθρῃ Καμβύσεω.

1 θανάτου R   2 ἱερ. Α¹ R V   3 τὰ αὐτὰ P R V   ἱερ. R V
5 ἄγειν R S V   ἱερ. R V   6 μετῆισαν Α Β : μετῆσαν rell.
οὗτος om. S V   8 βαλέσθαι R S V   ἐκ τοῦ οὐρ. ἐπὶ τὴν βοῦν
R S V Eustath. Il. 133 : ἐπὶ τὴν β. ἐκ τοῦ οὐρ. rell.   12 τετράγ.
(τ. φορέει C P)] τι τρίγωνον Caylus   13 διπλὰς V : διπλᾶς rell.
ὑπὸ Jablonsky : ἐπὶ L   14 ἱερ. C R   ὁ om. R V   ὑπομ. ἐών
R S V   17 ἱερ. R   τοιοῦτοι] οὗτοι οἱ A B C   18 εἰσαΐοντες
R S (ἐσ-) V   19 pr. γε om. R S V   αὐτάρ C   21 ἀπομαστιγνώσειν
R S V   22 ἡ add. Schaefer   23 ἐδικεῦντο R S V   24 ἱερ.
A B C   26 ἱερ. C

ΙΣΤΟΡΙΩΝ Γ

Καμβύσης δέ, ως λέγουσι Αιγύπτιοι, αυτίκα διὰ τοῦτο 30
τὸ ἀδίκημα ἐμάνη, ἐων οὐδὲ πρότερον φρενήρης. καὶ πρῶτα
μὲν [τῶν κακῶν] ἐξεργάσατο τὸν ἀδελφεὸν Σμέρδιν ἐόντα
πατρὸς καὶ μητρὸς τῆς αὐτῆς, τὸν ἀπέπεμψε ἐς Πέρσας
φθόνῳ ἐξ Αἰγύπτου, ὅτι τὸ τόξον μοῦνος Περσέων ὅσον τε
ἐπὶ δύο δακτύλους εἴρυσε, τὸ παρὰ τοῦ Αἰθίοπος ἤνεικαν
οἱ Ἰχθυοφάγοι· τῶν δὲ ἄλλων Περσέων οὐδεὶς οἱός τε
ἐγένετο. ἀποιχομένου ὦν ἐς Πέρσας τοῦ Σμέρδιος ὄψιν 2
εἶδε ὁ Καμβύσης ἐν τῷ ὕπνῳ τοιήνδε· ἐδόκεέ οἱ ἄγγελον
ἐλθόντα ἐκ Περσέων ἀγγέλλειν ὡς ἐν τῷ θρόνῳ τῷ βασιληίῳ
ἱζόμενος Σμέρδις τῇ κεφαλῇ τοῦ οὐρανοῦ ψαύσειε. πρὸς 3
ὦν ταῦτα δείσας περὶ ἑωυτοῦ μή μιν ἀποκτείνας ὁ ἀδελφεὸς
ἄρχῃ, πέμπει Πρηξάσπεα ἐς Πέρσας, ὃς ἦν οἱ ἀνὴρ Περσέων
πιστότατος, ἀποκτενέοντά μιν. ὁ δὲ ἀναβὰς ἐς Σοῦσα
ἀπέκτεινε Σμέρδιν, οἱ μὲν λέγουσι ἐπ' ἄγρην ἐξαγαγόντα,
οἱ δὲ ἐς τὴν Ἐρυθρὴν θάλασσαν προαγαγόντα καταποντῶσαι.
πρῶτον μὲν δὴ λέγουσι Καμβύσῃ τῶν κακῶν ἄρξαι τοῦτο, 31
δεύτερα δὲ ἐξεργάσατο τὴν ἀδελφεὴν ἐπισπομένην οἱ ἐς Αἴ-
γυπτον, τῇ καὶ συνοίκεε καὶ ἦν οἱ ἀπ' ἀμφοτέρων ἀδελφεή.
ἔγημε δὲ αὐτὴν ὧδε· οὐδαμῶς γὰρ ἐώθεσαν πρότερον τῇσι 2
ἀδελφεῇσι συνοικέειν Πέρσαι· ἠράσθη μιῆς τῶν ἀδελφεῶν
Καμβύσης καὶ ἔπειτα βουλόμενος αὐτὴν γῆμαι, ὅτι οὐκ
ἐωθότα ἐπενόεε ποιήσειν, εἴρετο καλέσας τοὺς βασιληίους
[καλεομένους] δικαστὰς εἴ τις ἔστι κελεύων νόμος τὸν βουλό-
μενον ἀδελφεῇ συνοικέειν. οἱ δὲ βασιλήιοι δικασταὶ κεκρι- 3
μένοι ἄνδρες γίνονται Περσέων, ἐς οὗ ἀποθάνωσι ἤ σφι
παρευρεθῇ τι ἄδικον, μέχρι τούτου· οὗτοι δὲ τοῖσι Πέρσῃσι

---

3 τῶν κακῶν secl. Stein   4 ἐς Πέρσας om. S   6 τὸ] τὸν C : ὃ
A B   ἤνεικαν] ὃ ἦν. R S V   8 εἶδεν ὄψιν R S V   9 ἐν τῷ
ὕπνῳ om. R S V   ἐδόκει schol. Aristid. 682 : ἔδοξέ(ν) L
10 ἀγγέλειν C R V   13 ἐς Πέρσας om. R S V   ὡς C   οἱ om. R
15 ἐξαγόντα R   16 προαγ. R : προσαγ. rell.   18 ἐπισπωμ.
S V : ἐσπομ. A B P : ἐπομ. C   19 ἐπ' C   24 καλεομένους om.
A B P : + + + + + C   26 Περσέων γίνονται R S V   οὗ] ὃ P
ἤ C : ἤν A B P   27 παρευβρεθῇ (β ex corr.) R   τούτων A B C P
Πέρσῃσι om. A B C P

δίκας δικάζουσι καὶ ἐξηγηταὶ τῶν πατρίων θεσμῶν γίνονται,
4 καὶ πάντα ἐς τούτους ἀνάκειται. εἰρομένου ὧν τοῦ Καμ-
βύσεω ὑπεκρίνοντο [αὐτῷ] οὗτοι καὶ δίκαια καὶ ἀσφαλέα,
φάμενοι νόμον οὐδένα ἐξευρίσκειν ὃς κελεύει ἀδελφεῇ συνοι-
κέειν ἀδελφεόν, ἄλλον μέντοι ἐξευρηκέναι νόμον, τῷ βασι-
5 λεύοντι Περσέων ἐξεῖναι ποιέειν τὸ ἂν βούληται. οὕτω
οὔτε τὸν νόμον ἔλυσαν δείσαντες Καμβύσεα, ἵνα τε μὴ αὐτοὶ
ἀπόλωνται τὸν νόμον περιστέλλοντες, παρεξεῦρον ἄλλον
6 νόμον σύμμαχον τῷ θέλοντι γαμέειν ἀδελφεάς. τότε μὲν
δὴ ὁ Καμβύσης ἔγημε τὴν ἐρωμένην, μετὰ μέντοι οὐ πολλὸν
χρόνον ἔσχε καὶ ἄλλην ἀδελφεήν· τουτέων δὴ τὴν νεωτέρην
32 ἐπισπομένην οἱ ἐπ' Αἴγυπτον κτείνει. ἀμφὶ δὲ τῷ θανάτῳ
αὐτῆς διξὸς ὥσπερ περὶ Σμέρδιος λέγεται λόγος. Ἕλληνες
μὲν λέγουσι Καμβύσεα συμβαλεῖν σκύμνον λέοντος σκύλακι
κυνός, θεωρέειν δὲ καὶ τὴν γυναῖκα ταύτην, νικωμένου δὲ
τοῦ σκύλακος ἀδελφεὸν αὐτοῦ ἄλλον σκύλακα ἀπορρήξαντα
τὸν δεσμὸν παραγενέσθαι· οἱ, δύο δὲ γενομένους οὕτω δὴ
2 τοὺς σκύλακας ἐπικρατῆσαι τοῦ σκύμνου. καὶ τὸν μὲν
Καμβύσεα ἥδεσθαι θεώμενον, τὴν δὲ παρημένην δακρύειν.
Καμβύσεα δὲ μαθόντα τοῦτο ἐπειρέσθαι δι' ὅ τι δακρύει, τὴν
δὲ εἰπεῖν ὡς ἰδοῦσα τὸν σκύλακα τῷ ἀδελφεῷ τιμωρήσαντα
δακρύσειε, μνησθεῖσά τε Σμέρδιος καὶ μαθοῦσα ὡς ἐκείνῳ
3 οὐκ εἴη ὁ τιμωρήσων. Ἕλληνες μὲν δὴ διὰ τοῦτο τὸ ἔπος
φασὶ αὐτὴν ἀπολέσθαι ὑπὸ Καμβύσεω, Αἰγύπτιοι δὲ ὡς
τραπέζῃ παρακατημένων λαβοῦσαν θρίδακα τὴν γυναῖκα
περιτῖλαι καὶ ἐπανειρέσθαι τὸν ἄνδρα κότερον περιτετιλμένη

1 δίκας om. RSV 2 ἀνακέεται ABCP 3 ὑπεκρίναντο RSV
αὐτῷ om. RSV 7 ἔλυσαν...νόμον (9) om. R δείσαντες
om. C τε om. P αὐτοὶ μὴ C 8 παρεξεῦρόν τε SV
10 εἰρημένην RSV μέντοι οὐ πολλὸν] δὲ RSV 11 καὶ om.
ABCP δὴ R: δὲ SV: δῆτα ABCP 12 ἐπισπωμ. SV
14 συμβαλεῖν om. RSV: -λέειν rell. 15 νικομ. BR 16 ἄλλον
αὐτοῦ PRSV ἄλλον σκύλακα del. Naber 18 τοὺς] τὰς R
20 δακρύειν R 22 καὶ καταμαθ. RSV 23 δὴ] γὰρ C: om. E
25. παρακατ. Stein: περικατ. RSVPᶜ: περικατήμενον rell. λαβοῦσα
C 26 περιτῖλαι RS: -τείλαι V: -τεῖλαι ABEP: -στεῖλαι C

ΙΣΤΟΡΙΩΝ Γ III. 32

ἢ δασέα ἡ θρίδαξ ἐοῦσα εἴη καλλίων, καὶ τὸν φάναι δασέαν,
τὴν δὲ εἰπεῖν· Ταύτην μέντοι κοτὲ σὺ τὴν θρίδακα ἐμιμήσαο, 4
τὸν Κύρου οἶκον ἀποψιλώσας. τὸν δὲ θυμωθέντα ἐμπηδῆσαι
αὐτῇ ἐχούσῃ ἐν γαστρί, καί μιν ἐκτρώσασαν ἀποθανεῖν.
ταῦτα μὲν ἐς τοὺς οἰκηίους ὁ Καμβύσης ἐξεμάνη, εἴτε δὴ 33
διὰ τὸν Ἆπιν εἴτε καὶ ἄλλως, οἷα πολλὰ ἔωθε ἀνθρώπους
κακὰ καταλαμβάνειν· καὶ γάρ τινα ἐκ γενεῆς νοῦσον μεγάλην
λέγεται ἔχειν ὁ Καμβύσης, τὴν ἱρὴν ὀνομάζουσί τινες. οὔ
νύν τοι ἀεικὲς οὐδὲν ἦν τοῦ σώματος νοῦσον μεγάλην νοσέ-
οντος μηδὲ τὰς φρένας ὑγιαίνειν. τάδε δ' ἐς τοὺς ἄλλους 34
Πέρσας ἐξεμάνη· λέγεται γὰρ εἰπεῖν αὐτὸν πρὸς Πρηξάσπεα,
τὸν ἐτίμα τε μάλιστα καί οἱ τὰς ἀγγελίας ἐ(σε)φόρεε οὗτος,
τούτου τε ὁ παῖς οἰνοχόος ἦν τῷ Καμβύσῃ, τιμὴ δὲ καὶ αὕτη
οὐ σμικρή, εἰπεῖν δὲ λέγεται τάδε· Πρήξασπες, κοῖόν μέ 2
τινα νομίζουσι Πέρσαι εἶναι ἄνδρα τίνας τε λόγους περὶ ἐμέο
ποιεῦνται; τὸν δὲ εἰπεῖν· Ὦ δέσποτα, τὰ μὲν ἄλλα πάντα
μεγάλως ἐπαινέαι, τῇ δὲ φιλοινίῃ σέ φασι πλεόνως προσ-
κεῖσθαι. τὸν μὲν δὴ λέγειν ταῦτα περὶ Περσέων, τὸν δὲ 3
θυμωθέντα τοισίδε ἀμείβεσθαι· Νῦν ἄρα μέ φασι Πέρσαι
οἴνῳ προσκείμενον παραφρονέειν καὶ οὐκ εἶναι νοήμονα.
οὐδ' ἄρα σφέων οἱ πρότεροι λόγοι ἦσαν ἀληθέες. πρότερον 4
γὰρ δὴ ἄρα Περσέων οἱ συνέδρων ἐόντων καὶ Κροίσου εἴρετο
ὁ Καμβύσης κοῖός τις δοκέοι ἀνὴρ εἶναι πρὸς τὸν πατέρα
[τελέσαι] Κῦρον· οἱ δὲ ἀμείβοντο ὡς εἴη ἀμείνων τοῦ
πατρός· τά τε γὰρ ἐκείνου πάντα ἔχειν αὐτὸν καὶ προσ-
εκτῆσθαι Αἴγυπτόν τε καὶ τὴν θάλασσαν. Πέρσαι μὲν 5
ταῦτα ἔλεγον, Κροῖσος δὲ παρεών τε καὶ οὐκ ἀρεσκόμενος

1 ἡ θρίδαξ ἢ δασέα (sic L) ABCEP   ἐοῦσα om. ABCEP
εἴη] ἢ C   δασεῖαν L   2 σύ κοτε RSV   ἐμιμήσω SV : διεμιμήσαο
E   5 οἰκειοτάτους RSV   6 ἐώθεε ABC   7 κακὰ om. ABC
ἐκ] καὶ ἐκ RSV   10 τὰ δὲ ἐς ABC   12 ἐφόρεε(ν) L, corr.
Naber   13 τε om. SV: δ' E   καὶ om. P   14 μέν τινα C :
τινά με RSV   15 ἐμεῦ RSV   17 ἐπαινέεαι P   προσκέεσθαι
ABCEP   19 τυῖσδε PRSV: τοιάδε ABCE   20 οἴνῳ om.
RSV   προσκεισάμενον RSV   21 ἀληθέες· αὐτίκα δὴ εἴσῃ·
πρότερον E   23 ὁ om. ABCEP   δοκέει E   24 τελέσαι
om. E : καλέσαι (-εῦσαι?) C : εἰκάσαι Stein   25 προσκτήσοσθαι RSV

ΗΡΟΔΟΤΟΥ

τῇ [γινομένῃ] κρίσι εἶπε πρὸς τὸν Καμβύσεα τάδε· Ἐμοὶ μέν νυν, ὦ παῖ Κύρου, οὐ δοκέεις ὅμοιος εἶναι τῷ πατρί· οὐ γάρ κώ τοί ἐστι υἱὸς οἷον σὲ ἐκεῖνος κατελίπετο. ἥσθη τε ταῦτα ἀκούσας ὁ Καμβύσης καὶ ἐπαίνεε τὴν Κροίσου 35 κρίσιν. τούτων δὴ ὧν ἐπιμνησθέντα ὀργῇ λέγειν πρὸς τὸν Πρηξάσπεα· Σύ νυν μάθε [αὐτὸς] εἴτε λέγουσι Πέρσαι ἀληθέα 2 εἴτε αὐτοὶ λέγοντες ταῦτα παραφρονέουσι· εἰ μὲν γὰρ τοῦ παιδὸς τοῦ σοῦ τοῦδε ἑστεῶτος ἐν τοῖσι προθύροισι βαλὼν τύχω μέσης τῆς καρδίης, Πέρσαι φανέονται λέγοντες οὐδέν· ἢν δὲ ἁμάρτω, φάναι Πέρσας τε λέγειν ἀληθέα καὶ ἐμὲ μὴ 3 σωφρονέειν. ταῦτα δὲ εἰπόντα καὶ διατείναντα τὸ τόξον βαλεῖν τὸν παῖδα, πεσόντος δὲ τοῦ παιδὸς ἀνασχίζειν αὐτὸν κελεύειν καὶ σκέψασθαι τὸ βλῆμα· ὡς δὲ ἐν τῇ καρδίῃ εὑρεθῆναι ἐνεόντα τὸν ὀϊστόν, εἰπεῖν πρὸς τὸν πατέρα τοῦ 4 παιδὸς γελάσαντα καὶ περιχαρέα γενόμενον· Πρήξασπες, ὡς μὲν ἐγώ τε οὐ μαίνομαι Πέρσαι τε παραφρονέουσι, δῆλά τοι γέγονε· νῦν δέ μοι εἰπέ, τίνα εἶδες ἤδη πάντων ἀνθρώπων οὕτως ἐπίσκοπα τοξεύοντα; Πρηξάσπεα δὲ ὁρῶντα ἄνδρα οὐ φρενήρεα καὶ περὶ ἑωυτῷ δειμαίνοντα εἰπεῖν· Δέσποτα, οὐδ' ἂν αὐτὸν ἔγωγε δοκέω τὸν θεὸν οὕτω ἂν καλῶς βαλεῖν. 5 τότε μὲν ταῦτα ἐξεργάσατο, ἑτέρωθι δὲ Περσέων ὁμοίους τοῖσι πρώτοισι δυώδεκα ἐπ' οὐδεμιῇ αἰτίῃ ἀξιοχρέῳ ἑλὼν 36 ζώοντας ἐπὶ κεφαλὴν κατώρυξε. ταῦτα δέ μιν ποιεῦντα ἐδικαίωσε Κροῖσος ὁ Λυδὸς νουθετῆσαι τοισίδε τοῖσι ἔπεσι· Ὦ βασιλεῦ, μὴ πάντα ἡλικίῃ καὶ θυμῷ ἐπίτρεπε, ἀλλ' ἴσχε καὶ καταλάμβανε σεωυτόν· ἀγαθόν τι πρόνοον εἶναι, σοφὸν

1 γινομένῃ om. ABCEP κρίσει L τάδε om. RSV
4 ἀκούσας om. ABCE 6 αὐτὸς om. ABCEP εἴτε] εἰ
ABCEP 7 αὐτοὶ R quoque εἰ] ἢν RSV 8 ἑστεῶτος
ERV 9 τύχοιμι ABCEP τῆς om. SV 10 καί με
ABCEP 11 διατείνοντα SV 12 βαλέειν L 16 ἐγώ
τε Dobree: ἔγωγε L τε (γε coni. Gomperz) Πέρσαι τε SV ταῦτα
παραφρ. E 18 οὐ om. RSV 20 αὐτὸς C βαλέειν L
21 ἐξειργάσατο RV(S) 23 ζώντας RSV 24 τοῖσδε ABRSV
τοῖς RSV 26 ἀγαθῶν ABCP τι] τε ABC (το?) P: τοι
Reiske

ΙΣΤΟΡΙΩΝ Γ

δὲ ἡ προμηθίη· σὺ δὲ κτείνεις μὲν ἄνδρας σεωυτοῦ πολιήτας ἐπ' οὐδεμιῇ αἰτίῃ ἀξιοχρέῳ ἑλών, κτείνεις δὲ παῖδας. ἢν 2 δὲ πολλὰ τοιαῦτα ποιῇς, ὅρα ὅκως μή σευ ἀποστήσονται Πέρσαι. ἐμοὶ δὲ πατὴρ ⟨ὁ⟩ σὸς Κῦρος ἐνετέλλετο πολλὰ κελεύων σε νουθετέειν καὶ ὑποτίθεσθαι ὅ τι ἂν εὑρίσκω ἀγαθόν. ὁ μὲν δὴ εὐνοίην φαίνων συνεβούλευέ οἱ ταῦτα, ὁ δ' ἀμείβετο τοισίδε· Σὺ καὶ ἐμοὶ τολμᾷς συμβουλεύειν, 3 ὃς χρηστῶς μὲν τὴν σεωυτοῦ πατρίδα ἐπετρόπευσας, εὖ δὲ τῷ πατρὶ τῷ ἐμῷ συνεβούλευσας, κελεύων αὐτὸν Ἀράξην ποταμὸν διαβάντα ἰέναι ἐπὶ Μασσαγέτας βουλομένων ἐκείνων διαβαίνειν ἐς τὴν ἡμετέρην, καὶ ἀπὸ μὲν σεωυτὸν ὤλεσας τῆς σεωυτοῦ πατρίδος κακῶς προστάς, ἀπὸ δὲ [ὤλεσας] Κῦρον πειθόμενόν σοι· ἀλλ' οὔτι χαίρων, ἐπεί τοι καὶ πάλαι ἐς σὲ προφάσιός τευ ἐδεόμην ἐπιλαβέσθαι. ταῦτα δὲ εἴπας 4 ἐλάμβανε τὰ τόξα ὡς κατατοξεύσων αὐτόν, Κροῖσος δὲ ἀναδραμὼν ἔθεε ἔξω· ὁ δὲ ἐπείτε τοξεῦσαι οὐκ εἶχε, ἐνετείλατο τοῖσι θεράπουσι λαβόντας μιν ἀποκτεῖναι. οἱ δὲ θεράποντες 5 ἐπιστάμενοι τὸν τρόπον αὐτοῦ κατακρύπτουσι τὸν Κροῖσον ἐπὶ τῷδε τῷ λόγῳ ὥστε, εἰ μὲν μεταμελήσῃ τῷ Καμβύσῃ καὶ ἐπιζητῇ τὸν Κροῖσον, οἱ δὲ ἐκφήναντες αὐτὸν δῶρα λάμψονται ζωάγρια Κροίσου, ἢν δὲ μὴ μεταμέληται μηδὲ ποθῇ μιν, τότε καταχρᾶσθαι. ἐπόθησέ τε δὴ ὁ Καμβύσης 6 τὸν Κροῖσον οὐ πολλῷ μετέπειτα χρόνῳ ὕστερον, καὶ οἱ θεράποντες μαθόντες τοῦτο ἐπηγγέλλοντο αὐτῷ ὡς περιείη. Καμβύσης δὲ Κροίσῳ μὲν συνήδεσθαι ἔφη περιεόντι, ἐκεί-

1 προμηθείη C P   σὲ R   ἑωυτοῦ R S V   2 ἐπ'] ἐπεὶ R V
3 ποιέῃς C P   4 ὁ add. Bekker   ἐνετείλατο R S V   5 νουθετεῖν
σε R S V   6 εὔνοιαν L   συνεβούλευσέ R S V   7 τοῖσδε L.
8 ὡς P R S V   ἑωυτοῦ C (non R)   9 'μῶ R : μῶ V   'Ἀράξεα S
12 τῆς... ὤλεσας (hoc del. Krueger) om. R   σεαυτοῦ (σ incertum) C
13 χαίρω S V   14 τευ] τε C (?) R S V   ἐπιλαβ. ταῦτα δὲ om.
A B C   15 ἐπελάμβανε R S V   τὸ τόξον A B C P   17 λαμβάνοντας C P   19 μὲν om. R S V   μεταμελήσει P R S V   20 ἐπιζητήσει R S V   αὐτὸν om. R S V   21 λήψονται R S V P¹ (?)
μηδὲ ποθῇ] μηδέποτε R S V   22 μιν om. R S V   καταχρῆσθαι
A B C P: -χρήσασθαι R S V   24 ἐπήγγελον τὸ αὐτὸ V : ἐπήγγελον S : ἐπήγγελλον αὐτῷ Schweighaeuser   25 Καμβύσῃ R V

νους μέντοι τοὺς περιποιήσαντας οὐ καταπροΐξεσθαι ἀλλ' ἀποκτενέειν· καὶ ἐποίησε ταῦτα. ὁ μὲν δὴ τοιαῦτα πολλὰ ἐς Πέρσας τε καὶ τοὺς συμμάχους ἐξεμαίνετο, μένων ἐν Μέμφι καὶ θήκας τε παλαιὰς ἀνοίγων καὶ σκεπτόμενος τοὺς νεκρούς· ὡς δὲ δὴ καὶ ἐς τοῦ Ἡφαίστου τὸ ἱρὸν ἦλθε καὶ πολλὰ τῷ ἀγάλματι κατεγέλασε· ἔστι γὰρ τοῦ Ἡφαίστου τὦγαλμα τοῖσι Φοινικηίοισι Παταίκοισι ἐμφερέστατον, τοὺς οἱ Φοίνικες ἐν τῇσι πρῴρῃσι τῶν τριηρέων περιάγουσι. ὃς δὲ τούτους μὴ ὄπωπε, ἐγὼ δὲ σημανέω· πυγμαίου ἀνδρὸς μίμησίς ἐστι. ἐσῆλθε δὲ καὶ ἐς τῶν Καβείρων τὸ ἱρόν, ἐς τὸ οὐ θεμιτόν ἐστι ἐσιέναι ἄλλον γε ἢ τὸν ἱρέα· ταῦτα δὲ τὰ ἀγάλματα καὶ ἐνέπρησε πολλὰ κατασκώψας. ἔστι δὲ καὶ ταῦτα ὅμοια τοῖσι τοῦ Ἡφαίστου· τούτου δέ σφεας παῖδας λέγουσι εἶναι. πανταχῇ ὦν μοι δῆλά ἐστι ὅτι ἐμάνη μεγάλως ὁ Καμβύσης· οὐ γὰρ ἂν ἱροῖσί τε καὶ νομαίοισι ἐπεχείρησε καταγελᾶν. εἰ γάρ τις προθείη πᾶσι ἀνθρώποισι ἐκλέξασθαι κελεύων νόμους τοὺς καλλίστους ἐκ τῶν πάντων νόμων, διασκεψάμενοι ἂν ἑλοίατο ἕκαστοι τοὺς ἑωυτῶν· οὕτω νομίζουσι πολλόν τι καλλίστους τοὺς ἑωυτῶν νόμους ἕκαστοι εἶναι. οὐκ ὦν οἰκός ἐστι ἄλλον γε ἢ μαινόμενον ἄνδρα γέλωτα τὰ τοιαῦτα τίθεσθαι. ὡς δὲ οὕτω νενομίκασι τὰ περὶ τοὺς νόμους οἱ πάντες ἄνθρωποι, πολλοῖσί τε καὶ ἄλλοισι τεκμηρίοισι πάρεστι σταθμώσασθαι, ἐν δὲ δὴ καὶ τῷδε· Δαρεῖος ἐπὶ τῆς ἑωυτοῦ ἀρχῆς καλέσας Ἑλλήνων τοὺς παρεόντας εἴρετο ἐπὶ κόσῳ ἂν χρήματι βουλοίατο τοὺς

---

1 -ίζεσθαι RSV   3 ξυμμ. PRSV   4 σκεπόμενος C   5 ὡς Schaefer: ὣς ABCP: ἐς RSV   ἐς om. RSV   τὸ...
Ἡφαίστου (6) om. R   7 τὸ ἄγαλμα RV   Φοινικικοῖσι R: Φοινικοῖσι SV   8 οἱ om. PV¹   πρώτῃσι ABCP   9 ὄπωπε Schaefer: ὀπώπεε(ν) L (ἀπ- SV)   ἐγὼ δὲ] ὣ(ι)δε ABC   πυγμαίῳ RSV   10 δὲ om. RSV   Καβίρων AB: Καβύρων C   ἱερ. R (it. 11)   11 εἰσιέναι RV   12 δὲ] γὰρ RSV   13 τοῖσι om. ABC   14 παῖδας om. R   πολλαχῇ RVS (-χοῦ)   15 νομίμοισιν RSV   16 προσθείη ABCS   19 πολύ L   ἑαυτῶν V: αὐτῶν R
20 εἰκός SV   ἄλλον S Orig. contra Cels. v. 34: ἄλλο rell.   ἤ] δὴ RSV   21 τὰ om. ABC   22 οἱ RSV Orig.: om. rell.
τε om. Orig.: μὲν Bekker

ΙΣΤΟΡΙΩΝ Γ   III. 38

πατέρας ἀποθνήσκοντας κατασιτέεσθαι· οἱ δὲ ἐπ' οὐδενὶ ἔφασαν ἔρδειν ἂν τοῦτο. Δαρεῖος δὲ μετὰ ταῦτα καλέσας 4 Ἰνδῶν τοὺς καλεομένους Καλλατίας, οἳ τοὺς γονέας κατεσθίουσι, εἴρετο, παρεόντων τῶν Ἑλλήνων καὶ δι' ἑρμηνέος μανθανόντων τὰ λεγόμενα, ἐπὶ τίνι χρήματι δεξαίατ' ἂν τελευτῶντας τοὺς πατέρας κατακαίειν πυρί· οἱ δὲ ἀμβώσαντες μέγα εὐφημέειν μιν ἐκέλευον. οὕτω μέν νυν ταῦτα νενόμισται, καὶ ὀρθῶς μοι δοκέει Πίνδαρος ποιῆσαι νόμον πάντων βασιλέα φήσας εἶναι.

Καμβύσεω δὲ ἐπ' Αἴγυπτον στρατευομένου ἐποιήσαντο 39 καὶ Λακεδαιμόνιοι στρατηίην ἐπὶ Σάμον τε καὶ Πολυκράτεα τὸν Αἰάκεος, ὃς ἔσχε Σάμον ἐπαναστάς. καὶ τὰ μὲν πρῶτα 2 τριχῇ δασάμενος τὴν πόλιν τοῖσι ἀδελφεοῖσι Πανταγνώτῳ καὶ Συλοσῶντι ἔνειμε, μετὰ δὲ τὸν μὲν αὐτῶν ἀποκτείνας, τὸν δὲ νεώτερον Συλοσῶντα ἐξελάσας ἔσχε πᾶσαν Σάμον, ἔχων δὲ ξεινίην Ἀμάσι τῷ Αἰγύπτου βασιλέϊ συνεθήκατο, πέμπων τε δῶρα καὶ δεκόμενος ἄλλα παρ' ἐκείνου. ἐν 3 χρόνῳ δὲ ὀλίγῳ αὐτίκα τοῦ Πολυκράτεος τὰ πρήγματα ηὔξετο καὶ ἦν βεβωμένα ἀνά τε τὴν Ἰωνίην καὶ τὴν ἄλλην Ἑλλάδα· ὅκου γὰρ ἰθύσειε στρατεύεσθαι, πάντα οἱ ἐχώρεε εὐτυχέως. ἔκτητο δὲ πεντηκοντέρους τε ἑκατὸν καὶ χιλίους τοξότας. ἔφερε δὲ καὶ ἦγε πάντας διακρίνων οὐδένα· τῷ 4 γὰρ φίλῳ ἔφη χαριεῖσθαι μᾶλλον ἀποδιδοὺς τὰ ἔλαβε ἢ ἀρχὴν μηδὲ λαβών. συχνὰς μὲν δὴ τῶν νήσων ἀραιρήκεε, πολλὰ δὲ καὶ τῆς ἠπείρου ἄστεα. ἐν δὲ δὴ καὶ Λεσβίους πανστρατιῇ βοηθέοντας Μιλησίοισι ναυμαχίῃ κρατήσας εἷλε, οἳ τὴν τάφρον περὶ τὸ τεῖχος τὸ ἐν Σάμῳ πᾶσαν

1 πατέρας om. S V   2 τοῦτο] ταῦτα R S V Orig.   3 Καλατίας R S V   5 τίνη R : τέῳ G. Dindorf   7 εὐφημεῖν L   μεν P R S V Orig. : om. A B C   12 εἶχε(ν) R S V   13 ⟨σὺν⟩ τοῖσι Stein   Πανταγνώστῳ C   14 διένειμε R S V   αὐτέων R S V 16 ἴσχων A B C P : σχὼν Stein   ξεινηίην A B C   βασ. φιλίην συνεθήκατο A B   17 ἄλλα] ἅμα R S V   19 εὔξετο A B : αὔξετο C P   21 ἔκτητο C P : ἐκέκτητο rell.   24 ἀραιρήκεε Bekker : αἱρήκεε L

ΗΡΟΔΟΤΟΥ

40 δεδεμένοι ὤρυξαν. καί κως τὸν Ἄμασιν εὐτυχέων μεγάλως ὁ Πολυκράτης οὐκ ἐλάνθανε, ἀλλά οἱ τοῦτ' ἦν ἐπιμελές. πολλῷ δὲ ἔτι πλεῦνός οἱ εὐτυχίης γινομένης γράψας ἐς βυβλίον τάδε ἐπέστειλε ἐς Σάμον· Ἄμασις Πολυκράτεϊ 2 ὧδε λέγει. ἡδὺ μὲν πυνθάνεσθαι ἄνδρα φίλον καὶ ξεῖνον εὖ πρήσσοντα, ἐμοὶ δὲ αἱ σαὶ μεγάλαι εὐτυχίαι οὐκ ἀρέσκουσι, τὸ θεῖον ἐπισταμένῳ ὡς ἔστι φθονερόν. καί κως βούλομαι καὶ αὐτὸς καὶ τῶν ἂν κήδωμαι τὸ μέν τι εὐτυχέειν τῶν πρηγμάτων, τὸ δὲ προσπταίειν, καὶ οὕτω διαφέρειν 3 τὸν αἰῶνα ἐναλλὰξ πρήσσων ἢ εὐτυχέειν τὰ πάντα. οὐδένα γάρ κω λόγῳ οἶδα ἀκούσας ὅστις ἐς τέλος οὐ κακῶς ἐτελεύτησε πρόρριζος, εὐτυχέων τὰ πάντα. σὺ ὦν νῦν ἐμοὶ 4 πειθόμενος ποίησον πρὸς τὰς εὐτυχίας τοιάδε· φροντίσας τὸ ἂν εὕρῃς ἐόν τοι πλείστου ἄξιον καὶ ἐπ' ᾧ σὺ ἀπολομένῳ μάλιστα τὴν ψυχὴν ἀλγήσεις, τοῦτο ἀπόβαλε οὕτω ὅκως μηκέτι ἥξει ἐς ἀνθρώπους. ἤν τε μὴ ἐναλλὰξ ἤδη τὠπὸ τούτου αἱ εὐτυχίαι τοι τῇσι πάθῃσι προσπίπτωσι, 41 τρόπῳ τῷ ἐξ ἐμεῦ ὑποκειμένῳ ἀκέο. ταῦτα ἐπιλεξάμενος ὁ Πολυκράτης καὶ νόῳ λαβὼν ὥς οἱ εὖ ὑπετίθετο ὁ Ἄμασις, ἐδίζητο ἐπ' ᾧ ἂν μάλιστα τὴν ψυχὴν ἀσηθείη ἀπολομένῳ τῶν κειμηλίων, διζήμενος δ' εὕρισκε τόδε· ἦν οἱ σφρηγὶς τὴν ἐφόρεε χρυσόδετος, σμαράγδου μὲν λίθου ἐοῦσα, ἔργον 2 δὲ ἦν Θεοδώρου τοῦ Τηλεκλέος Σαμίου. ἐπεὶ ὦν ταύτην οἱ ἐδόκεε ἀποβαλεῖν, ἐποίεε τοιάδε· πεντηκόντερον πληρώσας ἀνδρῶν ἐσέβη ἐς αὐτήν, μετὰ δὲ ἀναγαγεῖν ἐκέλευε

2 -της οὐκ ... πλεῦ- om. C   3 γινόμενος S V   4 βυβλίον R : βιβλίον rell.   5 καὶ ξεῖνον] κἀκεῖνον R V   7 ἐπιστ. τὸ θεῖον R S V Stob. flor. 112, 15   8 μέν τοι C R : μέν V   9 δέ ⟨τι⟩ Cobet 10 οὐδὲν R S V   11 ἐς τέλος P R S V Stob. : ἕτερος A B C 12 ὦν om. A B C   ἐμοὶ om. R   13 πυθόμενος S V   14 τοι] τι R 15 τούτῳ R   16 μὴν R   17 τοι τῇσι πάθῃσι G. Dindorf : τοι ταῖς πάθαις R S V : τοιαυταισι πάθεσι (-αισι B P) Λ B C P   18 ἄκεο Λ B : ἀκέο R : ἄκεω C   19 ἐν νόῳ R S V   ὑποτιθεῖτο P R S V ὁ om. A B C P   20 ἀσηθείη A B C P   21 δὲ τόδε εὕρισκεν R S V οἱ] ἡ R S V   23 Τημεκλέος R S V   24 ἐδόκεεν οἱ R (ἐδώκ.) S V ἀποβαλέειν L

ΙΣΤΟΡΙΩΝ Γ

ἐς τὸ πέλαγος· ὡς δὲ ἀπὸ τῆς νήσου ἑκὰς ἐγένετο, περιελόμενος τὴν σφρηγῖδα πάντων ὁρώντων τῶν συμπλόων ῥίπτει ἐς τὸ πέλαγος. τοῦτο δὲ ποιήσας ἀπέπλεε, ἀπικόμενος δὲ ἐς τὰ οἰκία συμφορῇ ἐχρᾶτο. πέμπτῃ δὲ ἢ ἕκτῃ 42 ἡμέρῃ ἀπὸ τούτων τάδε οἱ συνήνεικε γενέσθαι· ἀνὴρ ἁλιεὺς λαβὼν ἰχθὺν μέγαν τε καὶ καλὸν ἠξίου μιν Πολυκράτεϊ δῶρον δοθῆναι· φέρων δὴ ἐπὶ τὰς θύρας Πολυκράτεϊ ἔφη ἐθέλειν ἐλθεῖν ἐς ὄψιν, χωρήσαντος δέ οἱ τούτου ἔλεγε διδοὺς τὸν ἰχθύν· Ὦ βασιλεῦ, ἐγὼ τόνδε ἑλὼν οὐκ ἐδι- 2 καίωσα φέρειν ἐς ἀγορήν, καίπερ γε ἐὼν ἀποχειροβίοτος, ἀλλά μοι ἐδόκεε σεῦ τε εἶναι ἄξιος καὶ τῆς σῆς ἀρχῆς· σοὶ δή μιν φέρων δίδωμι. ὁ δὲ ἡσθεὶς τοῖσι ἔπεσι ἀμείβεται τοισίδε· Κάρτα τε εὖ ἐποίησας καὶ χάρις διπλῆ τῶν τε λόγων καὶ τοῦ δώρου· καί σε ἐπὶ δεῖπνον καλέομεν. ὁ μὲν 3 δὴ ἁλιεὺς μέγα ποιεύμενος ταῦτα ἤιε ἐς τὰ οἰκία, τὸν δὲ ἰχθὺν τάμνοντες οἱ θεράποντες εὑρίσκουσι ἐν τῇ νηδύι αὐτοῦ ἐνεοῦσαν τὴν Πολυκράτεος σφρηγῖδα. ὡς δὲ εἶδόν 4 τε καὶ ἔλαβον τάχιστα, ἔφερον κεχαρηκότες παρὰ τὸν Πολυκράτεα, διδόντες δέ οἱ τὴν σφρηγῖδα ἔλεγον ὅτεῳ τρόπῳ εὑρέθη. τὸν δὲ ὡς ἐσῆλθε θεῖον εἶναι τὸ πρῆγμα, γράφει ἐς βυβλίον πάντα τὰ ποιήσαντά μιν οἷα καταλελάβηκε, γράψας δὲ ἐς Αἴγυπτον ἐπέθηκε. ἐπιλεξάμενος 43 δὲ ὁ Ἄμασις τὸ βυβλίον τὸ παρὰ τοῦ Πολυκράτεος ἧκον, ἔμαθε ὅτι ἐκκομίσαι τε ἀδύνατον εἴη ἀνθρώπῳ ἄνθρωπον ἐκ τοῦ μέλλοντος γίνεσθαι πρήγματος καὶ ὅτι οὐκ εὖ τελευτήσειν μέλλοι Πολυκράτης εὐτυχέων τὰ πάντα, ὃς καὶ τὰ ἀποβάλλει εὑρίσκει. πέμψας δέ οἱ κήρυκα ἐς Σάμον 2

2 σφραγίδα R   3 ἐπέπλεεν R S V   4 ἐχρῆτο L   7 δὲ R S V   8 θέλειν R S V   10 γε om. A B C P   ὢν R V (S) -βίωτος P   11 ἐδόκε R V   12 ἔπαισιν R   13 τοῖσδε A B C P S : τοιάδε R V   διπλέη L   14 ἐπὶ δεῖπνον σε R S V   15 μεγάλα R S V   17 Πολυκράτε R   18 κεχαρηότες A B C   20 εἶναι om. R S V   21 βυβλίον R : βιβλίον rell.   καταλελάβηκε P R S V Bekk. Anecd. 104 : -λελαβήκεε A B C   23 βυβλ. P R V : βιβλ. A B C (S)   24 ἐκκομίσαι τε] -μίσεται C   26 μέλλοι C quoque

διαλύεσθαι ἔφη τὴν ξεινίην. τοῦδε δὲ εἵνεκεν ταῦτα ἐποίεε, ἵνα μὴ συντυχίης δεινῆς τε καὶ μεγάλης Πολυκράτεα καταλαβούσης αὐτὸς ἀλγήσειε τὴν ψυχὴν ὡς περὶ ξείνου ἀνδρός.
44 ἐπὶ τοῦτον δὴ ὦν τὸν Πολυκράτεα εὐτυχέοντα τὰ πάντα ἐστρατεύοντο Λακεδαιμόνιοι ἐπικαλεσαμένων τῶν μετὰ ταῦτα Κυδωνίην τὴν ἐν Κρήτῃ κτισάντων Σαμίων. πέμψας δὲ κήρυκα λάθρῃ Σαμίων Πολυκράτης παρὰ Καμβύσεα τὸν Κύρου συλλέγοντα στρατὸν ἐπ' Αἴγυπτον, ἐδεήθη ὅκως ἂν καὶ παρ' ἑωυτὸν πέμψας ἐς Σάμον δέοιτο στρατοῦ.
2 Καμβύσης δὲ ἀκούσας τούτων προθύμως ἔπεμπε ἐς Σάμον δεησόμενος Πολυκράτεος στρατὸν ναυτικὸν ἅμα πέμψαι ἑωυτῷ ἐπ' Αἴγυπτον. ὁ δὲ ἐπιλέξας τῶν ἀστῶν τοὺς ὑπώπτευε μάλιστα ἐς ἐπανάστασιν ἀπέπεμπε τεσσεράκοντα τριήρεσι, ἐντειλάμενος Καμβύσῃ ὀπίσω τούτους μὴ ἀπο-
45 πέμπειν. οἱ μὲν δὴ λέγουσι τοὺς ἀποπεμφθέντας Σαμίων [ὑπὸ Πολυκράτεος] οὐκ ἀπικέσθαι ἐς Αἴγυπτον, ἀλλ' ἐπείτε ἐγένοντο ἐν Καρπάθῳ πλέοντες, δοῦναι σφίσι λόγον, καί σφι ἀδεῖν τὸ προσωτέρω μηκέτι πλέειν· οἱ δὲ λέγουσι ἀπικομένους τε ἐς Αἴγυπτον καὶ φυλασσομένους ἐνθεῦτεν
2 αὐτοὺς ἀποδρῆναι. καταπλέουσι δὲ ἐς τὴν Σάμον Πολυκράτης νηυσὶ ἀντιάσας ἐς μάχην κατέστη· νικήσαντες δὲ οἱ κατιόντες ἀπέβησαν ἐς τὴν νῆσον, πεζομαχήσαντες δὲ ἐν αὐτῇ ἑσσώθησαν καὶ οὕτω δὴ ἔπλεον ἐς Λακεδαίμονα.
3 εἰσὶ δὲ οἳ λέγουσι τοὺς ἀπ' Αἰγύπτου νικῆσαι Πολυκράτεα, λέγοντες ἐμοὶ δοκέειν οὐκ ὀρθῶς. οὐδὲν γὰρ ἔδει σφέας Λακεδαιμονίους ἐπικαλέεσθαι, εἴ περ αὐτοὶ ἦσαν ἱκανοὶ Πολυκράτεα παραστήσασθαι. πρὸς δὲ τούτοισι οὐδὲ λόγος

---

1 τοῦδε δὲ R : τοῦ δὲ vel τοῦδε rell.   εἵνεκε R V   ἐποίησεν C
6 Κρίτῃ R   κτησάντων C   πέμψας...Πολυκράτης] Πολυκράτης δὲ πέμψας A B C   7 λάθρα R   9 αὐτὸν R S V   10 ἔπεμψε(ν) A B C   11 δεόμενος A B C : δεησομένους Herwerden   13 τεσσαρ. C R V   16 ὑπὸ Πολ. om. A B C   17 ἐγίνοντο C   σφίσι] σφι A B C P   18 τῷ C V   19 αὐτοὺς ἐνθεῦτεν R S V   23 ἐσώθησαν R S V   25 ἔδε C   26 ἐπικαλέεσασθαι R S V   27 τούτω R S V

αἱρέει, τῷ ἐπίκουροί τε μισθωτοὶ καὶ τοξόται οἰκήιοι ἦσαν πλήθεϊ πολλοί, τούτον ὑπὸ τῶν κατιόντων Σαμίων ἐόντων ὀλίγων ἐσσωθῆναι. τῶν δ' ὑπ' ἑωυτῷ ἐόντων πολιητέων τὰ τέκνα καὶ τὰς γυναῖκας ὁ Πολυκράτης ἐς τοὺς νεωσοίκους συνειλήσας εἶχε ἑτοίμους, ἤν ἄρα προδιδῶσι οὗτοι πρὸς τοὺς κατιόντας, ὑποπρῆσαι αὐτοῖσι τοῖσι νεωσοίκοισι. ἐπείτε δὲ οἱ ἐξελασθέντες Σαμίων ὑπὸ Πολυκράτεος ἀπίκοντο ἐς τὴν Σπάρτην, καταστάντες ἐπὶ τοὺς ἄρχοντας ἔλεγον πολλὰ οἷα κάρτα δεόμενοι. οἱ δέ σφι τῇ πρώτῃ καταστάσι ὑπεκρίναντο τὰ μὲν πρῶτα λεχθέντα ἐπιλελῆσθαι, τὰ δὲ ὕστερα οὐ συνιέναι. μετὰ δὲ ταῦτα δεύτερα καταστάντες ἄλλο μὲν εἶπον οὐδέν, θύλακον δὲ φέροντες ἔφασαν τὸν θύλακον ἀλφίτων δέεσθαι. οἱ δέ σφι ὑπεκρίναντο τῷ θυλάκῳ περιεργάσθαι· βοηθέειν δ' ὦν ἔδοξε αὐτοῖσι. καὶ ἔπειτα παρασκευασάμενοι ἐστρατεύοντο Λακεδαιμόνιοι ἐπὶ Σάμον, ὡς μὲν Σάμιοι λέγουσι, εὐεργεσίας ἐκτίνοντες, ὅτι σφι πρότεροι αὐτοὶ νηυσὶ ἐβοήθησαν ἐπὶ Μεσσηνίους, ὡς δὲ Λακεδαιμόνιοι λέγουσι, οὐκ οὕτω τιμωρῆσαι δεομένοισι Σαμίοισι ἐστρατεύοντο ὡς τείσασθαι βουλόμενοι τοῦ κρητῆρος τῆς ἁρπαγῆς, τὸν ἦγον Κροίσῳ, καὶ τοῦ θώρηκος, τὸν αὐτοῖσι Ἄμασις ὁ Αἰγύπτου βασιλεὺς ἔπεμψε δῶρον. καὶ γὰρ θώρηκα ἐληίσαντο τῷ προτέρῳ ἔτεϊ ἢ τὸν κρητῆρα οἱ Σάμιοι, ἐόντα μὲν λίνεον καὶ ζῴων ἐνυφασμένων συχνῶν, κεκοσμημένον δὲ χρυσῷ καὶ εἰρίοισι ἀπὸ ξύλου· τῶν δὲ εἵνεκα θωμάσαι ἄξιον, ἁρπεδόνη ἑκάστη τοῦ θώρηκος ποιέει· ἐοῦσα γὰρ λεπτὴ ἔχει ἁρπεδόνας ἐν ἑωυτῇ τριηκοσίας καὶ ἑξήκοντα, πάσας φανεράς. τοιοῦτος

1 τε om. ABC: add. P   2 πλήθη R   τούτων SV   3 ἐσωθ.
RV   ἑωυτὸν RSV   5 ἐτίμους R   9 καταστάσει L
10 ἐπιλεληθέναι RSV Plut. mor. 232 d : ἐπιλελῆσθαι rell.   11 ὕστερα
S Plut.: ὕστατα rell.   13 θύλακα C   14 περιεργάσθαι
CP: περιείργασθαι AB : περιεργάσασθαι RSV   βοηθεῖν CRSV
16 ἐκτείνοντες ABRSV: ἐκτίνοντας C   17 αὐτῶν RV   Μεσην.
RV   18 δεόμενοι RSV   19 τίσασθαι L.   24 συχνῶν
κ. δὲ om. RSV   25 θωυμάσαι L

ΗΡΟΔΟΤΟΥ

ἕτερός ἐστι καὶ τὸν ἐν Λίνδῳ ἀνέθηκε τῇ Ἀθηναίῃ Ἄμασις.
συνεπελάβοντο δὲ τοῦ στρατεύματος τοῦ ἐπὶ Σάμον ὥστε γενέσθαι καὶ Κορίνθιοι προθύμως· ὕβρισμα γὰρ καὶ ἐς τούτους εἶχε ἐκ τῶν Σαμίων γενόμενον γενεῇ πρότερον τοῦ στρατεύματος τούτου, κατὰ δὲ τὸν αὐτὸν χρόνον τοῦ κρητῆρος τῇ ἁρπαγῇ γεγονός. Κερκυραίων γὰρ παῖδας τριηκοσίους ἀνδρῶν τῶν πρώτων Περίανδρος ὁ Κυψέλου ἐς Σάρδις ἀπέπεμψε παρὰ Ἀλυάττεα ἐπ᾽ ἐκτομῇ· προσσχόντων δὲ ἐς τὴν Σάμον τῶν ἀγόντων τοὺς παῖδας Κορινθίων, πυθόμενοι οἱ Σάμιοι τὸν λόγον, ἐπ᾽ οἷσι ἀγοίατο ἐς Σάρδις, πρῶτα μὲν τοὺς παῖδας ἐδίδαξαν ἱροῦ ἅψασθαι Ἀρτέμιδος, μετὰ δὲ οὐ περιορῶντες ἀπέλκειν τοὺς ἱκέτας ἐκ τοῦ ἱροῦ, σιτίων δὲ τοὺς παῖδας ἐργόντων τῶν Κορινθίων, ἐποιήσαντο οἱ Σάμιοι ὁρτήν, τῇ καὶ νῦν ἔτι χρέωνται κατὰ ταὐτά· νυκτὸς γὰρ ἐπιγενομένης, ὅσον χρόνον ἱκέτευον οἱ παῖδες, ἵστασαν χοροὺς παρθένων τε καὶ ἠιθέων, ἱστάντες δὲ τοὺς χοροὺς τρωκτὰ σησάμου τε καὶ μέλιτος ἐποιήσαντο νόμον φέρεσθαι, ἵνα ἁρπάζοντες οἱ τῶν Κερκυραίων παῖδες ἔχοιεν τροφήν. ἐς τοῦτο δὲ τόδε ἐγίνετο, ἐς ὃ οἱ Κορίνθιοι τῶν παίδων οἱ φύλακοι οἴχοντο ἀπολιπόντες· τοὺς δὲ παῖδας ἀπήγαγον ἐς Κέρκυραν οἱ Σάμιοι. εἰ μέν νυν Περιάνδρου τελευτήσαντος τοῖσι Κορινθίοισι φίλια ἦν πρὸς τοὺς Κερκυραίους, οἱ δὲ οὐκ ἂν συνελάβοντο τοῦ στρατεύματος τοῦ ἐπὶ Σάμον ταύτης εἵνεκεν τῆς αἰτίης. νῦν δὲ αἰεὶ ἐπείτε ἔκτισαν τὴν νῆσον εἰσὶ ἀλλήλοισι διάφοροι †ἐόντες† ἑωυτοῖσι. τούτων ὦν εἵνεκεν ἀπεμνησικάκεον τοῖσι Σαμίοισι

1 Λίδω R 3 εἰς ABRV 4 ⟨τρίτῃ⟩ γενεῇ Panofka
5 κατά... γεγονός del. Abicht 7 Κυψέλλου R 8 προσχόντων PRSV 9 ἐς] πρὸς RSV 10 ἐπ᾽ οἷσι νάγοιντο R : ἐπεὶ συνάγοιντο SV 12 περιρῶντες RV 13 εἰργόντων RV τῶν om. ABCP 14 τοῦτο SV 15 ἱκετεύοντο RSV 16 παρθένων... χοροὺς om. SV 18 ἔχειεν R 19 τόδε] οἱ ABCP ἐγίν. ἔτι ἐς τωὐτὸν ἐς ὃ RSV 20 ᾤχοντο RSV 22 τοῖσι Κορ. post ἦν RSV φίλια R : φιλία SV : φίλα rell.
23 συνεβάλοντο R 25 ἐρίζοντες Krueger 26 ἑωυτοί RSV ἕνεκεν RV

ΙΣΤΟΡΙΩΝ Γ

οἱ Κορίνθιοι. ἀπέπεμπε δὲ ἐς Σάρδις ἐπ' ἐκτομῇ Περίανδρος τῶν πρώτων Κερκυραίων ἐπιλέξας τοὺς παῖδας τιμωρεύμενος· πρότεροι γὰρ οἱ Κερκυραῖοι ἦρξαν ἐς αὐτὸν πρῆγμα ἀτάσθαλον ποιήσαντες. ἐπείτε γὰρ τὴν ἑωυτοῦ γυναῖκα 50 Μέλισσαν Περίανδρος ἀπέκτεινε, συμφορὴν τοιήνδε οἱ ἄλλην συνέβη πρὸς τῇ γεγονυίῃ γενέσθαι· ἦσάν οἱ ἐκ Μελίσσης δύο παῖδες, ἡλικίην ὁ μὲν ἑπτακαίδεκα, ὁ δὲ ὀκτωκαίδεκα ἔτεα γεγονώς. τούτους ὁ μητροπάτωρ Προ- 2 κλέης, ἐὼν Ἐπιδαύρου τύραννος, μεταπεμψάμενος παρ' ἑωυτὸν ἐφιλοφρονέετο, ὡς οἰκὸς ἦν θυγατρὸς ἐόντας τῆς ἑωυτοῦ παῖδας. ἐπείτε δέ σφεας ἀπεπέμπετο, εἶπε προπέμπων αὐτούς· Ἆρα ἴστε, ὦ παῖδες, ὃς ὑμέων τὴν μητέρα 3 ἀπέκτεινε; τοῦτο τὸ ἔπος ὁ μὲν πρεσβύτερος αὐτῶν ἐν οὐδενὶ λόγῳ ἐποιήσατο· ὁ δὲ νεώτερος, τῷ οὔνομα ἦν Λυκόφρων, ἤλγησε ἀκούσας οὕτως ὥστε ἀπικόμενος ἐς τὴν Κόρινθον ἅτε φονέα τῆς μητρὸς τὸν πατέρα οὔτε προσεῖπε, διαλεγομένῳ τε οὔ τι προσδιελέγετο ἱστορέοντί τε λόγον οὐδένα ἐδίδου. τέλος δέ μιν περιθύμως ἔχων ὁ Περίανδρος ἐξελαύνει ἐκ τῶν οἰκίων. ἐξελάσας δὲ τοῦτον ἱστόρεε τὸν 51 πρεσβύτερον τά σφι ὁ μητροπάτωρ διελέχθη. ὁ δέ οἱ ἀπηγέετο ὥς σφεας φιλοφρόνως ἐδέξατο, ἐκείνου δὲ τοῦ ἔπεος τό σφι ὁ Προκλέης ἀποστέλλων εἶπε, ἅτε οὐ νόῳ λαβών, οὐκ ἐμέμνητο. Περίανδρος δὲ οὐδεμίαν μηχανὴν ἔφη εἶναι μὴ οὔ σφι ἐκεῖνον ὑποθέσθαι τι, ἐλιπάρεέ τε ἱστορέων. ὁ δὲ ἀναμνησθεὶς εἶπε καὶ τοῦτο. Περίανδρος 2 δὲ νόῳ λαβὼν [καὶ τοῦτο] καὶ μαλακὸν ἐνδιδόναι βουλόμενος οὐδέν, τῇ ὁ ἐξελασθεὶς ὑπ' αὐτοῦ παῖς δίαιταν

1 ἔπεμπε PRSV δὲ om. V 2 τιμωρεόμενος RSV
3 πρότερον RSV οἱ...γὰρ (4) om. SV 7 Μελίττης RSV
8 ἔτεα om. RSV Προκλῆς L (item 22) 10 ἐφιλοφρόνεέ τε
RSV εἰκὸς L 11 ἐπεὶ RSV 15 εἰς RV 16 προεῖπε
RSV 17 διαλεγομένου RSV οὔ τι Reiz : οὔτε L 18 περιθυμῶι AB : περιθυμῶ C : περὶ θυμῶι P ἔχων Abicht : ἐχόμενος L
οἱ RV 19 ἐκ] οἱ ἐκ RSV 20 πρεσβύτατον ABC 21 ἀπηγήσατο C 24 τι] τε RV ἐλιπάρει RSV 26 καὶ τοῦτο del.
Krueger 27 ᾖ(ι) L ὑπὸ ἑωυτοῦ RSV

ΗΡΟΔΟΤΟΥ

ἐποιέετο, ἐς τούτους πέμπων ἄγγελον ἀπηγόρευε μή μιν
3 δέκεσθαι οἰκίοισι. ὁ δὲ ὅκως ἀπελαυνόμενος ἔλθοι ἐς
ἄλλην οἰκίην, ἀπηλαύνετ᾽ ἂν καὶ ἀπὸ ταύτης, ἀπειλέοντός
τε τοῦ Περιάνδρου τοῖσι δεξαμένοισι καὶ ἐξέργειν κελεύοντος.
ἀπελαυνόμενος δ᾽ ἂν ἤιε ἐπ᾽ ἑτέρην τῶν ἑταίρων· οἱ δὲ ἅτε
Περιάνδρου ἐόντα παῖδα, καίπερ δειμαίνοντες, ὅμως ἐδέκοντο.
52 τέλος δὲ ὁ Περίανδρος κήρυγμα ἐποιήσατο, ὃς ἂν ἢ οἰκίοισι
ὑποδέξηταί μιν ἢ προσδιαλεχθῇ, ἱρὴν ζημίην τοῦτον τῷ
2 Ἀπόλλωνι ὀφείλειν, ὅσην δὴ εἶπας. πρὸς ὦν δὴ τοῦτο
τὸ κήρυγμα οὔτε τίς οἱ διαλέγεσθαι οὔτε οἰκίοισι δέκεσθαι
ἤθελε· πρὸς δὲ οὐδὲ αὐτὸς ἐκεῖνος ἐδικαίου πειρᾶσθαι ἀπειρημένου, ἀλλὰ διακαρτερέων ἐν τῇσι στοιῇσι ἐκαλινδέετο.
3 τετάρτῃ δὲ ἡμέρῃ ἰδών μιν ὁ Περίανδρος ἀλουσίῃσί τε καὶ
ἀσιτίῃσι συμπεπτωκότα οἴκτιρε· ὑπεὶς δὲ τῆς ὀργῆς ἤιε
ἆσσον καὶ ἔλεγε· Ὦ παῖ, κότερα τούτων αἱρετώτερά ἐστι,
ταῦτα τὰ νῦν ἔχων πρήσσεις, ἢ τὴν τυραννίδα καὶ ⟨τὰ⟩
ἀγαθὰ τὰ νῦν ἐγὼ ἔχω, ταῦτα ἐόντα τῷ πατρὶ ἐπιτήδεον
4 παραλαμβάνειν; ὃς ἐὼν ἐμός τε παῖς καὶ Κορίνθου τῆς
εὐδαίμονος βασιλεὺς ἀλήτην βίον εἵλευ, ἀντιστατέων τε
καὶ ὀργῇ χρεώμενος ἐς τόν σε ἥκιστα ἐχρῆν. εἰ γάρ τις
συμφορὴ ἐν αὐτοῖσι γέγονε, ἐξ ἧς ὑποψίην ἐς ἐμὲ ἔχεις,
ἐμοί τε αὕτη γέγονε καὶ ἐγὼ αὐτῆς τὸ πλεῦν μέτοχός εἰμι,
5 ὅσῳ αὐτός σφεα ἐξεργασάμην. σὺ δὲ μαθὼν ὅσῳ φθονέεσθαι κρέσσον ἐστὶ ἢ οἰκτίρεσθαι, ἅμα τε ὁκοῖόν τι ἐς τοὺς
τοκέας καὶ ἐς τοὺς κρέσσονας τεθυμῶσθαι, ἄπιθι ἐς τὰ
6 οἰκία. Περίανδρος μὲν τούτοισι αὐτὸν κατελάμβανε, ὁ δὲ
ἄλλο μὲν οὐδὲν ἀμείβεται τὸν πατέρα, ἔφη δέ μιν ἱρὴν

1 εἰς R V   2 ἔλθοι ... ἀπελαυνόμενος (5) om. R   3 ἀπελαύνετ᾽
S V   ἐπιλέγοντος S V   4 ἐξείργειν A B S V   5 δ᾽ om. A B C P
τῶν ἑτέρων C R V¹   6 ἐκδέκοντο C   7 κήρυκα C   8 δέξηταί
R S V   11 ἐδικαίευ C P   12 ἐν om. R V   στολῆσι C:
στοῆσι Λ Β P   14 οὔκτειρε L (it. 24)   16 τὰ add. Aldus
19 εἴλεν R   20 εἰς A B   21 ἑωυτοῖσι Eltz   γέγονε Krueger:
ἐγεγόνεε(ν) A B C P S: ἐγγεγόνεεν R V   22 ἐμῇ S V   23 ὅσον
S V (?)   σφεα Bredov: σφε L   ἐξειργ. A B   24 κρεῖσσον C
Stob. flor. iii. 58   τι] τι ἐστίν R S V: om. Stob.

ζημίην ὀφείλειν τῷ θεῷ ἑωυτῷ ἐς λόγους ἀπικόμενον. μαθὼν δὲ ὁ Περίανδρος ὡς ἄπορόν τι τὸ κακὸν εἴη τοῦ παιδὸς καὶ ἀνίκητον, ἐξ ὀφθαλμῶν μιν ἀποπέμπεται στείλας πλοῖον ἐς Κέρκυραν· ἐπεκράτεε γὰρ καὶ ταύτης. ἀποστείλας δὲ τοῦτον ὁ Περίανδρος ἐστρατεύετο ἐπὶ τὸν πενθερὸν Προκλέα, ὡς τῶν παρεόντων οἱ πρηγμάτων ἐόντα αἰτιώτατον, καὶ εἷλε μὲν τὴν Ἐπίδαυρον, εἷλε δὲ αὐτὸν Προκλέα καὶ ἐζώγρησε. ἐπεὶ δὲ τοῦ χρόνου προβαίνοντος ὁ [τε] Περίανδρος παρηβήκεε καὶ συνεγινώσκετο ἑωυτῷ οὐκέτι εἶναι δυνατὸς τὰ πρήγματα ἐπορᾶν τε καὶ διέπειν, πέμψας ἐς τὴν Κέρκυραν ἀπεκάλεε τὸν Λυκόφρονα ἐπὶ τὴν τυραννίδα· ἐν γὰρ δὴ τῷ πρεσβυτέρῳ τῶν παίδων οὐκ ἐνώρα, ἀλλά οἱ κατεφαίνετο εἶναι νωθέστερος. ὁ δὲ Λυκόφρων οὐδὲ ἀνακρίσιος ἠξίωσε τὸν φέροντα τὴν ἀγγελίην. Περίανδρος δὲ περιεχόμενος τοῦ νεηνίεω δεύτερα ἀπέστειλε ἐπ' αὐτὸν τὴν ἀδελφεήν, ἑωυτοῦ δὲ θυγατέρα, δοκέων μιν μάλιστα ταύτης ἂν πείθεσθαι. ἀπικομένης δὲ ταύτης καὶ λεγούσης· Ὦ παῖ, βούλεαι τήν τε τυραννίδα ἐς ἄλλους πεσεῖν καὶ τὸν οἶκον τοῦ πατρὸς διαφορηθέντα μᾶλλον ἢ αὐτός σφεα ἀπελθὼν ἔχειν; ἄπιθι ἐς τὰ οἰκία, παῦσαι σεωυτὸν ζημιῶν. ἡ φιλοτιμίη κτῆμα σκαιόν· μὴ τῷ κακῷ τὸ κακὸν ἰῶ. πολλοὶ τῶν δικαίων τὰ ἐπιεικέστερα προτιθεῖσι. πολλοὶ δὲ ἤδη τὰ μητρώια διζήμενοι τὰ πατρώια ἀπέβαλον. τυραννὶς χρῆμα σφαλερόν, πολλοὶ δὲ αὐτῆς ἐρασταί εἰσι, ὁ δὲ γέρων τε ἤδη καὶ παρηβηκώς· μὴ δῷς τὰ σεωυτοῦ ἀγαθὰ ἄλλοισι. ἡ μὲν δὴ τὰ ἐπαγωγότατα

4 πλοίῳ S 6 οἱ om. R S V 8 παραβαίνοντος C 9 τε del. Cobet 10 δυνατὸς εἶναι R S V 11 πέμπων R S V εἰς R 12 οὐκ ἐνεώρα P S : οὔκων ἑώρα A B C 14 ἀποκρίσιος R S V : ὑποκρίσιος Abicht 15 ἀπέστελλεν R S V 17 ταύτῃ ἂν A B C P 18 τήν τε om. R : τε om. S V 19 πεσέειν L 20 σφεα Valckenaer : σφε L ἄπιθι] ἄπελθε R S V 21 ἡ R S V Stob. flor. 23, 12: om. rell. κτῆσμα R καὶ μὴ A, sed καὶ del. 24 ἀπέβαλον R S V Stob. : μετέβαλον rell. 25 ἤδη] δὴ R : om. S V μηδοῖς S V : μηδεὶς R 26 ἑωυτοῦ R S V

ΗΡΟΔΟΤΟΥ

διδαχθεῖσα ὑπὸ τοῦ πατρὸς ἔλεγε πρὸς αὐτόν, ὁ δὲ ὑποκρινόμενος ἔφη οὐδαμὰ ἥξειν ἐς Κόρινθον, ἔστ᾽ ἂν πυνθάνηται
6 περιεόντα τὸν πατέρα. ἀπαγγειλάσης δὲ ταύτης ταῦτα τὸ τρίτον Περίανδρος κήρυκα πέμπει βουλόμενος αὐτὸς μὲν ἐς Κέρκυραν ἥκειν, ἐκεῖνον δὲ ἐκέλευε ἐς Κόρινθον
7 ἀπικόμενον διάδοχον γίνεσθαι τῆς τυραννίδος. καταινέσαντος δ᾽ ἐπὶ τούτοισι τοῦ παιδὸς ὁ μὲν Περίανδρος ἐστέλλετο ἐς τὴν Κέρκυραν, ὁ δὲ παῖς [οἱ] ἐς τὴν Κόρινθον. μαθόντες δὲ οἱ Κερκυραῖοι τούτων ἕκαστα, ἵνα μή σφι Περίανδρος ἐς τὴν χώρην ἀπίκηται, κτείνουσι τὸν νεηνίσκον. ἀντὶ τούτων μὲν Περίανδρος Κερκυραίους ἐτιμωρέετο.

54 Λακεδαιμόνιοι δὲ στόλῳ μεγάλῳ ὡς ἀπίκοντο, ἐπολιόρκεον Σάμον· προσβαλόντες δὲ πρὸς τὸ τεῖχος τοῦ μὲν πρὸς θαλάσσῃ ἑστεῶτος πύργου κατὰ τὸ προάστιον τῆς πόλιος ἐπέβησαν, μετὰ δὲ αὐτοῦ βοηθήσαντος Πολυκράτεος χειρὶ
2 πολλῇ ἀπηλάσθησαν. κατὰ δὲ τὸν ἐπάνω πύργον τὸν ἐπὶ τῆς ῥάχιος τοῦ ὄρεος ἐπεόντα ἐπεξῆλθον οἵ τε ἐπίκουροι καὶ αὐτῶν Σαμίων συχνοί, δεξάμενοι δὲ τοὺς Λακεδαιμονίους ἐπ᾽ ὀλίγον χρόνον ἔφευγον ὀπίσω· οἱ δὲ ἐπισπόμενοι
55 ἔκτεινον. εἰ μέν νυν οἱ παρεόντες Λακεδαιμονίων ὅμοιοι ἐγίνοντο ταύτην τὴν ἡμέρην Ἀρχίῃ τε καὶ Λυκώπῃ, αἱρέθη ἂν Σάμος. Ἀρχίης γὰρ καὶ Λυκώπης μοῦνοι συνεσπεσόντες φεύγουσι ἐς τὸ τεῖχος τοῖσι Σαμίοισι καὶ ἀποκλῃσθέντες τῆς ὀπίσω ὁδοῦ ἀπέθανον ἐν τῇ πόλι τῇ Σαμίων.
2 τρίτῳ δὲ ἀπ᾽ Ἀρχίεω τούτου γεγονότι ἄλλῳ Ἀρχίῃ τῷ Σαμίου τοῦ Ἀρχίεω αὐτὸς ἐν Πιτάνῃ συνεγενόμην (δήμου γὰρ τούτου ἦν), ὃς ξείνων πάντων μάλιστα ἐτίμα τε Σαμίους καί οἱ τῷ πατρὶ ἔφη Σάμιον τοὔνομα τεθῆναι,

1 ὑποκρινόμενος P: ὑποκρινάμενος rell.   4 πέμπει κήρυκα R S V
7 δὲ καὶ ἐπὶ S V   8 οἱ om. R S V   14 ἑστῶτος A B   πύργου ⟨τοῦ⟩ Stein   προάστειον L   15 ὑπερέβησαν A B C P   20 ἔκτεινον
... παρεόντες] ἐκτείνοντες R S V   21 ἐγένοντο A B S   αἱρέθησαν
Σαμίοις R S V   22 συνεισπεσ. A B : συμπεσ. R S V (συμ in lit.)
24 πόλει A B C S [V]   27 γὰρ τούτου] ταὐτοῦ τοῦ R : ταὐτοῦ S V
ἐτίμα τε] ἐτιμᾶτο A B C   28 οὔνομα R S V

ΙΣΤΟΡΙΩΝ Γ

ὅτι οἱ ὁ πατὴρ Ἀρχίης ἐν Σάμῳ ἀριστεύσας ἐτελεύτησε. τιμᾶν δὲ Σαμίους ἔφη, διότι ταφῆναί οἱ τὸν πάππον δημοσίῃ ὑπὸ Σαμίων. Λακεδαιμόνιοι δέ, ὥς σφι τεσσε- 56 ράκοντα ἐγεγόνεσαν ἡμέραι πολιορκέουσι Σάμον ἐς τὸ πρόσω τε οὐδὲν προεκόπτετο τῶν πρηγμάτων, ἀπαλλάσσοντο ἐς Πελοπόννησον. ὡς δὲ ὁ ματαιότερος λόγος ὅρμηται 2 λέγεσθαι, Πολυκράτεα ἐπιχώριον νόμισμα κόψαντα πολλὸν μολύβδου καταχρυσώσαντα δοῦναί σφι, τοὺς δὲ δεξαμένους οὕτω δὴ ἀπαλλάσσεσθαι. ταύτην πρώτην στρατιὴν ἐς τὴν Ἀσίην Λακεδαιμόνιοι Δωριέες ἐποιήσαντο. οἱ δ᾽ ἐπὶ τὸν 57 Πολυκράτεα στρατευσάμενοι Σαμίων, ἐπεὶ οἱ Λακεδαιμόνιοι αὐτοὺς ἀπολείπειν ἔμελλον, καὶ αὐτοὶ ἀπέπλεον ἐς Σίφνον· χρημάτων γὰρ ἐδέοντο, τὰ δὲ τῶν Σιφνίων πρήγματα ἤκμαζε 2 τοῦτον τὸν χρόνον, καὶ νησιωτέων μάλιστα ἐπλούτεον, ἅτε ἐόντων αὐτοῖσι ἐν τῇ νήσῳ χρυσέων καὶ ἀργυρέων μετάλλων, οὕτω ὥστε ἀπὸ τῆς δεκάτης τῶν γινομένων αὐτόθεν χρημάτων θησαυρὸς ἐν Δελφοῖσι ἀνάκειται ὅμοια τοῖσι πλουσιωτάτοισι· αὐτοὶ δὲ τὰ γινόμενα [ἐν] τῷ ἐνιαυτῷ ἑκάστῳ χρήματα διενέμοντο. ὅτε ὦν ἐποιεῦντο τὸν θησαυρόν, ἐχρέωντο τῷ 3 χρηστηρίῳ εἰ αὐτοῖσι τὰ παρεόντα ἀγαθὰ οἷά τέ ἐστι πολλὸν χρόνον παραμένειν· ἡ δὲ Πυθίη ἔχρησέ σφι τάδε·

Ἀλλ᾽ ὅταν ἐν Σίφνῳ πρυτανήια λευκὰ γένηται 4
λεύκοφρύς τ᾽ ἀγορή, τότε δὴ δεῖ φράδμονος ἀνδρὸς
φράσσασθαι ξύλινόν τε λόχον κήρυκά τ᾽ ἐρυθρόν.

τοῖσι δὲ Σιφνίοισι ἦν τότε ἡ ἀγορὴ καὶ τὸ πρυτανήιον Παρίῳ λίθῳ ἠσκημένα. τοῦτον τὸν χρησμὸν οὐκ οἷοί τε ἦσαν 58

---

3 εὖ ὑπὸ Σ. RSV: ὑπὸ Σ. εὖ P   τεσσαρ. CRV   6 ὥρμηται CPRSV   7 λέγεσθαι Wesseling: λέγεται L   8 μολίβδου R   9 δὴ om. RSV   πρώτην] τὴν ABC   στρατι+ἢν P: στρατηίην   Wesseling   10 Λακεδαιμονίοισι PRS: -ησι V   12 ἀπολιπεῖν ABC   17 ἀνακέεται CP   18 ἐν om. ABCP   19 οὖν ABC   ἐποιέοντο RSV   20 πολλὺν R: πολὺν rell.   21 σφι om. RSV   24 φράσασθαι CRSV   25 τε ABC   τότε ἦν PRSV   26 τὸν] γὰρ τὸν RSV   οἶ R

γνῶναι οὔτε τότε ἰθὺς οὔτε τῶν Σαμίων ἀπιγμένων. ἐπείτε γὰρ τάχιστα πρὸς τὴν Σίφνον προσῖσχον οἱ Σάμιοι, ἔπεμπον τῶν νεῶν μίαν πρέσβεας ἄγουσαν ἐς τὴν πόλιν. τὸ δὲ παλαιὸν ἅπασαι αἱ νέες ἦσαν μιλτηλιφέες· καὶ ἦν τοῦτο τὸ ἡ Πυθίη προηγόρευε τοῖσι Σιφνίοισι φυλάξασθαι τὸν ξύλινον λόχον κελεύουσα καὶ κήρυκα ἐρυθρόν. ἀπικόμενοι ὦν οἱ ἄγγελοι ἐδέοντο τῶν Σιφνίων δέκα τάλαντά σφι χρῆσαι· οὐ φασκόντων δὲ χρήσειν τῶν Σιφνίων αὐτοῖσι οἱ Σάμιοι τοὺς χώρους αὐτῶν ἐπόρθεον. πυθόμενοι δ᾽ ἰθὺς ἦκον οἱ Σίφνιοι βοηθέοντες καὶ συμβαλόντες αὐτοῖσι ἑσσώθησαν, καὶ αὐτῶν πολλοὶ ἀπεκληίσθησαν τοῦ ἄστεος ὑπὸ τῶν Σαμίων· καὶ αὐτοὺς μετὰ ταῦτα ἑκατὸν τάλαντα ἔπρηξαν.

59 παρὰ δὲ Ἑρμιονέων νῆσον ἀντὶ χρημάτων παρέλαβον, Ὑδρέαν τὴν ἐπὶ Πελοποννήσῳ, καὶ αὐτὴν Τροιζηνίοισι παρακατέθεντο· αὐτοὶ δὲ Κυδωνίην τὴν ἐν Κρήτῃ ἔκτισαν οὐκ ἐπὶ τοῦτο πλέοντες, ἀλλὰ Ζακυνθίους ἐξελῶντες ἐκ τῆς νήσου. ἔμειναν δ᾽ ἐν ταύτῃ καὶ εὐδαιμόνησαν ἐπ᾽ ἔτεα πέντε, ὥστε τὰ ἱρὰ τὰ ἐν Κυδωνίῃ ἐόντα νῦν οὗτοί εἰσι οἱ ποιήσαντες καὶ τὸν τῆς Δικτύνης νηόν. ἕκτῳ δὲ ἔτεϊ Αἰγινῆται αὐτοὺς ναυμαχίῃ νικήσαντες ἠνδραποδίσαντο μετὰ Κρητῶν καὶ τῶν νεῶν καπρίους ἐχουσέων τὰς πρῴρας ἠκρωτηρίασαν καὶ ἀνέθεσαν ἐς τὸ ἱρὸν τῆς Ἀθηναίης ἐν Αἰγίνῃ. ταῦτα δὲ ἐποίησαν ἔγκοτον ἔχοντες Σαμίοισι Αἰγινῆται. πρότεροι γὰρ Σάμιοι ἐπ᾽ Ἀμφικράτεος βασιλεύοντος ἐν Σάμῳ στρατευσάμενοι ἐπ᾽ Αἴγιναν μεγάλα κακὰ ἐποίησαν Αἰγινήτας καὶ ἔπαθον ὑπ᾽ ἐκείνων. ἡ μὲν αἰτίη αὕτη.

60 Ἐμήκυνα δὲ περὶ Σαμίων μᾶλλον, ὅτι σφι τρία ἐστὶ

---

1 εὐθὺς ABCP   ἐπεὶ RSV   2 προσίχον R : προσειχον SV(?)
4 νῆες ABCP   ἦσαν om. RSV   μιλτηλιφέες Pᶜ : μιλτηλεφέες ABC : μιλτηλοιηφέες RSV   5 φυλάσσεσθαι RSV   7 οἱ om. ABCP   σφισι SVAᶜ   9 ἐπῴρβ C   εὐθὺς ABCP   10 ἐσώθ. RSV¹   11 ἀπὸ SV   13 θυρέαν ABC : θυρέην P   14 ἐν ABCP
15 τούτῳ RSV   16 ἐξελῶντες B² : ἐξελοῦντες L   18 καὶ...
νηόν om. S   19 Δικτύννης A   20 νηῶν ABCP   21 κυπρίους RSV   τὰς om. PRSV   22 εἰς RV   23 πρότερον RSV
25 Αἰγίνην RSV

ΙΣΤΟΡΙΩΝ Γ   III. 60

μέγιστα ἀπάντων Ἑλλήνων ἐξεργασμένα, ὄρεός τε ὑψηλοῦ ἐς πεντήκοντα καὶ ἑκατὸν ὀργυιάς, τούτου ὄρυγμα κάτωθεν ἀρξάμενον, ἀμφίστομον. τὸ μὲν μῆκος τοῦ ὀρύγματος ἑπτὰ 2 στάδιοί εἰσι, τὸ δὲ ὕψος καὶ εὖρος ὀκτὼ ἑκάτερον πόδες. διὰ παντὸς δὲ αὐτοῦ ἄλλο ὄρυγμα εἰκοσίπηχυ βάθος ὀρώρυκται, τρίπουν δὲ τὸ εὖρος, δι' οὗ τὸ ὕδωρ ὀχετευόμενον διὰ σωλήνων παραγίνεται ἐς τὴν πόλιν ἀγόμενον ἀπὸ μεγάλης πηγῆς. ἀρχιτέκτων δὲ τοῦ ὀρύγματος τούτου 3 ἐγένετο Μεγαρεὺς Εὐπαλῖνος Ναυστρόφου. τοῦτο μὲν δὴ ἓν τῶν τριῶν ἐστι, δεύτερον δὲ περὶ λιμένα χῶμα ἐν θαλάσσῃ, βάθος καὶ εἴκοσι ὀργυιέων, μῆκος δὲ τοῦ χώματος μέζον δύο σταδίων. τρίτον δέ σφι ἐξέργασται νηὸς μέγιστος πάντων 4 νηῶν τῶν ἡμεῖς ἴδμεν, τοῦ ἀρχιτέκτων πρῶτος ἐγένετο Ῥοῖκος Φίλεω ἐπιχώριος. τούτων εἵνεκεν μᾶλλόν τι περὶ Σαμίων ἐμήκυνα.

Καμβύσῃ δὲ τῷ Κύρου χρονίζοντι περὶ Αἴγυπτον καὶ 61 παραφρονήσαντι ἐπανιστέαται ἄνδρες μάγοι δύο ἀδελφεοί, τῶν τὸν ἕτερον κατελελοίπεε τῶν οἰκίων μελεδωνὸν ὁ Καμβύσης. οὗτος δὴ ὦν οἱ ἐπανέστη μαθών τε τὸν Σμέρδιος θάνατον ὡς κρύπτοιτο γενόμενος, καὶ ὡς ὀλίγοι εἴησαν οἱ ἐπιστάμενοι αὐτὸν Περσέων, οἱ δὲ πολλοὶ περιεόντα μιν εἰδείησαν. πρὸς ταῦτα βουλεύσας τάδε ἐπεχείρησε τοῖσι 2 βασιληίοισι· ἦν οἱ ἀδελφεός, τὸν εἶπά οἱ συνεπαναστῆναι, οἰκὼς μάλιστα τὸ εἶδος Σμέρδι τῷ Κύρου, τὸν ὁ Καμβύσης, ἐόντα ἑωυτοῦ ἀδελφεόν, ἀπέκτεινε. ἦν τε δὴ ὅμοιος εἶδος τῷ Σμέρδι καὶ δὴ καὶ οὔνομα τὠυτὸ εἶχε Σμέρδιν. τοῦτον 3

2 τούτου P R S V Eustath. Dion. 533 : τοῦτο τὸ A B C   3 ἀμφιστόμιον R S V   μὲν om. R S V   4 στάδιοί εἰσι] σταδίοισι C R S V ἑκάτερον S : ἑκάτεροι rell.   5 ὤρυκται A B R S V   6 τριπλοῦν R S V   alt. τὸ om. R S V Eust.   7 διὰ R S V Eust. : διὰ τῶν rell. 8 τούτου τοῦ ὀρ. R S V   11 καὶ Eltz : κατὰ L   12 ἐξείργασται R S V   13 πρῶ R   14 Φιλέω Thiersch   τι om. S V 16 τοῦ R   18 καταλελ. A B C : καταλέλοιπε P R S V   19 τε om. R S V   20 εἴησαν R V : τε ἦσαν rell.   23 alt. οἱ om. R S V 25 εἶδος om. R S V   26 Σμέρδει R V   τωὐτὸν R S V   Σμέρδι P R S V

III. 61   ΗΡΟΔΟΤΟΥ

τὸν ἄνδρα ἀναγνώσας ὁ μάγος Πατιζείθης ὥς οἱ αὐτὸς πάντα διαπρήξει, εἷσε ἄγων ἐς τὸν βασιλήιον θρόνον. ποιήσας δὲ τοῦτο κήρυκας τῇ τε ἄλλῃ διέπεμπε καὶ δὴ καὶ ἐς Αἴγυπτον προερέοντα τῷ στρατῷ ὡς Σμέρδιος τοῦ Κύρου ἀκουστέα εἴη
62 τοῦ λοιποῦ ἀλλ' οὐ Καμβύσεω. οἵ τε δὴ ὦν ἄλλοι κήρυκες προηγόρευον ταῦτα καὶ δὴ καὶ ὁ ἐπ' Αἴγυπτον ταχθείς (εὕρισκε γὰρ Καμβύσεα καὶ τὸν στρατὸν ἐόντα τῆς Συρίης ἐν Ἀγβατάνοισι) προηγόρευε στὰς ἐς μέσον τὰ ἐντεταλμένα
2 ἐκ τοῦ μάγου. Καμβύσης δὲ ἀκούσας ταῦτα [ἐκ] τοῦ κήρυκος καὶ ἐλπίσας μιν λέγειν ἀληθέα αὐτός τε προδεδόσθαι ἐκ Πρηξάσπεος (πεμφθέντα γὰρ αὐτὸν ὡς ἀποκτενέοντα Σμέρδιν οὐ ποιῆσαι ταῦτα), βλέψας ἐς τὸν Πρηξάσπεα εἶπε· Πρήξασπες, οὕτω μοι διέπρηξας τό τοι προσέθηκα πρῆγμα;
3 ὁ δὲ εἶπε· Ὦ δέσποτα, οὐκ ἔστι ταῦτα ἀληθέα, ὅκως κοτέ σοι Σμέρδις ἀδελφεὸς ὁ σὸς ἐπανέστηκε, οὐδὲ ὅκως τι ἐξ ἐκείνου τοῦ ἀνδρὸς νεῖκός τοι ἔσται ἢ μέγα ἢ σμικρόν. ἐγὼ γὰρ αὐτὸς ποιήσας τὰ σύ με ἐκέλευες ἔθαψά μιν χερσὶ τῇσι
4 ἐμεωυτοῦ. εἰ μέν νυν οἱ τεθνεῶτες ἀνεστέασι, προσδέκεό τοι καὶ Ἀστυάγεα τὸν Μῆδον ἐπαναστήσεσθαι· εἰ δ' ἔστι ὥσπερ πρὸ τοῦ, οὐ μή τί τοι ἔκ γε ἐκείνου νεώτερον ἀναβλάστῃ. νῦν ὦν μοι δοκέει μεταδιώξαντας τὸν κήρυκα ἐξετάζειν εἰρωτῶντας παρ' ὅτευ ἥκων προαγορεύει ἡμῖν
63 Σμέρδιος βασιλέος ἀκούειν. ταῦτα εἴπαντος Πρηξάσπεος (ἤρεσε γὰρ Καμβύσῃ), αὐτίκα μεταδίωκτος γενόμενος ὁ κῆρυξ ἧκε· ἀπιγμένον δέ μιν εἴρετο ὁ Πρηξάσπης τάδε· Ὤνθρωπε, φῂς γὰρ ἥκειν παρὰ Σμέρδιος τοῦ Κύρου ἄγγελος. νῦν ὦν

2 ἦσε ἄγων C : εἰσάγων R V : εἰσάγει S   εἰς R V   4 προερέοντα] προελθόντες R S V   6 τακτεὶς R S V   8 Ἀγβ. R V Steph. Byz. s. v. : Ἐγβ. S : Ἐκβ. rell.   9 Καμβ. δὲ om. R S V   ταῦτα ἀκούσας R S V   ἐκ om. R S V   10 προδίδοσθαι R S V   12 εἰς R V   12-13 εἶπε Πρ.] Πρ. ἔφη R S V   13 οὕτοι A B C   διεπράξαο A B C : διεπρήξαο P   15 ὁ om. A B C   τι] ὅτι C   16 τι P S V   17 ἐκέλευσας R S V   20 νεώτερον κακὸν A B C P   ἀναβλαστήσει R S V   21 δοκέειν A : om. R S V   μεταδιώξυντας R : μεταδιώξας S V   22 -τεῦντας A B C P   23 εἴπαντος] ἀκούσας R S V   24 μεταδιώκοντος C

ΙΣΤΟΡΙΩΝ Γ

εἴπας τὴν ἀληθείην ἄπιθι χαίρων, κότερα αὐτός τοι Σμέρδις φαινόμενος ἐς ὄψιν ἐνετέλλετο ταῦτα ἢ τῶν τις ἐκείνου ὑπηρετέων. ὁ δὲ εἶπε· Ἐγὼ Σμέρδιν μὲν τὸν Κύρου, ἐξ ὅτευ βασιλεὺς Καμβύσης ἤλασε ἐπ᾽ Αἴγυπτον, οὔκω ὄπωπα· ὁ δέ μοι μάγος, τὸν Καμβύσης ἐπίτροπον τῶν οἰκίων ἀπέδεξε, οὗτος ταῦτα ἐνετείλατο, φὰς Σμέρδιν τὸν Κύρου εἶναι τὸν ταῦτα ἐπιθέμενον εἶπαι πρὸς ὑμέας. ὁ μὲν δή σφι ἔλεγε οὐδὲν ἐπικαταψευσάμενος, Καμβύσης δὲ εἶπε· Πρήξασπες, σὺ μὲν οἷα ἀνὴρ ἀγαθὸς ποιήσας τὸ κελευόμενον αἰτίην ἐκπέφευγας· ἐμοὶ δὲ τίς ἂν εἴη Περσέων ὁ ἐπανεστεὼς ἐπιβατεύων τοῦ Σμέρδιος οὐνόματος; ὁ δὲ εἶπε· Ἐγώ μοι δοκέω συνιέναι τὸ γεγονὸς τοῦτο, ὦ βασιλεῦ· οἱ μάγοι εἰσί τοι ⟨οἱ⟩ ἐπανεστεῶτες, τόν τε ἔλιπες μελεδωνὸν τῶν οἰκίων, Πατιζείθης καὶ ὁ τούτου ἀδελφεὸς Σμέρδις. ἐνθαῦτα ἀκούσαντα Καμβύσεα τὸ Σμέρδιος οὔνομα ἔτυψε ἡ ἀληθείη τῶν τε λόγων καὶ τοῦ ἐνυπνίου· ὃς ἐδόκεε ἐν τῷ ὕπνῳ ἀπαγγεῖλαί τινά οἱ ὡς Σμέρδις ἱζόμενος ἐς τὸν βασιλήιον θρόνον ψαύσειε τῇ κεφαλῇ τοῦ οὐρανοῦ. μαθὼν δὲ ὡς μάτην ἀπολωλεκὼς εἴη τὸν ἀδελφεόν, ἀπέκλαιε Σμέρδιν, ἀποκλαύσας δὲ καὶ περιημεκτήσας τῇ ἁπάσῃ συμφορῇ ἀναθρώσκει ἐπὶ τὸν ἵππον, ἐν νόῳ ἔχων τὴν ταχίστην ἐς Σοῦσα στρατεύεσθαι ἐπὶ τὸν μάγον. καί οἱ ἀναθρώσκοντι ἐπὶ τὸν ἵππον τοῦ κολεοῦ τοῦ ξίφεος ὁ μύκης ἀποπίπτει, γυμνωθὲν δὲ τὸ ξίφος παίει τὸν μηρόν· τρωματισθεὶς δὲ κατὰ τοῦτο τῇ αὐτὸς πρότερον τὸν τῶν Αἰγυπτίων θεὸν Ἆπιν ἔπληξε, ὥς οἱ καιρίῃ ἔδοξε τετύφθαι, εἴρετο ὁ Καμβύσης ὅ τι τῇ πόλι οὔνομα εἴη. οἱ δὲ εἶπαν ὅτι Ἀγβάτανα. τῷ δὲ ἔτι πρό-

---

4 ὅτευ Struve: ὅτου A B C P: ὅσου R S V   ἐς A B C P
7 ἐπιέμενον R: ἐπιένον V: εἴποντα S   εἶπε C V: ἐρέειν S
8 οὐθὲν R S V   ἐπικατεψευσμένος A B C P   10 Περσέων] ἀνὴρ Π.
R S V   11 ὀνόμ. A B C R   13 οἱ Aldus   16 ἀγγεῖλαί R S V
17 μέρδιος R: σμέρδιος V   εἰς R V   19 ἀπέκλαε R   21 Σοῦσαν R
22 οἱ om. C   24 τὠυτὸ Herwerden   25 τὸν τῶν C P: τὸ τῶν B:
τὸν R S: τῶν A V   26 καιρίην Blomfield   πόλι P: πόλει rell.
[V]   27 ὅτι om. R S V   Ἀκβ. A B C P hic et infra   τὸ C P R S V

ΗΡΟΔΟΤΟΥ

τερον ἐκέχρηστο ἐκ Βουτοῦς πόλιος ἐν Ἀγβατάνοισι τελευτήσειν τὸν βίον. ὁ μὲν δὴ ἐν τοῖσι Μηδικοῖσι Ἀγβατάνοισι ἐδόκεε τελευτήσειν γηραιός, ἐν τοῖσί οἱ ἦν τὰ πάντα πρήγματα, τὸ δὲ χρηστήριον ⟨ἐν⟩ τοῖσι ἐν Συρίῃ Ἀγβατάνοισι
5 ἔλεγε ἄρα. καὶ δὴ ὡς τότε ἐπειρόμενος ἐπύθετο τῆς πόλιος τὸ οὔνομα, ὑπὸ τῆς συμφορῆς τῆς τε ἐκ τοῦ μάγου ἐκπεπληγμένος καὶ τοῦ τρώματος ἐσωφρόνησε, συλλαβὼν δὲ τὸ θεοπρόπιον εἶπε· Ἐνθαῦτα Καμβύσεα τὸν Κύρου ἐστὶ πε-
65 πρωμένον τελευτᾶν. τότε μὲν τοσαῦτα, ἡμέρῃσι δὲ ὕστερον ὡς εἴκοσι μεταπεμψάμενος Περσέων τῶν παρεόντων τοὺς λογιμωτάτους ἔλεγέ σφι τάδε· Ὦ Πέρσαι, καταλελάβηκέ με, τὸ πάντων μάλιστα ἔκρυπτον πρηγμάτων, τοῦτο ἐς
2 ὑμέας ἐκφῆναι. ἐγὼ γὰρ ἐὼν ἐν Αἰγύπτῳ εἶδον ὄψιν ἐν τῷ ὕπνῳ, τὴν μηδαμὰ ὤφελον ἰδεῖν· ἐδόκεον δέ μοι ἄγγελον ἐλθόντα ἐξ οἴκου ἀγγέλλειν ὡς Σμέρδις ἱζόμενος ἐς τὸν
3 βασιλήιον θρόνον ψαύσειε τῇ κεφαλῇ τοῦ οὐρανοῦ. δείσας δὲ μὴ ἀπαιρεθέω τὴν ἀρχὴν πρὸς τοῦ ἀδελφεοῦ, ἐποίησα ταχύτερα ἢ σοφώτερα· ἐν τῇ γὰρ ἀνθρωπηίῃ φύσι οὐκ ἐνῆν ἄρα τὸ μέλλον γίνεσθαι ἀποτρέπειν, ἐγὼ δὲ ὁ μάταιος Πρηξάσπεα ἀποπέμπω ἐς Σοῦσα ἀποκτενέοντα Σμέρδιν. ἐξεργασθέντος δὲ κακοῦ τοσούτου ἀδεῶς διαιτώμην, οὐδαμὰ ἐπιλεξάμενος μή κοτέ τίς μοι Σμέρδιος ὑπαραιρημένου ἄλλος
4 ἐπαναισταίη ἀνθρώπων. παντὸς δὲ τοῦ μέλλοντος ἔσεσθαι ἁμαρτὼν ἀδελφεοκτόνος τε οὐδὲν δέον γέγονα καὶ τῆς βασιληίης οὐδὲν ἧσσον ἐστέρημαι. Σμέρδις γὰρ δὴ ἦν ὁ μάγος τόν μοι ὁ δαίμων προέφαινε ἐν τῇ ὄψι ἐπαναστή-
5 σεσθαι. τὸ μὲν δὴ ἔργον ἐξέργασταί μοι, καὶ Σμέρδιν τὸν

1 ἐκέχρητο SV 2-3 τὸν βίον... τελευτήσειν om. RSV τοῖσι... τελευτ. in marg. R¹ 3 πάντα τὰ P 4 ἐν add. Krueger
5 ἐπειρεόμ. ΛΒC (ἐπηρ.) 6 τῆς τε συμφορῆς τῆς ἐκ RSV 10 ὡς om. PRSV 12 ἔκρυπτον] ἔπρησσον RSV πρηγμ. R
14 ὤφελον C 15 ἐζόμενος RSV εἰς ΛΒ 16 ψαύσει ΛΒC. corr. Λ 18 φύσει L 22 ὑπεραιρημ. C: παραιρημ. PRSV
23 πάντως Krueger 24 ἀδελφοκτ. RSV δέον] ἧσσον S: om. RV 26 pr. ὁ om. SV ὄψει L 27 ἔργασταί P

ΙΣΤΟΡΙΩΝ Γ

Κύρου μηκέτι ὑμῖν ἐόντα λογίζεσθε· οἱ δὲ ὑμῖν μάγοι κρατέουσι τῶν βασιληίων, τόν τε ἔλιπον ἐπίτροπον τῶν οἰκίων καὶ ὁ ἐκείνου ἀδελφεὸς Σμέρδις. τὸν μέν νυν μάλιστα χρῆν ἐμεῦ αἰσχρὰ πρὸς τῶν μάγων πεπονθότος τιμωρέειν ἐμοί, οὗτος μὲν ἀνοσίῳ μόρῳ τετελεύτηκε ὑπὸ τῶν ἑωυτοῦ οἰκηιοτάτων· τούτου δὲ μηκέτι ἐόντος, δεύτερα 6 τῶν λοιπῶν ὑμῖν, ὦ Πέρσαι, γίνεταί μοι ἀναγκαιότατον ἐντέλλεσθαι τὰ θέλω μοι γενέσθαι τελευτῶν τὸν βίον· καὶ δὴ ὑμῖν τάδε ἐπισκήπτω θεοὺς τοὺς βασιληίους ἐπικαλέων, καὶ πᾶσι ὑμῖν καὶ μάλιστα Ἀχαιμενιδέων τοῖσι παρεοῦσι, μὴ περιιδεῖν τὴν ἡγεμονίην αὖτις ἐς Μήδους περιελθοῦσαν, ἀλλ᾿ εἴτε δόλῳ ἔχουσι αὐτὴν κτησάμενοι, δόλῳ ἀπαιρεθῆναι ὑπὸ ὑμέων, εἴτε καὶ σθένεΐ τεῳ κατεργασάμενοι, σθένεϊ κατὰ τὸ καρτερὸν ἀνασώσασθαι. καὶ ταῦτα μὲν ποιεῦσι 7 ὑμῖν γῆ τε καρπὸν ἐκφέροι καὶ γυναῖκές τε καὶ ποῖμναι τίκτοιεν, ἐοῦσι ἐς τὸν ἅπαντα χρόνον ἐλευθέροισι· μὴ δὲ ἀνασωσαμένοισι τὴν ἀρχὴν μηδ᾿ ἐπιχειρήσασι ἀνασῴζειν τὰ ἐναντία τούτοισι ἀρῶμαι ὑμῖν γενέσθαι, καὶ πρὸς ἔτι τούτοισι τὸ τέλος Περσέων ἑκάστῳ ἐπιγενέσθαι οἷον ἐμοὶ ἐπιγέγονε. ἅμα τε εἴπας ταῦτα ὁ Καμβύσης ἀπέκλαιε πᾶσαν τὴν ἑωυτοῦ πρῆξιν. Πέρσαι δὲ ὡς τὸν βασιλέα 66 εἶδον ἀνακλαύσαντα, πάντες τά τε ἐσθῆτος ἐχόμενα εἶχον, ταῦτα κατηρείκοντο καὶ οἰμωγῇ ἀφθόνῳ διεχρέωντο. μετὰ 2 δὲ ταῦτα ὡς ἐσφακέλισέ τε τὸ ὀστέον καὶ ὁ μηρὸς τάχιστα ἐσάπη, ἀπήνεικε Καμβύσεα τὸν Κύρου, βασιλεύσαντα μὲν τὰ πάντα ἑπτὰ ἔτεα καὶ πέντε μῆνας, ἄπαιδα δὲ τὸ παράπαν ἐόντα ἔρσενος καὶ θήλεος γόνου. Περσέων δὲ τοῖσι 3

1 ὑμῖν post ἐόντα R S V: an delendum? 6 οἰκηοτ. R : οἴκειοτ. S V 9 δὴ] νῦν καὶ C ἐπικαλέω C 12 ἀφαιρ. A B C 13 κατεργασμένοι A B C 15 καὶ ποίμνια C P: om. R S V 16 ἐκτίκτοιεν C ἐκ del.) πάντα R S V μὴ ἀνασωσάμενοι δὲ R S V 17 τὴν om. A B C P 18 ἀρῶμαι ... τούτοισι om. R S V 19 ἐπιγίνεσθαι A B ἐο ἅτα S V 22 ἴδον R V 23 κατηρείκοντο S V R (1) Hesych. s. v.: κατηρίκοντο R¹ : κατήρεικόν τε P : κατηρικόν τε A B C (ex -πόν τε corr. C¹) 24 τε om. R S V 25 ἐσάπην C 27 ἄρσενος A B

ΗΡΟΔΟΤΟΥ

παρεοῦσι ἀπιστίη πολλὴ ὑπεκέχυτο τοὺς μάγους ἔχειν τὰ πρήγματα, ἀλλ' ἠπιστέατο ἐπὶ διαβολῇ εἰπεῖν Καμβύσεα τὰ εἶπε περὶ τοῦ Σμέρδιος θανάτου, ἵνα οἱ ἐκπολεμωθῇ πᾶν 67 τὸ Περσικόν. οὗτοι μέν νυν ἠπιστέατο Σμέρδιν τὸν Κύρου βασιλέα ἐνεστεῶτα· δεινῶς γὰρ καὶ ὁ Πρηξάσπης ἔξαρνος ἦν μὴ μὲν ἀποκτεῖναι Σμέρδιν· οὐ γὰρ ἦν οἱ ἀσφαλὲς Καμβύσεω τετελευτηκότος φάναι τὸν Κύρου υἱὸν ἀπολω-
2 λεκέναι αὐτοχειρίῃ. ὁ δὲ δὴ μάγος τελευτήσαντος Καμβύσεω ἀδεῶς ἐβασίλευσε, ἐπιβατεύων τοῦ ὁμωνύμου Σμέρδιος τοῦ Κύρου, μῆνας ἑπτὰ τοὺς ἐπιλοίπους Καμβύσῃ ἐς τὰ ὀκτὼ
3 ἔτεα τῆς πληρώσιος· ἐν τοῖσι ἀπεδέξατο ἐς τοὺς ὑπηκόους πάντας εὐεργεσίας μεγάλας, ὥστε ἀποθανόντος αὐτοῦ πόθον ἔχειν πάντας τοὺς ἐν τῇ Ἀσίῃ, πάρεξ αὐτῶν Περσέων. διαπέμψας γὰρ ὁ μάγος ἐς πᾶν ἔθνος τῶν ἦρχε προεῖπε
68 ἀτελείην εἶναι στρατηίης καὶ φόρου ἐπ' ἔτεα τρία. προεῖπε μὲν δὴ ταῦτα αὐτίκα ἐνιστάμενος ἐς τὴν ἀρχήν, ὀγδόῳ δὲ μηνὶ ἐγένετο κατάδηλος τρόπῳ τοιῷδε· Ὀτάνης ἦν Φαρ- νάσπεω μὲν παῖς, γένεϊ δὲ καὶ χρήμασι ὅμοιος τῷ πρώτῳ
2 Περσέων· οὗτος ὁ Ὀτάνης πρῶτος ὑπώπτευσε τὸν μάγον ὡς οὐκ εἴη ὁ Κύρου Σμέρδις ἀλλ' ὅς περ ἦν, τῇδε συμβαλ- λόμενος, ὅτι τε οὐκ ἐξεφοίτα ἐκ τῆς ἀκροπόλιος καὶ ὅτι οὐκ ἐκάλεε ἐς ὄψιν ἑωυτῷ οὐδένα τῶν λογίμων Περσέων.
3 ὑποπτεύσας δέ μιν ἐποίεε τάδε· ἔσχε αὐτοῦ Καμβύσης θυγατέρα, τῇ οὔνομα ἦν Φαιδυμίη· τὴν αὐτὴν δὴ ταύτην εἶχε τότε ὁ μάγος καὶ ταύτῃ τε συνοίκεε καὶ τῇσι ἄλλῃσι πάσῃσι τῇσι τοῦ Καμβύσεω γυναιξί. πέμπων δὴ ὦν ὁ

4 ἐπιστ. RSV 5 ἐνεστεῶτα Valckenaer: ἀνεστεῶτα L ὁ om. RSV 6 μὲν] μιν RSV οἱ ἦν RSV 8 δὲ] μὲν C 9 ἐβασίλευεν RSV 11 οἷσιν RSV εἰς RV 14 ἂν RSV 15 ἀτελείην d: ἀτελίην L στρατιῆς RSV 16 ἀνιστά- μενος ABCP 17 κατάδηλος ὡς ἦν RSV 18 ὁμοίως C 19 ὁ om. SV (it. 26) ὑπόπτευσε(ν) ABSV 20 ὅπερ RSV συμβαλόμενος ABCP 22 ἐκίλεσεν C 23 ἔσχε δὲ C ὁ Καμβ. P 24 Φαιδυμίη RSV Zon. Ann. iv. 2: Φαιδύμη ABCP δὴ . . τότε om. RSV 25 τε om. CPRSV

ΙΣΤΟΡΙΩΝ Γ

Ὀτάνης παρὰ ταύτην τὴν θυγατέρα ἐπυνθάνετο παρ' ὅτεῳ ἀνθρώπων κοιμῷτο, εἴτε μετὰ Σμέρδιος τοῦ Κύρου εἴτε μετὰ ἄλλου τευ. ἡ δέ οἱ ἀντέπεμπε φαμένη οὐ γινώσκειν· οὔτε 4 γὰρ τὸν Κύρου Σμέρδιν ἰδέσθαι οὐδαμὰ οὔτε ὅστις εἴη ὁ συνοικέων αὐτῇ εἰδέναι. ἔπεμπε δεύτερα ὁ Ὀτάνης λέγων· Εἰ μὴ αὐτὴ Σμέρδιν τὸν Κύρου γινώσκεις, σὺ δὲ παρὰ Ἀτόσσης πυθεῦ ὅτεῳ τούτῳ συνοικέει αὐτή τε ἐκείνη καὶ σύ· πάντως γὰρ δή κου τόν γε ἑωυτῆς ἀδελφεὸν γινώσκει. ἀντιπέμπει πρὸς ταῦτα ἡ θυγάτηρ· Οὔτε Ἀτόσσῃ δύναμαι 5 ἐς λόγους ἐλθεῖν οὔτε ἄλλην οὐδεμίαν ἰδέσθαι τῶν συγκατημένων γυναικῶν· ἐπείτε γὰρ τάχιστα οὗτος ὤνθρωπος, ὅστις κοτέ ἐστι, παρέλαβε τὴν βασιληίην, διέσπειρε ἡμέας ἄλλην ἄλλῃ τάξας. ἀκούοντι δὲ ταῦτα τῷ Ὀτάνῃ μᾶλλον 69 κατεφαίνετο τὸ πρῆγμα. τρίτην δὲ ἀγγελίην ἐσπέμπει παρ' αὐτὴν λέγουσαν ταῦτα· Ὦ θύγατερ, δεῖ σε γεγονυῖαν εὖ 2 κίνδυνον ἀναλαβέσθαι τὸν ἂν ὁ πατὴρ ὑποδύνειν κελεύῃ· εἰ γὰρ δὴ μή ἐστι ὁ Κύρου Σμέρδις ἀλλὰ τὸν καταδοκέω ἐγώ, οὔτοι μιν σοί τε συγκοιμώμενον καὶ τὸ Περσέων κράτος ἔχοντα δεῖ χαίροντα ἀπαλλάσσειν, ἀλλὰ δοῦναι δίκην. νῦν 3 ὦν ποίησον τάδε· ἐπεάν σοι συνεύδῃ καὶ μάθῃς αὐτὸν κατυπνωμένον, ἄφασον αὐτοῦ τὰ ὦτα· καὶ ἢν μὲν φαίνηται ἔχων ὦτα, νόμιζε σεωυτὴν Σμέρδι τῷ Κύρου συνοικέειν, ἢν δὲ μὴ ἔχων, σὺ δὲ τῷ μάγῳ Σμέρδι. ἀντιπέμπει πρὸς 4 ταῦτα ἡ Φαιδύμη φαμένη κινδυνεύσειν μεγάλως, ἢν ποιῇ ταῦτα· εἰ γὰρ δὴ μὴ τυγχάνει τὰ ὦτα ἔχων, ἐπίλαμπτος δὲ ἀφάσσουσα ἔσται, εὖ εἰδέναι ὡς ἀϊστώσει μιν· ὅμως μέντοι ποιήσειν ταῦτα. ἡ μὲν δὴ ὑπεδέξατο ταῦτα τῷ πατρὶ 5

1 παρὰ ταύτην] παρ' αὐτὴν C P : παρ' αὐτὸν A B   2 κοιμῶ R
4 εἰδέσθαι R S V   5 alt. ὁ om. S V   7 τούτῳ om. R S V   8 ἑωυτὸν
C   γινώσκειν C   9 αὐτόσσῃ C R   10 οὐδεμίην R S V   συγκαθ.
A B C   12 ἔσται C   16 ὑποδεικνύειν C P   κελεύει B R S V
εἰ] ἢν A B C P   24 Φαιδύμη A B C P   κινδυνεύειν R S V
ποιήσῃ P   25 εἰ] ἢν A B C P   τυγχάνῃ(ι) C P R   ἔχων ante
τυγχ. R S V   ἐπίλαμπος S V   26 ἀφάσσουσα C R   27 alt. ταῦτα]
τοῦτο R S V

κατεργάσεσθαι, τοῦ δὲ μάγου τούτου τοῦ Σμέρδιος Κῦρος
ὁ Καμβύσεω ἄρχων τὰ ὦτα ἀπέταμε ἐπ' αἰτίῃ δή τινι οὐ
σμικρῇ. ἡ ὦν δὴ Φαιδυμίη αὕτη, ἡ τοῦ Ὀτάνεω θυγάτηρ, πάντα ἐπιτελέουσα τὰ ὑπεδέξατο τῷ πατρί, ἐπείτε
αὐτῆς μέρος ἐγίνετο τῆς ἀπίξιος παρὰ τὸν μάγον (ἐν περιτροπῇ γὰρ δὴ αἱ γυναῖκες φοιτῶσι τοῖσι Πέρσῃσι), ἐλθοῦσα
παρ' αὐτὸν ηὗδε, ὑπνωμένου δὲ καρτερῶς τοῦ μάγου ἥφασε
τὰ ὦτα. μαθοῦσα δὲ οὐ χαλεπῶς ἀλλ' εὐπετέως οὐκ ἔχοντα
τὸν ἄνδρα ὦτα, ὡς ἡμέρη τάχιστα ἐγεγόνεε, πέμψασα
ἐσήμηνε τῷ πατρὶ τὰ γενόμενα. ὁ δὲ Ὀτάνης παραλαβὼν
Ἀσπαθίνην καὶ Γωβρύην, Περσέων τε πρώτους ἐόντας καὶ
ἑωυτῷ ἐπιτηδεοτάτους ἐς πίστιν, ἀπηγήσατο πᾶν τὸ πρῆγμα·
οἱ δὲ καὶ αὐτοὶ ἄρα ὑπώπτευον οὕτω τοῦτο ἔχειν, ἀνενείκαντος
δὲ τοῦ Ὀτάνεω τοὺς λόγους ἐδέξαντο. καὶ ἔδοξέ σφι
ἕκαστον ἄνδρα Περσέων προσεταιρίσασθαι τοῦτον ὅτεῳ
πιστεύει μάλιστα. Ὀτάνης μέν νυν ἐσάγεται Ἰνταφρένεα,
Γωβρύης δὲ Μεγάβυζον, Ἀσπαθίνης δὲ Ὑδάρνεα. γεγονότων δὲ τούτων ἓξ παραγίνεται ἐς τὰ Σοῦσα Δαρεῖος ὁ
Ὑστάσπεος ἐκ Περσέων ἥκων· τούτων γὰρ δὴ ἦν οἱ ὁ πατὴρ
ὕπαρχος. ἐπεὶ ὦν οὗτος ἀπίκετο, τοῖσι ἐξ τῶν Περσέων
ἔδοξε καὶ Δαρεῖον προσεταιρίσασθαι. συνελθόντες δὲ οὗτοι
ἐόντες ἑπτὰ ἐδίδοσαν σφίσι λόγους καὶ πίστις. ἐπείτε δὲ
ἐς Δαρεῖον ἀπίκετο γνώμην ἀποφαίνεσθαι, ἔλεγέ σφι τάδε·
Ἐγὼ ταῦτα ἐδόκεον μὲν αὐτὸς μοῦνος ἐπίστασθαι, ὅτι τε
ὁ μάγος εἴη ὁ βασιλεύων καὶ Σμέρδις ὁ Κύρου τετελεύτηκε·
καὶ αὐτοῦ τούτου εἵνεκεν ἥκω σπουδῇ ὡς συστήσων ἐπὶ τῷ

1 κατεργάσασθαι RSV   alt. τοῦ om. RSV   2 ὑπέτεμε C: ἀπέτεμε rell.   3 Φαιδύμη CP   5 αὐτῇ(ι) PRSV   ἀπάξιος RSV
6 φοιτέουσι ABP: -έωσι C   7 ἦν δὲ C   ἥφασσε PRSV
11 Ἀσπαθήνην R: -θύνην SV   Γωβρ. ABCPVᶜ   12 ἀπηγήσαντο
RS   13 ὑπόπτ. SV   ἀ/είκαντος RSV·   14 Ὀτάνεος ABRV
15 ὅτεῳ Struve: ὅτωι ABP: οὕτω C: τῷ RSV   16 πιστεύειν C:
πιστεύοι Herwerden   εἰσάγεται L   -φέρνεα ABCP   17 Γυβρ.
CP   -θήνης RV: -θύνης S   22 πίστις καὶ λόγους ABCP   πίστεις
RV   23 ἀπίκετο ἐς Δαρ. RSV   γνώμη RV   σφισι RSV
24 μὲν om. P   26 αὐτοῦ] αὖ ABC

ΙΣΤΟΡΙΩΝ Γ III. 71

μάγῳ θάνατον. ἐπείτε δὲ συνήνεικε ὥστε καὶ ὑμέας εἰδέναι καὶ μὴ μοῦνον ἐμέ, ποιέειν αὐτίκα μοι δοκέει καὶ μὴ ὑπερβάλλεσθαι· οὐ γὰρ ἄμεινον. εἶπε πρὸς ταῦτα ὁ Ὀτάνης· 3 Ὦ παῖ Ὑστάσπεος, εἶς τε πατρὸς ἀγαθοῦ καὶ ἐκφαίνειν οἶκας σεωυτὸν ἐόντα τοῦ πατρὸς οὐδὲν ἥσσω· τὴν μέντοι ἐπιχείρησιν ταύτην μὴ οὕτω συντάχυνε ἀβούλως, ἀλλ' ἐπὶ τὸ σωφρονέστερον αὐτὴν λάμβανε· δεῖ γὰρ πλεῦνας γενομένους οὕτως ἐπιχειρέειν. λέγει πρὸς ταῦτα Δαρεῖος· 4 Ἄνδρες οἱ παρεόντες, τρόπῳ τῷ εἰρημένῳ ἐξ Ὀτάνεω εἰ χρήσεσθε, ἐπίστασθε ὅτι ἀπολέεσθε κάκιστα· ἐξοίσει γάρ τις πρὸς τὸν μάγον, ἰδίῃ περιβαλλόμενος ἑωυτῷ κέρδεα. μάλιστα μέν νυν ὠφείλετε ἐπ' ὑμέων αὐτῶν βαλόμενοι 5 ποιέειν ταῦτα· ἐπείτε δὲ ὑμῖν ἀναφέρειν ἐς πλεῦνας ἐδόκεε καὶ ἐμοὶ ὑπερέθεσθε, ἢ ποιέωμεν σήμερον ἢ ἴστε ὑμῖν ὅτι ἢν ὑπερπέσῃ ἡ νῦν ἡμέρη, ὡς οὐκ ἄλλος φθὰς ἐμεῦ κατήγορος ἔσται, ἀλλά σφεα αὐτὸς ἐγὼ κατερέω πρὸς τὸν μάγον. λέγει πρὸς ταῦτα Ὀτάνης, ἐπειδὴ ὥρα σπερχόμενον Δαρεῖον· 72 Ἐπείτε ἡμέας συνταχύνειν ἀναγκάζεις καὶ ὑπερβάλλεσθαι οὐκ ἐᾷς, ἴθι ἐξηγέο αὐτὸς ὅτεῳ τρόπῳ πάριμεν ἐς τὰ βασιλήια καὶ ἐπιχειρήσομεν αὐτοῖσι. φυλακὰς γὰρ δὴ διεστεώσας οἶδάς κου καὶ αὐτός, εἰ μὴ ἰδών, ἀλλ' ἀκούσας· τὰς τέῳ τρόπῳ περήσομεν; ἀμείβεται Δαρεῖος τοισίδε· Ὀτάνη, ἦ 2 πολλά ἐστι τὰ λόγῳ μὲν οὐκ οἷά τε δηλῶσαι, ἔργῳ δέ· ἄλλα δ' ἐστὶ τὰ λόγῳ μὲν οἷά τε, ἔργον δὲ οὐδὲν ἀπ' αὐτῶν λαμπρὸν γίνεται. ὑμεῖς δὲ ἴστε φυλακὰς τὰς κατεστεώσας ἐούσας οὐδὲν χαλεπὰς παρελθεῖν. τοῦτο μὲν γὰρ ἡμέων 3

2 ὑπερβαλλέσθαι V: ὑπερβαλέσθαι A B C S   3 δ om. S V
5 ἔοικας A B C P: ἦκας S V   ὄντα R S V   ἧσσον C   6 ταύτην
om. R S V   9 Ὀτάνεος A B C R S V   10 ἀπολέεσθαι A B R
11 ἑωυτοῦ R S V   12 βαλλ. B P R S V Cᶜ   14 ποιέομεν R S V
15 ἤν περ πέσῃ R S V   16 σφεας A B C P   17 ὁ Ὀτ. R S V
παρεχόμενον C   18 ἐπείτε δὲ C   ὑμέας R V   19 ἐξηγέω S V
20 γὰρ om. R   διεστώσας A B R S V   21 οἶδά A B C   ἀκούων
R S V   τὰς Bekker: ἃς L   22 πειρήσομεν P R S V C² (περίσ. 1)
τοῖσδε L   ἢ C: om. R S V   25 λαμβρὸν C   κατεστώσας R S V
26 ὑμέων S V

ἐόντων τοιῶνδε οὐδεὶς ὅστις οὐ παρήσει, τά μέν κου καται-
δεόμενος ἡμέας, τὰ δέ κου καὶ δειμαίνων· τοῦτο δὲ ἔχω
αὐτὸς σκῆψιν εὐπρεπεστάτην τῇ πάριμεν, φὰς ἄρτι τε ἥκειν
ἐκ Περσέων καὶ βούλεσθαί τι ἔπος παρὰ τοῦ πατρὸς σημῆναι
4 τῷ βασιλέϊ. ἔνθα γάρ τι δεῖ ψεῦδος λέγεσθαι, λεγέσθω.
τοῦ γὰρ αὐτοῦ γλιχόμεθα οἵ τε ψευδόμενοι καὶ οἱ τῇ ἀληθείῃ
διαχρεώμενοι. οἱ μέν γε ψεύδονται τότε ἐπεάν τι μέλλωσι
τοῖσι ψεύδεσι πείσαντες κερδήσεσθαι, οἱ δ' ἀληθίζονται ἵνα
τι τῇ ἀληθείῃ ἐπισπάσωνται κέρδος καί τις μᾶλλόν σφι
ἐπιτράπηται. οὕτω οὐ ταὐτὰ ἀσκέοντες τὠυτοῦ περιεχόμεθα.
5 εἰ δὲ μηδὲν κερδήσεσθαι μέλλοιεν, ὁμοίως ἂν ὅ τε ἀληθιζό-
μενος ψευδὴς εἴη καὶ ὁ ψευδόμενος ἀληθής. ὃς ἂν μέν
νυν τῶν πυλουρῶν ἑκὼν παρίῃ, αὐτῷ οἱ ἄμεινον ἐς χρόνον
ἔσται· ὃς δ' ἂν ἀντιβαίνειν πειρᾶται, διαδεικνύσθω ἐνθαῦτα
ἐὼν πολέμιος, καὶ ἔπειτα ὠσάμενοι ἔσω ἔργου ἐχώμεθα.
73 λέγει Γωβρύης μετὰ ταῦτα· Ἄνδρες φίλοι, ἡμῖν κότε κάλλιον
παρέξει ἀνασώσασθαι τὴν ἀρχήν, ἢ εἴ γε μὴ οἷοί τε ἐσόμεθα
αὐτὴν ἀναλαβεῖν, ἀποθανεῖν; ὅτε γε ἀρχόμεθα μὲν ἐόντες
Πέρσαι ὑπὸ Μήδου ἀνδρὸς μάγου [τε], καὶ τούτου ὦτα οὐκ
2 ἔχοντος. ὅσοι τε ὑμέων Καμβύσῃ νοσέοντι παρεγένοντο,
πάντως κου μέμνησθε τὰ ἐπέσκηψε Πέρσῃσι τελευτῶν τὸν
βίον μὴ πειρωμένοισι ἀνακτᾶσθαι τὴν ἀρχήν· τὰ τότε οὐκ
ἐνεδεκόμεθα, ἀλλ' ἐπὶ διαβολῇ ἐδοκέομεν εἰπεῖν Καμβύσεα.
3 νῦν ὦν τίθεμαι ψῆφον πείθεσθαι Δαρείῳ καὶ μὴ διαλύεσθαι
ἐκ τοῦ συλλόγου τοῦδε ἀλλ' ἢ ἰόντας ἐπὶ τὸν μάγον ἰθέως.
ταῦτα εἶπε Γωβρύης, καὶ πάντες ταύτῃ αἴνεον.

1 τοίων A B C P   καταδεόμενος R   2 κου καὶ] καὶ οὐ C   3 ἄρτι]
γάρ R S V   5 καὶ ψεῦδος Stob. flor. 12, 23   7 τότε om. R
8 τοῖσι om. A   9 τι om. A B C P   τι A B C P¹   σφισι
τράπηται A B C P   10 οὖν A B P: ἂν C   ταυτὰ A: ταῦτα rell.
13 πυλωρῶν A B   παρείη(ι) A B C P   14 δεικνύσθω A B C P
15 ἐχόμεθα R S V   16 Γοβρύης A B C P   18 αὐτὴν om.
Lex. Vind. 20   ἀναλαβέειν ἀποθανέειν R S V   γε] γὰρ A B C
19 τε om. A B C P   20 παρεγ. νοσ. R S V   21 πάντες(?) C
23 ἐνεδεχ. A B   25 ἀλλ' ἢ ἰόντας Palm: ἀλλ' ἰόντας R S V:
ἄλλοθι ἰόντας ἢ A B C (-θί ὄν-) P   26 Γοβρ. A B C P: Γαβρ. V
ταῦτα R S V

ΙΣΤΟΡΙΩΝ Γ   III. 74

Ἐν ᾧ δὲ οὗτοι ταῦτα ἐβουλεύοντο, ἐγίνετο κατὰ συντυχίην 74
τάδε. τοῖσι μάγοισι ἔδοξε βουλευομένοισι Πρηξάσπεα φίλον
προσθέσθαι, ὅτι τε ἐπεπόνθεε πρὸς Καμβύσεω ἀνάρσια, ὅς οἱ
τὸν παῖδα τοξεύσας ἀπολωλέκεε, καὶ διότι μοῦνος ἠπίστατο
τὸν Σμέρδιος τοῦ Κύρου θάνατον αὐτοχειρίῃ μιν ἀπολέσας,
πρὸς δ᾽ ἔτι ἐόντα ἐν αἴνῃ μεγίστῃ [τὸν Πρηξάσπεα] ἐν
Πέρσῃσι. τούτων δή μιν εἵνεκεν καλέσαντες φίλον προσ- 2
εκτῶντο πίστι τε λαβόντες καὶ ὁρκίοισι, ἦ μὲν ἕξειν παρ᾽
ἑωυτῷ μηδ᾽ ἐξοίσειν μηδενὶ ἀνθρώπων τὴν ἀπὸ σφέων ἀπάτην
ἐς Πέρσας γεγονυῖαν, ὑπισχνεύμενοι τὰ πάντα οἱ μυρία
δώσειν. ὑποδεκομένου δὲ τοῦ Πρηξάσπεος ποιήσειν ταῦτα, 3
ὡς ἀνέπεισάν μιν οἱ μάγοι, δεύτερα προσέφερον, αὐτοὶ μὲν
φάμενοι Πέρσας πάντας συγκαλέειν ὑπὸ τὸ βασιλήιον τεῖχος,
κεῖνον δ᾽ ἐκέλευον ἀναβάντα ἐπὶ πύργον ἀγορεῦσαι ὡς ὑπὸ
τοῦ Κύρου Σμέρδιος ἄρχονται καὶ ὑπ᾽ οὐδενὸς ἄλλου. ταῦτα 4
δὲ οὕτω ἐνετέλλοντο ὡς πιστοτάτου δῆθεν ἐόντος αὐτοῦ ἐν
Πέρσῃσι, καὶ πολλάκις ἀποδεξαμένου γνώμην ὡς περιείη
ὁ Κύρου Σμέρδις, καὶ ἐξαρνησαμένου τὸν φόνον αὐτοῦ.
φαμένου δὲ καὶ ταῦτα ἑτοίμου εἶναι ποιέειν τοῦ Πρηξάσπεος 75
συγκαλέσαντες Πέρσας οἱ μάγοι ἀνεβίβασαν αὐτὸν ἐπὶ
πύργον καὶ ἀγορεύειν ἐκέλευον. ὁ δὲ τῶν μὲν δὴ ἐκεῖνοι
προσεδέοντο αὐτοῦ, τούτων μὲν ἑκὼν ἐπελήθετο, ἀρξάμενος
δὲ ἀπ᾽ Ἀχαιμένεος ἐγενεηλόγησε τὴν πατριὴν τὴν Κύρου,
μετὰ δὲ ὡς ἐς τοῦτον κατέβη, τελευτῶν ἔλεγε ὅσα ἀγαθὰ
Κῦρος Πέρσας πεποιήκοι, διεξελθὼν δὲ ταῦτα ἐξέφαινε τὴν 2
ἀληθείην, φάμενος πρότερον μὲν κρύπτειν (οὐ γάρ οἱ εἶναι
ἀσφαλὲς λέγειν τὰ γενόμενα), ἐν δὲ τῷ παρεόντι ἀναγκαίην

4 ὅτι RSV   ἠπίστατο RV : ἐπ. C¹   5 τοῦ] τὸν C   6 αἰτίη
RSV   τὸν Π. del. Herwerden   8 πίστις ABC : πίστει PRS[V]
δὲ C   μὴν RSV   10 ὑπισχνούμενοι AB : ὑπισχύμενοι RSV
11 ὑποσχομένου ABCP   τοῦ om. SV   13 συγκαλέσειν RSV
14 δ᾽ ἐπὶ C   17 καὶ πολλ. τε RSV   ὥσπερ εἴη RSV   21 ἀναγορ.
SV   οἱ C   μὲν δὴ Bekker : μέν τι ABR : μέντοι rell.   23 alt.
τὴν] τοῦ PRSV   25 Πέρσῃ C   26 κρύπτει C   27 ἀναγκαίη
RSV

μιν καταλαμβάνειν φαίνειν· καὶ δὴ ἔλεγε τὸν μὲν Κύρου Σμέρδιν ὡς αὐτὸς ὑπὸ Καμβύσεω ἀναγκαζόμενος ἀποκτείνειε, 3 τοὺς μάγους δὲ βασιλεύειν. Πέρσῃσι δὲ πολλὰ ἐπαρησάμενος εἰ μὴ ἀνακτησαίατο ὀπίσω τὴν ἀρχὴν καὶ τοὺς μάγους τεισαίατο, ἀπῆκε ἑωυτὸν ἐπὶ κεφαλὴν φέρεσθαι ἀπὸ τοῦ πύργου κάτω. Πρηξάσπης μέν νυν ἐὼν [τὸν] πάντα χρόνον ἀνὴρ δόκιμος οὕτω ἐτελεύτησε.

76 Οἱ δὲ δὴ ἑπτὰ τῶν Περσέων ὡς ἐβουλεύσαντο αὐτίκα ἐπιχειρέειν τοῖσι μάγοισι καὶ μὴ ὑπερβάλλεσθαι, ἤισαν εὐξάμενοι τοῖσι θεοῖσι, τῶν περὶ Πρηξάσπεα πρηχθέντων 2 εἰδότες οὐδέν. ἔν τε δὴ τῇ ὁδῷ μέσῃ στίχοντες ἐγίνοντο καὶ τὰ περὶ Πρηξάσπεα γεγονότα ἐπυνθάνοντο. ἐνθαῦτα ἐκστάντες τῆς ὁδοῦ ἐδίδοσαν αὖτις σφίσι λόγους, οἱ μὲν ἀμφὶ τὸν Ὀτάνην πάγχυ κελεύοντες ὑπερβάλλεσθαι μηδὲ οἰδεόντων τῶν πρηγμάτων ἐπιτίθεσθαι, οἱ δὲ ἀμφὶ τὸν Δαρεῖον αὐτίκα τε ἰέναι καὶ τὰ δεδογμένα ποιέειν μηδὲ 3 ὑπερβάλλεσθαι. ὠθιζομένων δ' αὐτῶν ἐφάνη ἰρήκων ἑπτὰ ζεύγεα δύο αἰγυπιῶν ζεύγεα διώκοντα καὶ τίλλοντά τε καὶ ἀμύσσοντα. ἰδόντες δὲ ταῦτα οἱ ἑπτὰ τήν τε Δαρείου πάντες αἴνεον γνώμην καὶ ἔπειτα ἤισαν ἐπὶ τὰ βασιλήια τεθαρση-77 κότες τοῖσι ὄρνισι. ἐπιστᾶσι δὲ ἐπὶ τὰς πύλας ἐγίνετο οἷόν τι Δαρείῳ ἡ γνώμη ἔφερε· καταιδεόμενοι γὰρ οἱ φύλακοι ἄνδρας τοὺς Περσέων πρώτους καὶ οὐδὲν τοιοῦτον ὑποπτεύοντες ἐξ αὐτῶν ἔσεσθαι, παρίεσαν θείῃ πομπῇ χρεω-2 μένους, οὐδ' ἐπειρώτα οὐδείς. ἐπείτε δὲ καὶ παρῆλθον ἐς τὴν αὐλήν, ἐνέκυρσαν τοῖσι τὰς ἀγγελίας ἐσφέρουσι εὐνούχοισι, οἵ σφεας ἱστόρεον ὅ τι θέλοντες ἥκοιεν· καὶ ἅμα

1 φαίνειν om. SV   5 τισαίατο L   6 τὸν om. RSV   11 δὴ om. ABC   στείχ. CPRSV   12 ἐπυνθάντο C   13 ἐδίδοσαν R αὐτοῖσι ABC   σφί R   14 -βαλλέσθαι C¹ (-έεσθαι C⁰) V: -β...λέεσθαι ABRS Eustath. Od. 1441   17 -βαλέσθαι R   18 ζεύγη RSV   αἰγυπτιῶν CRV   τε post διώκοντα PRSV   19 τε] δὲ RV: om. S   20 τεθαρρ. ABCP   21 ἐπιστάντες RSV 22 ἡ om. ABC   23 τοιοῦτο ABP: τοιούτωι C   25 καὶ C quoque εἰς RV

ΙΣΤΟΡΙΩΝ Γ III. 77

ἱστορέοντες τούτους τοῖσι πυλουροῖσι ἀπείλεον ὅτι σφέας
παρῆκαν, ἰσχόν τε βουλομένους τοὺς ἑπτὰ ἐς τὸ πρόσω
παριέναι. οἱ δὲ διακελευσάμενοι καὶ σπασάμενοι τὰ ἐγχει- 3
ρίδια τούτους μὲν τοὺς ἴσχοντας αὐτοῦ ταύτῃ συγκεντέουσι,
αὐτοὶ δὲ ἤισαν δρόμῳ ἐς τὸν ἀνδρεῶνα. οἱ δὲ μάγοι ἔτυχον 78
ἀμφότεροι τηνικαῦτα ἐόντες [τε] ἔσω καὶ τὰ ἀπὸ Πρηξά-
σπεος γενόμενα ἐν βουλῇ ἔχοντες. ἐπεὶ ὦν εἶδον τοὺς
εὐνούχους τεθορυβημένους τε καὶ βοῶντας, ἀνά τε ἔδραμον
πάλιν ἀμφότεροι, καὶ ὡς ἔμαθον τὸ ποιεύμενον, πρὸς ἀλκὴν
ἐτράποντο. ὁ μὲν δὴ αὐτῶν φθάνει τὰ τόξα κατελόμενος, 2
ὁ δὲ πρὸς τὴν αἰχμὴν ἐτράπετο. ἐνθαῦτα δὴ συνέμισγον
ἀλλήλοισι. τῷ μὲν δὴ τὰ τόξα ἀναλαβόντι αὐτῶν, ἐόντων
τε ἀγχοῦ τῶν πολεμίων καὶ προσκειμένων, ἦν χρηστὰ οὐδέν·
ὁ δ' ἕτερος τῇ αἰχμῇ ἠμύνετο καὶ τοῦτο μὲν Ἀσπαθίνην
παίει ἐς τὸν μηρόν, τοῦτο δὲ Ἰνταφρένεα ἐς τὸν ὀφθαλμόν·
καὶ ἐστερήθη μὲν τοῦ ὀφθαλμοῦ ἐκ τοῦ τρώματος ὁ Ἰντα-
φρένης, οὐ μέντοι ἀπέθανέ γε. τῶν μὲν δὴ μάγων οὕτερος 3
τρωματίζει τούτους, ὁ δὲ ἕτερος, ἐπείτε οἱ τὰ τόξα οὐδὲν
χρηστὰ ἐγίνετο, ἦν γὰρ δὴ θάλαμος ἐσέχων ἐς τὸν ἀνδρεῶνα,
ἐς τοῦτον καταφεύγει, θέλων αὐτοῦ προσθεῖναι τὰς θύρας.
καί οἱ συνεσπίπτουσι τῶν ἑπτὰ δύο, Δαρεῖός τε καὶ Γωβρύης· 4
συμπλεκέντος δὲ τοῦ Γωβρύεω τῷ μάγῳ ὁ Δαρεῖος ἐπεστεὼς
ἠπόρεε οἷα ἐν σκότεϊ, προμηθεόμενος μὴ πλήξῃ τὸν Γωβρύην.
ὁρῶν δέ μιν ἀργὸν ἐπεστεῶτα ὁ Γωβρύης εἴρετο ὅ τι οὐ 5
χρᾶται τῇ χειρί· ὁ δὲ εἶπε· Προμηθεόμενος σέο, μὴ πλήξω.
Γωβρύης δὲ ἀμείβετο· Ὤθεε τὸ ξίφος καὶ δι' ἀμφοτέρων.

1 πυλουργοῖσι C   5 ἤ(ι)εσαν A B C P   6 τε om. R S
εἴσω A B C P   · 8 pr. τε om. A B C   11 ἐτράποντο C   ἔνθα
δὲ R S V   14 -θήνην R V: -θόνην S: -θίμην B   15 et 16 Ἰνταφέρν.
A B C P   17 ὁ ἕτερος τούτους τρωμ. R S V   18 τρωμ... ἐγίνετο
om. C   19 χρήσιμα P R S V   ἐγένετο R S V   21 συνεμπίπτ.
S: συνεπίπτ. C R V: συνεπιπίπτ. E   Γοβρ. A B C P (it. quater infra)
22 συμπλακ. P   τοῦ om. A B C P   ἔτι ἐστεὼς R S: ἔστι ἐστ. V
23 ἠπόρει L   οἷον R S V   προθεόμενος R S V   24 ὁρέων
A B C P   26 δὲ om. A B C E   ὤθεε E: ὤθει rell.

Δαρεῖος δὲ πειθόμενος ὥσέ τε τὸ ἐγχειρίδιον καὶ ἔτυχέ κως
79 τοῦ μάγου. ἀποκτείναντες δὲ τοὺς μάγους καὶ ἀποταμόντες
αὐτῶν τὰς κεφαλὰς τοὺς μὲν τρωματίας ἑωυτῶν αὐτοῦ
λείπουσι καὶ ἀδυνασίης εἵνεκεν καὶ φυλακῆς τῆς ἀκρο-
πόλιος, οἱ δὲ πέντε αὐτῶν ἔχοντες τῶν μάγων τὰς κεφαλὰς
ἔθεον ἔξω, βοῇ τε καὶ πατάγῳ χρεώμενοι, καὶ Πέρσας τοὺς
ἄλλους ἐπεκαλέοντο ἐξηγεόμενοί τε τὸ πρῆγμα καὶ δεικνύοντες
τὰς κεφαλάς· καὶ ἅμα ἔκτεινον πάντα τινὰ τῶν μάγων τὸν
2 ἐν ποσὶ γινόμενον. οἱ δὲ Πέρσαι μαθόντες τὸ γεγονὸς ἐκ
τῶν ἑπτὰ καὶ τῶν μάγων τὴν ἀπάτην ἐδικαίευν καὶ αὐτοὶ
ἕτερα τοιαῦτα ποιέειν, σπασάμενοι δὲ τὰ ἐγχειρίδια ἔκτεινον
ὅκου τινὰ μάγον εὕρισκον· εἰ δὲ μὴ νὺξ ἐπελθοῦσα ἔσχε,
3 ἔλιπον ἂν οὐδένα μάγον. ταύτην τὴν ἡμέρην θεραπεύουσι
Πέρσαι κοινῇ μάλιστα τῶν ἡμερέων καὶ ἐν αὐτῇ ὁρτὴν
μεγάλην ἀνάγουσι, ἣ κέκληται ὑπὸ Περσέων μαγοφόνια, ἐν
τῇ μάγον οὐδένα ἔξεστι φανῆναι ἐς τὸ φῶς, ἀλλὰ κατ' οἴκους
ἑωυτοὺς οἱ μάγοι ἔχουσι τὴν ἡμέρην ταύτην.
80 Ἐπείτε δὲ κατέστη ὁ θόρυβος καὶ ἐκτὸς πέντε ἡμερέων
ἐγένετο, ἐβουλεύοντο οἱ ἐπαναστάντες τοῖσι μάγοισι περὶ
τῶν πάντων πρηγμάτων, καὶ ἐλέχθησαν λόγοι ἄπιστοι μὲν
2 ἐνίοισι Ἑλλήνων, ἐλέχθησαν δ' ὦν. Ὀτάνης μὲν ἐκέλευε
ἐς μέσον Πέρσῃσι καταθεῖναι τὰ πρήγματα, λέγων τάδε·
Ἐμοὶ δοκέει ἕνα μὲν ἡμέων μούναρχον μηκέτι γενέσθαι·
οὔτε γὰρ ἡδὺ οὔτε ἀγαθόν. εἴδετε μὲν γὰρ τὴν Καμβύσεω
ὕβριν ἐπ' ὅσον ἐπεξῆλθε, μετεσχήκατε δὲ καὶ τῆς τοῦ μάγου
3 ὕβριος. κῶς δ' ἂν εἴη χρῆμα κατηρτημένον μουναρχίη, τῇ
ἔξεστι ἀνευθύνῳ ποιέειν τὰ βούλεται; καὶ γὰρ ἂν τὸν ἄριστον

---

1 πυθόμενος A B C S   τε om. A B C E   πως E R V   3 μὲν]
τε R S V   ἑωυτῶν] αὐτῶν C   6 ἔξω om. A B C P   8 ἀπέκτει-
νον C   τῶν .. γινομένων C   9 τό τε Cantabr.   12 εὑρίσκοιεν
Stein   15 ἄγουσι P R S V   μαγοφονία C P R V   18 ἐντὸς
A B C P   19 ἐγένοντο R S V   23 γίνεσθαι R S V   24 μὲν
om. C P R   25 ἐπεξήλθατε C : ἐξῆλθε R S V   μετέσχετε R S V
μετ. γὰρ καὶ C, suprascr. δὲ 1   26 κῶς] καὶ ὡς Λ B C   κατηρτισμένον
Stephanus

ΙΣΤΟΡΙΩΝ Γ

ἀνδρῶν πάντων στάντα ἐς ταύτην τὴν ἀρχὴν ἐκτὸς τῶν ἐωθότων νοημάτων στήσειε. ἐγγίνεται μὲν γάρ οἱ ὕβρις ὑπὸ τῶν παρεόντων ἀγαθῶν, φθόνος δὲ ἀρχῆθεν ἐμφύεται ἀνθρώπῳ. δύο δ᾽ ἔχων ταῦτα ἔχει πᾶσαν κακότητα· τὰ 4 μὲν γὰρ ὕβρι κεκορημένος ἔρδει πολλὰ καὶ ἀτάσθαλα, τὰ δὲ φθόνῳ. καίτοι ἄνδρα γε τύραννον ἄφθονον ἔδει εἶναι, ἔχοντά γε πάντα τὰ ἀγαθά· τὸ δὲ ὑπεναντίον τούτου ἐς τοὺς πολιήτας πέφυκε· φθονέει γὰρ τοῖσι ἀρίστοισι περιεοῦσί τε καὶ ζώουσι, χαίρει δὲ τοῖσι κακίστοισι τῶν ἀστῶν, διαβολὰς δὲ ἄριστος ἐνδέκεσθαι. ἀναρμοστότατον δὲ πάντων· ἤν τε γὰρ αὐτὸν 5 μετρίως θωμάζῃς, ἄχθεται ὅτι οὐ κάρτα θεραπεύεται, ἤν τε θεραπεύῃ τις κάρτα, ἄχθεται ἅτε θωπί. τὰ δὲ δὴ μέγιστα ἔρχομαι ἐρέων· νόμαιά τε κινέει πάτρια καὶ βιᾶται γυναῖκας κτείνει τε ἀκρίτους. πλῆθος δὲ ἄρχον πρῶτα μὲν οὔνομα 6 πάντων κάλλιστον ἔχει, ἰσονομίην, δεύτερα δὲ τούτων τῶν ὁ μούναρχος ποιέει οὐδέν· πάλῳ μὲν ἀρχὰς ἄρχει, ὑπεύθυνον δὲ ἀρχὴν ἔχει, βουλεύματα δὲ πάντα ἐς τὸ κοινὸν ἀναφέρει. τίθεμαι ὦν γνώμην μετέντας ἡμέας μουναρχίην τὸ πλῆθος ἀέξειν· ἐν γὰρ τῷ πολλῷ ἔνι τὰ πάντα. Ὀτάνης μὲν δὴ ταύτην γνώμην ἐσέφερε, Μεγάβυζος δὲ ὀλιγαρχίῃ ἐκέλευε 81 ἐπιτράπειν, λέγων τάδε· Τὰ μὲν Ὀτάνης εἶπε τυραννίδα παύων, λελέχθω κἀμοὶ ταῦτα, τὰ δ᾽ ἐς τὸ πλῆθος ἄνωγε φέρειν τὸ κράτος, γνώμης τῆς ἀρίστης ἡμάρτηκε· ὁμίλου γὰρ ἀχρηίου οὐδέν ἐστι ἀξυνετώτερον οὐδὲ ὑβριστότερον. καίτοι τυράννου ὕβριν φεύγοντας ἄνδρας ἐς δήμου ἀκολάστου 2 ὕβριν πεσεῖν ἐστὶ οὐδαμῶς ἀνασχετόν. ὁ μὲν γὰρ εἴ τι

1 τὴν ἀρχὴν R S V Stob. flor. 49, 29 : om. rell. 2 στήσει R S V
3 ὑπὸ... ὕβρι (5) om. R S V 6 γε ante ἄνδρα S V : om. R
7 τὰ om. C τούτῳ R S V 8 φθονεῖ C 9 ἄριστος S : ἄριστον
rell. Stob. 11 θωυμ. C P : θωμάζεις R V 12 θωπείαν A B C
13 κινεῖ L Stob. 14 κτείνειν C 15 δὲ om. R S V 16 μὲν
γὰρ P S V : γὰρ add. R¹ ἄρχει] ἔχει P 17 τὸ om. C 18 μεθέντας Λ B Stob. 20 ταύτην τὴν R S V 22 καμοὶ A B : καὶ
ἐμοὶ R V ταῦτα] τάδε C ἄνωγε κελεύαν R S V : ἀνώγων
Herwerden 24 ἐξυν. C R V : ἀσυν. Dindorf ὑβριστικώτερον C P
25 καίτοι] καὶ A B C P φέροντας P 26 πεσέειν L

ΗΡΟΔΟΤΟΥ

ποιέει, γινώσκων ποιέει, τῷ δὲ οὐδὲ γινώσκειν ἔνι· κῶς γὰρ
ἂν γινώσκοι ὃς οὔτ' ἐδιδάχθη οὔτε εἶδε καλὸν οὐδὲν [οὐδ']
οἰκήιον, ὠθέει τε ἐμπεσὼν τὰ πρήγματα ἄνευ νόου, χειμάρρῳ
ποταμῷ ἴκελος; δήμῳ μέν νυν, οἳ Πέρσῃσι κακὸν νοέουσι,
οὗτοι χράσθων, ἡμεῖς δὲ ἀνδρῶν τῶν ἀρίστων ἐπιλέξαντες
ὁμιλίην τούτοισι περιθέωμεν τὸ κράτος· ἐν γὰρ δὴ τούτοισι
καὶ αὐτοὶ ἐνεσόμεθα, ἀρίστων δὲ ἀνδρῶν οἰκὸς ἄριστα βουλεύ-
ματα γίνεσθαι. Μεγάβυζος μὲν δὴ ταύτην γνώμην ἐσέφερε,
τρίτος δὲ Δαρεῖος ἀπεδείκνυτο γνώμην, λέγων· Ἐμοὶ δὲ τὰ
μὲν εἶπε Μεγάβυζος ἐς τὸ πλῆθος ἔχοντα δοκέει ὀρθῶς
λέξαι, τὰ δὲ ἐς ὀλιγαρχίην οὐκ ὀρθῶς. τριῶν γὰρ προκει-
μένων καὶ πάντων τῷ λόγῳ ἀρίστων ἐόντων, δήμου τε
ἀρίστου καὶ ὀλιγαρχίης καὶ μουνάρχου, πολλῷ τοῦτο προέχειν
λέγω. ἀνδρὸς γὰρ ἑνὸς τοῦ ἀρίστου οὐδὲν ἄμεινον ἂν φανείη·
γνώμῃ γὰρ τοιαύτῃ χρεώμενος ἐπιτροπεύοι ἂν ἀμωμήτως τοῦ
πλήθεος, σιγῷτό τε ἂν βουλεύματα ἐπὶ δυσμενέας ἄνδρας
οὕτω μάλιστα. ἐν δὲ ὀλιγαρχίῃ πολλοῖσι ἀρετὴν ἐπασκέουσι
ἐς τὸ κοινὸν ἔχθεα ἴδια ἰσχυρὰ φιλέει ἐγγίνεσθαι· αὐτὸς γὰρ
ἕκαστος βουλόμενος κορυφαῖος εἶναι γνώμῃσί τε νικᾶν ἐς
ἔχθεα μεγάλα ἀλλήλοισι ἀπικνέονται, ἐξ ὧν στάσιες ἐγγί-
νονται, ἐκ δὲ τῶν στασίων φόνος, ἐκ δὲ τοῦ φόνου ἀπέβη ἐς
μουναρχίην, καὶ ἐν τούτῳ διέδεξε ὅσῳ ἐστὶ τοῦτο ἄριστον.
δήμου τε αὖ ἄρχοντος ἀδύνατα μὴ οὐ κακότητα ἐγγίνεσθαι·
κακότητος τοίνυν ἐγγινομένης ἐς τὰ κοινὰ ἔχθεα μὲν οὐκ
ἐγγίνεται τοῖσι κακοῖσι, φιλίαι δὲ ἰσχυραί· οἱ γὰρ κακοῦντες
τὰ κοινὰ συγκύψαντες ποιεῦσι. τοῦτο δὲ τοιοῦτο γίνεται
ἐς ὃ ἂν προστάς τις τοῦ δήμου τοὺς τοιούτους παύσῃ· ἐκ δὲ

1 γιγν. R   οὐδὲ] οὐ ABCS   2 ἴδε R   οὐδ' del. Valckenaer
3 ἐμπεσὸν AB   4 εἴκελος BCP: εἴκελεος A   κακῶς RSV
6 κάρτος B   7 δὲ] τε ABC   8 δὴ om. RSV   γνώμην
om. RSV   9 ἀπεδείκνυε RSV   12 τῷ λόγῳ Stob. flor. 47,
24: τῶν λέγω L   20 ἀποκν. R   στάσεις RV   21 στάσεων RV
22 διέδοξεν RS   23 μὴ] καὶ SV   ἐγγενέσθαι ABC   25 οἱ] οὐ
RV   26 συγκύψαντες Stob.: συγκρίψ. RS: συγκρύψ. rell.   δὲ]
δὲ τὸ C   τοιοῦτον RSV

αὐτῶν θωμάζεται οὗτος δὴ ὑπὸ τοῦ δήμου, θωμαζόμενος δὲ ἀν' ὧν ἐφάνη μούναρχος ἐών· καὶ ἐν τούτῳ δηλοῖ καὶ οὗτος ὡς ἡ μουναρχίη κράτιστον. ἑνὶ δὲ ἔπεϊ πάντα συλλαβόντα 5 εἰπεῖν, κόθεν ἡμῖν ἡ ἐλευθερίη ἐγένετο καὶ τεῦ δόντος; κότερα παρὰ [τοῦ] δήμου ἢ ὀλιγαρχίης ἢ μουνάρχου; ἔχω τοίνυν γνώμην ἡμέας ἐλευθερωθέντας διὰ ἕνα ἄνδρα τὸ τοιοῦτο περιστέλλειν, χωρίς τε τούτου πατρίους νόμους μὴ λύειν ἔχοντας εὖ· οὐ γὰρ ἄμεινον.

Γνῶμαι μὲν δὴ τρεῖς αὗται προεκέατο, οἱ δὲ τέσσερες τῶν 83 ἑπτὰ ἀνδρῶν προσέθεντο ταύτῃ. ὡς δὲ ἐσσώθη τῇ γνώμῃ ὁ Ὀτάνης Πέρσῃσι ἰσονομίην σπεύδων ποιῆσαι, ἔλεξε ἐς μέσον αὐτοῖσι τάδε· Ἄνδρες στασιῶται, δῆλα γὰρ δὴ ὅτι 2 δεῖ ἕνα γέ τινα ἡμέων βασιλέα γενέσθαι, ἤτοι κλήρῳ γε λαχόντα, ἢ ἐπιτρεψάντων τῷ Περσέων πλήθεϊ τὸν ἂν ἐκεῖνο ἕληται, ἢ ἄλλῃ τινὶ μηχανῇ· ἐγὼ μέν νυν ὑμῖν οὐκ ἐναγωνιεῦμαι· οὔτε γὰρ ἄρχειν οὔτε ἄρχεσθαι ἐθέλω· ἐπὶ τούτῳ δὲ ὑπεξίσταμαι τῆς ἀρχῆς, ἐπ' ᾧ τε ὑπ' οὐδενὸς ὑμέων ἄρξομαι, οὔτε αὐτὸς ἐγὼ οὔτε οἱ ἀπ' ἐμεῦ αἰεὶ γινόμενοι. τούτου εἴπαντος ταῦτα ὡς συνεχώρεον οἱ ἓξ ἐπὶ τούτοισι, 3 οὗτος μὲν δή σφι οὐκ ἐνηγωνίζετο ἀλλ' ἐκ μέσου κατῆστο. καὶ νῦν αὕτη ἡ οἰκίη διατελέει μούνη ἐλευθέρη ἐοῦσα Περσέων καὶ ἄρχεται τοσαῦτα ὅσα αὐτὴ θέλει, νόμους οὐκ ὑπερβαίνουσα τοὺς Περσέων. οἱ δὲ λοιποὶ τῶν ἑπτὰ ἐβουλεύοντο 84 ὡς βασιλέα δικαιότατα στήσονται. καί σφι ἔδοξε Ὀτάνῃ μὲν καὶ τοῖσι ἀπὸ Ὀτάνεω αἰεὶ γινομένοισι, ἢν ἐς ἄλλον τινὰ τῶν ἑπτὰ ἔλθῃ ἡ βασιληίη, ἐξαίρετα δίδοσθαι ἐσθῆτά τε Μηδικὴν ἔτεος ἑκάστου καὶ τὴν πᾶσαν δωρεὴν ἢ γίνεται

1 θωυμ. L (bis) ἂν C P R V 2 μούναρχος ἐών P R S V : ἐὼν μούν. Stob. : ὁ μούν. A B C 5 τοῦ om. R S V Stob. 6 ὑμέας C τοιοῦτον R S V 9 προσεκ. R S V τέσσαρες A B R V 10 ὡς] ὁ C ἐσώθη R 14 λαχόντων A B C τῷ] τῶν C (corr. 1) S V ἐὰν S V ἐκεῖνος R S V 16 θέλω P R S V 18 ἄρχεσθαι R S V 19 ταῦτα om. R S V ὡς om. P 20 ἐκ μέσου L omnes καθῆστο L 22 καὶ οὔτε ἄρχεται πλὴν τοσαῦτα R S V θέλῃ C οὐχ R V 23 τοὺς] τῶν R S V 25 Ὀτάνεω P : Ὀτάνεος rell. 26 ἔλθοι A B

ἐν Πέρσῃσι τιμιωτάτη. τοῦδε δὲ εἵνεκεν ἐβούλευσάν οἱ δίδοσθαι ταῦτα, ὅτι ἐβούλευσέ τε πρῶτος τὸ πρῆγμα καὶ 2 συνέστησε αὐτούς. ταῦτα μὲν δὴ 'Οτάνῃ ἐξαίρετα, τάδε δὲ ἐς τὸ κοινὸν ἐβούλευσαν, παριέναι ἐς τὰ βασιλήια πάντα τὸν βουλόμενον τῶν ἑπτὰ ἄνευ ἐσαγγελέος, ἢν μὴ τυγχάνῃ εὕδων μετὰ γυναικὸς βασιλεύς, γαμέειν δὲ μὴ ἐξεῖναι ἄλλοθεν τῷ 3 βασιλέϊ ἢ ἐκ τῶν συνεπαναστάντων. περὶ δὲ τῆς βασιληίης ἐβούλευσαν τοιόνδε· ὅτευ ἂν ὁ ἵππος ἡλίου ἐπανατείλαντος πρῶτος φθέγξηται ἐν τῷ προαστίῳ αὐτῶν ἐπιβεβηκότων, τοῦτον ἔχειν τὴν βασιληίην.

85 Δαρείῳ δὲ ἦν ἱπποκόμος ἀνὴρ σοφός, τῷ οὔνομα ἦν Οἰβάρης· πρὸς τοῦτον τὸν ἄνδρα, ἐπείτε διελύθησαν, ἔλεξε Δαρεῖος τάδε· Οἴβαρες, ἡμῖν δέδοκται περὶ τῆς βασιληίης ποιέειν κατὰ τάδε· ὅτευ ἂν ὁ ἵππος πρῶτος φθέγξηται ἅμα τῷ ἡλίῳ ἀνιόντι αὐτῶν ἐπαναβεβηκότων, τοῦτον ἔχειν τὴν βασιληίην. νῦν ὦν εἴ τινα ἔχεις σοφίην, μηχανῶ ὡς ἂν 2 ἡμεῖς σχῶμεν τοῦτο τὸ γέρας καὶ μὴ ἄλλος τις. ἀμείβεται Οἰβάρης τοισίδε· Εἰ μὲν δή, ὦ δέσποτα, ἐν τούτῳ τοί ἐστι ἢ βασιλέα εἶναι ἢ μή, θάρσει τούτου εἵνεκεν καὶ θυμὸν ἔχε ἀγαθόν, ὡς βασιλεὺς οὐδεὶς ἄλλος πρὸ σεῦ ἔσται· τοιαῦτα ἔχω φάρμακα. λέγει Δαρεῖος· Εἰ τοίνυν τι τοιοῦτον ἔχεις σόφισμα, ὥρη μηχανᾶσθαι καὶ μὴ ἀναβάλλεσθαι, ὡς τῆς 3 ἐπιούσης ἡμέρης ὁ ἀγὼν ἡμῖν ἔσται. ἀκούσας ταῦτα ὁ Οἰβάρης ποιέει τοιόνδε· ὡς ἐγίνετο ἡ νύξ, τῶν θηλέων ἵππων μίαν, τὴν ὁ Δαρείου ἵππος ἔστεργε μάλιστα, ταύτην ἀγαγὼν ἐς τὸ προάστιον κατέδησε καὶ ἐπήγαγε τὸν Δαρείου ἵππον καὶ τὰ μὲν πολλὰ περιῆγε ἀγχοῦ τῇ ἵππῳ, ἐγχρίμ-

---

1 τούτου δὲ εἵνεκα R S V   3 δὲ om. R   7 συναναστ. R S V
8 ἐβουλεύσαντο R S V   ἐπανατείλαντος R S V Eustath. Il. 1190 :
ἐπανατέλλοντος rell.   9 τῷ om. C P   προαστίῳ A B : προαστείῳ
rell. (it. bis infra)   10 τὴν Καμβύσεω βασιλ. R S V   14 κατὰ
om. R S V   17 ἔχωμεν R S V   τὸ om. R S V   18 τοῖσδε L
19 θάρσεε C P   καὶ] καὶ οὐ R   23 ὁ om. R S V   ἔσται Naber :
ἐστι L   24 ἡ om. R S V   26 εἰς R V   27 περιήγαγε
A B C   ἐγχρίπτων R S V

πτων τῇ θηλέῃ, τέλος δὲ ἐπῆκε ὀχεῦσαι τὸν ἵππον. ἅμ᾽ 86
ἡμέρῃ δὲ διαφωσκούσῃ οἱ ἓξ κατὰ συνεθήκαντο παρῆσαν
ἐπὶ τῶν ἵππων· διεξελαυνόντων δὲ κατὰ τὸ προάστιον, ὡς
κατὰ τοῦτο τὸ χωρίον ἐγίνοντο ἵνα τῆς παροιχομένης νυκτὸς
κατεδέδετο ἡ θήλεα ἵππος, ἐνθαῦτα ὁ Δαρείου ἵππος προσδραμὼν ἐχρεμέτισε. ἅμα δὲ τῷ ἵππῳ τοῦτο ποιήσαντι 2
ἀστραπὴ ἐξ αἰθρίης καὶ βροντὴ ἐγένετο. ἐπιγενόμενα δὲ
ταῦτα τῷ Δαρείῳ ἐτελέωσέ μιν ὥσπερ ἐκ συνθέτου τευ γενόμενα· οἱ δὲ καταθορόντες ἀπὸ τῶν ἵππων προσεκύνεον τὸν
Δαρεῖον.

Οἱ μὲν δή φασι τὸν Οἰβάρεα ταῦτα μηχανήσασθαι, οἱ 87
δὲ τοιάδε (καὶ γὰρ ἐπ᾽ ἀμφότερα λέγεται ὑπὸ Περσέων), ὡς
τῆς ἵππου ταύτης τῶν ἄρθρων ἐπιψαύσας τῇ χειρὶ ἔχοι
αὐτὴν κρύψας ἐν τῇσι ἀναξυρίσι· ὡς δὲ ἅμα τῷ ἡλίῳ ἀνιόντι
ἀπίεσθαι μέλλειν τοὺς ἵππους, τὸν Οἰβάρεα τοῦτον ἐξείραντα τὴν χεῖρα πρὸς τοῦ Δαρείου ἵππου τοὺς μυκτῆρας
προσενεῖκαι, τὸν δὲ αἰσθόμενον φριμάξασθαί τε καὶ χρεμετίσαι.

Δαρεῖός τε δὴ ὁ Ὑστάσπεος βασιλεὺς ἀπεδέδεκτο, καί 88
οἱ ἦσαν ἐν τῇ Ἀσίῃ πάντες κατήκοοι πλὴν Ἀραβίων, Κύρου
τε καταστρεψαμένου καὶ ὕστερον αὖτις Καμβύσεω. Ἀράβιοι
δὲ οὐδαμὰ κατήκουσαν ἐπὶ δουλοσύνῃ Πέρσῃσι, ἀλλὰ ξεῖνοι
ἐγένοντο παρέντες Καμβύσεα ἐπ᾽ Αἴγυπτον· ἀεκόντων γὰρ
Ἀραβίων οὐκ ἂν ἐσβάλοιεν Πέρσαι ἐς Αἴγυπτον. γάμους 2
τε τοὺς πρώτους ἐγάμεε Πέρσῃσι ὁ Δαρεῖος, Κύρου μὲν δύο
θυγατέρας Ἄτοσσάν τε καὶ Ἀρτυστώνην, τὴν μὲν Ἄτοσσαν
προσυνοικήσασαν Καμβύσῃ τε τῷ ἀδελφεῷ καὶ αὖτις τῷ
μάγῳ, τὴν δὲ Ἀρτυστώνην παρθένον. ἑτέρην δὲ Σμέρδιος 3
τοῦ Κύρου θυγατέρα ἔγημε, τῇ οὔνομα ἦν Πάρμυς· ἔσχε

2 διαφαύσκ. RSV   παρηΐσαν RSV   5 alt. ἵππος] ἵππῳ R
6 ἐχρεμέτιζε C, corr. 1   7 αἴθρης RSV   9 κατοθορ. RV
13 ἔχει PSV   14 τοῖσιν RV   15 ἀπίσθαι RSV   ἐξείραν
SV   16 προσενεῖκε πρὸς RSV. προσενεῖκαι omisso   17 φριμασθαι
SV   25 ⟨ἐν⟩ Πέρσῃσι Schweighaeuser   δύο] δὴ CP   29 ἔσχε]
ἐλέγετο RSV

δὲ καὶ τὴν τοῦ Ὀτάνεω θυγατέρα, ἣ τὸν μάγον κατάδηλον ἐποίησε. δυνάμιός τε πάντα οἱ ἐπιμπλέατο. πρῶτον μέν νυν τύπον ποιησάμενος λίθινον ἔστησε· ζῷον δέ οἱ ἐνῆν ἀνὴρ ἱππεύς, ἐπέγραψε δὲ [οἱ] γράμματα λέγοντα τάδε· Δαρεῖος ὁ Ὑστάσπεος σύν τε τοῦ ἵππου τῇ ἀρετῇ (τὸ οὔνομα λέγων) καὶ Οἰβάρεος τοῦ ἱπποκόμου ἐκτήσατο τὴν Περσέων 89 βασιληίην. ποιήσας δὲ ταῦτα ἐν Πέρσῃσι ἀρχὰς κατεστήσατο εἴκοσι, τὰς αὐτοὶ καλέουσι σατραπηίας· καταστήσας δὲ τὰς ἀρχὰς καὶ ἄρχοντας ἐπιστήσας ἐτάξατο φόρους οἱ προσιέναι κατὰ ἔθνεά τε καὶ πρὸς τοῖσι ἔθνεσι τοὺς πλησιοχώρους προστάσσων, καὶ ὑπερβαίνων τοὺς προσεχέας τὰ 2 ἑκαστέρω ἄλλοισι ἄλλα ἔθνεα νέμων. ἀρχὰς δὲ καὶ φόρων πρόσοδον τὴν ἐπέτειον κατὰ τάδε διεῖλε· τοῖσι μὲν αὐτῶν ἀργύριον ἀπαγινέουσι εἴρητο Βαβυλώνιον σταθμὸν τάλαντον ἀπαγινέειν, τοῖσι δὲ χρυσίον ἀπαγινέουσι Εὐβοϊκόν. τὸ δὲ Βαβυλώνιον τάλαντον δύναται Εὐβοΐδας ⟨ὀκτὼ καὶ⟩ ἑβδομή3 κοντα μνέας. ἐπὶ γὰρ Κύρου ἄρχοντος καὶ αὖτις Καμβύσεω ἦν κατεστηκὸς οὐδὲν φόρου πέρι, ἀλλὰ δῶρα ἀγίνεον· διὰ δὲ ταύτην τὴν ἐπίταξιν τοῦ φόρου καὶ παραπλήσια ταύτῃ ἄλλα λέγουσι Πέρσαι ὡς Δαρεῖος μὲν ἦν κάπηλος, Καμβύσης δὲ δεσπότης, Κῦρος δὲ πατήρ, ὁ μὲν ὅτι ἐκαπήλευε πάντα τὰ πρήγματα, ὁ δὲ ὅτι χαλεπός τε ἦν καὶ ὀλίγωρος, ὁ δὲ ὅτι ἤπιός 90 τε καὶ ἀγαθά σφι πάντα ἐμηχανήσατο. ἀπὸ μὲν δὴ Ἰώνων καὶ Μαγνήτων τῶν ἐν τῇ Ἀσίῃ καὶ Αἰολέων καὶ Καρῶν καὶ Λυκίων καὶ Μιλυέων καὶ Παμφύλων (εἷς γὰρ ἦν οἱ τετα-

1 Ὀτάνεω P: Ὀτάνεος rell.   2 τε οἱ πάντα R S : οἱ ante τέ πάντα supra versum V   ἐπιπλ. A B C   3 λίθον A B C   4 οἱ om. A B C P: in fine v. supra add. V   5 τὸ] τοῦ R V   9 τὰς om. R S V   οἱ φόρους R S V   10 τοῖσι] τούτοισι C   11 τὰ ἑκατέρω (sic) post ἄλλα R S V   12 δὲ om. R S V   13 ἐπέτεον R S V   τάδε] δὲ R S V   14 ἀργύρεον C   εἴρητο (-ετο R S V)... ἀπαγινέουσι om. C   15 χρυσίου Λ B   Εὐβοεικύν C P·   16 ἑβδομ. Εὐβ. R S V   ὀκτὼ καὶ add. Reiz   17 κ' αὖτις R : τ' αὖτις S V   18 κατεστηκὼς R V : κατεστεὼς S   19 τοῦ om. R S V   ἄλλα ταύτῃ R S V   21 τὰ πάντα R V: πάντα S   22 τε bis om. E   23 πάντα] τὰ Λ B C   24 τῶν om. R V   25 Μηλυέων A B C P οἱ] ὁ R

ΙΣΤΟΡΙΩΝ Γ

γμένος οὗτος φόρος) προσήιε τετρακόσια τάλαντα ἀργυρίου. οὗτος μὲν δὴ πρῶτός οἱ νομὸς κατεστήκεε· ἀπὸ δὲ Μυσῶν καὶ Λυδῶν καὶ Λασονίων καὶ Καβαλίων καὶ Ὑτεννέων πεντακόσια τάλαντα· δεύτερος νομὸς οὗτος. ἀπὸ δὲ Ἑλλησποντίων τῶν ἐπὶ δεξιὰ ἐσπλέοντι καὶ Φρυγῶν καὶ Θρηίκων τῶν ἐν τῇ Ἀσίῃ καὶ Παφλαγόνων καὶ Μαριανδυνῶν καὶ Σύριων ἑξήκοντα καὶ τριηκόσια τάλαντα ἦν φόρος· νομὸς τρίτος οὗτος. ἀπὸ δὲ Κιλίκων ἵπποι τε λευκοὶ ἑξήκοντα καὶ τριηκόσιοι, ἑκάστης ἡμέρης εἷς γινόμενος, καὶ τάλαντα ἀργυρίου πεντακόσια. τούτων δὲ τεσσεράκοντα μὲν καὶ ἑκατὸν ἐς τὴν φρουρέουσαν ἵππον τὴν Κιλικίην χώρην ἀναισιμοῦτο, τὰ δὲ τριηκόσια καὶ ἑξήκοντα Δαρείῳ ἐφοίτα· νομὸς τέταρτος οὗτος. ἀπὸ δὲ Ποσιδηίου πόλιος, τὴν Ἀμφίλοχος ὁ Ἀμφιάρεω οἴκισε ἐπ' οὔροισι τοῖσι Κιλίκων τε καὶ Σύριων, ἀρξάμενον ἀπὸ ταύτης μέχρι Αἰγύπτου, πλὴν μοίρης τῆς Ἀραβίων (ταῦτα γὰρ ἦν ἀτελέα), πεντήκοντα καὶ τριηκόσια τάλαντα φόρος ἦν· ἔστι δὲ ἐν τῷ νομῷ τούτῳ Φοινίκη τε πᾶσα καὶ Συρίη ἡ Παλαιστίνη καλεομένη καὶ Κύπρος· νομὸς πέμπτος οὗτος. ἀπ' Αἰγύπτου δὲ καὶ Λιβύων τῶν προσεχέων Αἰγύπτῳ καὶ Κυρήνης τε καὶ Βάρκης (ἐς γὰρ τὸν Αἰγύπτιον νομὸν αὗται ἐκεκοσμέατο) ἑπτακόσια προσήιε τάλαντα, πάρεξ τοῦ ἐκ τῆς Μοίριος λίμνης γινομένου ἀργυρίου, τὸ ἐγίνετο ἐκ τῶν ἰχθύων· τούτου τε δὴ χωρὶς τοῦ ἀργυρίου καὶ τοῦ ἐπιμετρεομένου σίτου προσήιε τὰ ἑπτακόσια τάλαντα·

1 φόρος οὗτος P προσή(ι)ει A C P: προσείη B 2 ὁ μὲν δὴ πρ. οὗτός A B C οἱ om. C 3 Ἀλυσονίων A B C P Καβαλέων Stein: Καβηλέων Valckenaer Ὑτεννέων Stein: αὐτεννέων R: αὐτενέων S V: ὑγεννέων A B C P 5 εἰσπλ. R V 7 τριηκόσια] τριήκοντα R V ἦν τάλαντα P: ἦν τάλ. ἦν C 10 δὲ om. R S V τεσσαρ. C R V μὲν om. A B C P¹ 11 φορέουσαν R S V ἀναεισιμοῦτο (?) R 12 καὶ om. R S V νόμος ἐφοίτα R S V 13 Ποσειδ. A B C P 14 Κιλικίων A B C Σύρων L 17 τάλαντα om. R S V 18 ἡ om. R V 20 pr. καὶ om. A B C P τὸν γὰρ Αἰγυπτίων R S V 21 ἐκοσμέατο A B: ἐκομέατο C προσή(ι)ει A B C P (it. 24) 22 Μύριος R S V γενομένου R V 23 δὲ δὴ R S V: δὲ B 24 ἐπιμετρουμένου P R S V: μετρουμ. A B C τὰ om. A B C P

ΗΡΟΔΟΤΟΥ

σίτου γὰρ δυοκαίδεκα μυριάδας Περσέων τε τοῖσι ἐν τῷ Λευκῷ τείχεϊ τῷ ἐν Μέμφι κατοικημένοισι καταμετρέουσι καὶ τοῖσι τούτων ἐπικούροισι· νομὸς ἕκτος οὗτος. Σατταγύδαι δὲ καὶ Γανδάριοι καὶ Δαδίκαι τε καὶ Ἀπαρύται ἐς τὠυτὸ τεταγμένοι ἑβδομήκοντα καὶ ἑκατὸν τάλαντα προσέφερον· νομὸς ἕβδομος οὗτος. ἀπὸ Σούσων δὲ καὶ τῆς ἄλλης Κισσίων χώρης τριηκόσια· νομὸς ὄγδοος οὗτος. ἀπὸ Βαβυλῶνος δὲ καὶ τῆς λοιπῆς Ἀσσυρίης χίλιά οἱ προσήιε τάλαντα ἀργυρίου καὶ παῖδες ἐκτομίαι πεντακόσιοι· νομὸς εἴνατος οὗτος. ἀπὸ δὲ Ἀγβατάνων καὶ τῆς λοιπῆς Μηδικῆς καὶ Παρικανίων καὶ Ὀρθοκορυβαντίων πεντήκοντά τε καὶ τετρακόσια τάλαντα· νομὸς δέκατος οὗτος. Κάσπιοι δὲ καὶ Παυσίκαι καὶ Παντίμαθοί τε καὶ Δαρεῖται ἐς τὠυτὸ συμφέροντες διηκόσια τάλαντα ἀπαγίνεον· νομὸς ἑνδέκατος οὗτος. ἀπὸ δὲ Βακτριανῶν μέχρι Αἰγλῶν ἑξήκοντα καὶ τριηκόσια τάλαντα φόρος ἦν· νομὸς δυωδέκατος οὗτος. ἀπὸ Πακτυϊκῆς δὲ καὶ Ἀρμενίων καὶ τῶν προσεχέων μέχρι τοῦ πόντου τοῦ Εὐξείνου τετρακόσια τάλαντα· νομὸς τρίτος καὶ δέκατος οὗτος. ἀπὸ δὲ Σαγαρτίων καὶ Σαραγγέων καὶ Θαμαναίων καὶ Οὐτίων καὶ Μύκων καὶ τῶν ἐν τῇσι νήσοισι οἰκεόντων τῶν ἐν τῇ Ἐρυθρῇ θαλάσσῃ, ἐν τῇσι τοὺς ἀνασπάστους καλεομένους κατοικίζει βασιλεύς, ἀπὸ τούτων πάντων ἑξακόσια τάλαντα ἐγίνετο φόρος· νομὸς τέταρτος καὶ δέκατος οὗτος. Σάκαι δὲ καὶ Κάσπιοι πεντήκοντα καὶ διηκόσια ἀπαγίνεον τάλαντα· νομὸς πέμπτος καὶ δέκατος οὗτος.

1 σίτου] πρὸς ABC   δυοκαίδ. CP: διώδ. R: δυώδ. SV   μυριάδας Reiske: μυριάσι L   2 ἐμ R   3 οὗτος om. SV   Σατταγῦται RSV   4 δὲ om. C   Γανδάρειοι R   τε] δὲ ABCP
6 νομὸς δὲ ABC   οὗτος ἕβδομος L   7 οὗτος ὄγδοος RSV
10 ἔνατος ABC   11 Παραικανίων RSV   -βατίων C: -βάντων PRSV   13 Παυσίκαι καὶ A¹: Παυσίκαι BCPAᶜ: Παυσὶ καὶ RV: Παυσυὶ καὶ S   τοῦτο RSV   15 δὲ Βάκτρων RSV: Βακτριανῶν δὲ rell.   Αἴγδων RSV   16 δωδέκ. ABC   Πακτυϊκῆς RSV   18 νομὸς om. C   19 Σαργατίων ABC   Σαραγγαίων ABCP   20 ταῖσι(ν) ABC: τοῖσι V   νήσοις RV   21 τῶν] τῇσι Herold   23 τεσσαρεσκαιδέκατος ABC   24 Σύκαι C   Κάσπειροι Reiz   25 ἀγίνεον ABC   πεντεκαιδέκατος ABC

ΙΣΤΟΡΙΩΝ Γ

Πάρθοι δὲ καὶ Χοράσμιοι καὶ Σόγδοι τε καὶ Ἄρειοι τριηκόσια τάλαντα· νομὸς ἕκτος καὶ δέκατος οὗτος. Παρικάνιοι δὲ καὶ Αἰθίοπες οἱ ἐκ τῆς Ἀσίης τετρακόσια τάλαντα ἀπαγίνεον· νομὸς ἕβδομος καὶ δέκατος οὗτος. Ματιηνοῖσι δὲ καὶ Σάσπειρσι καὶ Ἀλαροδίοισι διηκόσια ἐπετέτακτο τάλαντα· νομὸς ὄγδοος καὶ δέκατος οὗτος. Μόσχοισι δὲ καὶ Τιβαρηνοῖσι καὶ Μάκρωσι καὶ Μοσσυνοίκοισι καὶ Μαρσὶ τριηκόσια τάλαντα προείρητο· νομὸς εἴνατος καὶ δέκατος οὗτος. Ἰνδῶν δὲ πλῆθός τε πολλῷ πλεῖστόν ἐστι πάντων τῶν ἡμεῖς ἴδμεν ἀνθρώπων καὶ φόρον ἀπαγίνεον πρὸς πάντας τοὺς ἄλλους ἑξήκοντα καὶ τριηκόσια τάλαντα ψήγματος· νομὸς εἰκοστὸς οὗτος. τὸ μὲν δὴ ἀργύριον τὸ Βαβυλώνιον πρὸς τὸ Εὐβοϊκὸν συμβαλλόμενον τάλαντον γίνεται ὀγδώκοντα καὶ ὀκτακόσια καὶ εἰνακισχίλια τάλαντα, τὸ δὲ χρυσίον τρισκαιδεκαστάσιον λογιζόμενον, τὸ ψῆγμα εὑρίσκεται ἐὸν Εὐβοϊκῶν ταλάντων ὀγδώκοντα καὶ ἑξακοσίων καὶ τετρακισχιλίων. τούτων ὦν πάντων συντιθεμένων τὸ πλῆθος Εὐβοϊκὰ τάλαντα συνελέγετο ἐς τὸν ἐπέτειον φόρον Δαρείῳ μύρια καὶ τετρακισχίλια καὶ πεντακόσια καὶ ἑξήκοντα· τὸ δ' ἔτι τούτων ἔλασσον ἀπιεὶς οὐ λέγω. οὗτος Δαρείῳ προσήιε φόρος ἀπὸ τῆς τε Ἀσίης καὶ τῆς Λιβύης ὀλιγαχόθεν. προϊόντος μέντοι τοῦ χρόνου καὶ ἀπὸ νήσων προσήιε ἄλλος φόρος καὶ τῶν ἐν τῇ Εὐρώπῃ μέχρι Θεσσαλίης οἰκημένων. τοῦτον τὸν φόρον θησαυρίζει βασιλεὺς τρόπῳ τοιῷδε· ἐς πίθους κεραμίνους τήξας καταχέει, πλήσας δὲ τὸ ἄγγος περιαιρέει τὸν κέραμον. ἐπεὰν δὲ δεηθῇ χρημάτων, κατακόπτει τοσοῦτον ὅσου ἂν ἑκάστοτε δέηται.

1 Ἀρεῖοι R V 2 Παρ.... οὗτος (4) om. C 4 Ματιην. C P
5 Σάσπειρσι S V: Σάσπεισι R: Σάρπειρσι C: Σάρπειρσι A B P
καὶ καὶ λαροδ. C 7 Μυσυν. C P R S V Μαρσὶ I. Vossius: Μάρσοισι
Λ B C: Μάρσυσι P: Μαρσυῖσι S: Μαρσοῖς R V 9 δὲ om. R V
12, 15, 17 Εὐβοεικ. C P 13 γίνεται] εἶναι A B C ὀγδώκοντα
καὶ ὀκτακόσια in ras. S¹: τεσσεράκοντα (τεσσαρ. C R V) καὶ πεντακόσια
rell. 17 συντιθέμενον Eltz 20 προσή(ι)ει A B C P 21 προσιόντος R S V 24 κεραμίους C P 25 κατεγχέει R V ἄγγος]
ἄγγος καὶ R S V 26 τοσοῦτο Λ B P

ΗΡΟΔΟΤΟΥ

97 Αὗται μέν νυν ἀρχαί τε ἦσαν καὶ φόρων ἐπιτάξιες· ἡ Περσὶς δὲ χώρη μούνη μοι οὐκ εἴρηται δασμοφόρος· 2 ἀτελέα γὰρ Πέρσαι νέμονται χώρην. οἴδε δὲ φόρον μὲν οὐδένα ἐτάχθησαν φέρειν, δῶρα δὲ ἀγίνεον, Αἰθίοπες οἱ πρόσουροι Αἰγύπτῳ, τοὺς Καμβύσης ἐλαύνων ἐπὶ τοὺς μακροβίους Αἰθίοπας κατεστρέψατο, οἳ περί τε Νύσην τὴν ἱρὴν κατοίκηνται καὶ τῷ Διονύσῳ ἀνάγουσι τὰς ὁρτάς. οὗτοι οἱ Αἰθίοπες καὶ οἱ πλησιόχωροι τούτοισι σπέρματι μὲν χρέωνται τῷ αὐτῷ τῷ καὶ οἱ Καλλαντίαι Ἰνδοί, οἰκή-3 ματα δὲ ἔκτηνται κατάγαια. οὗτοι συναμφότεροι διὰ τρίτου ἔτεος ἀγίνεον, ἀγινέουσι δὲ καὶ τὸ μέχρι ἐμεῦ, δύο χοίνικας ἀπύρου χρυσίου καὶ διηκοσίας φάλαγγας ἐβένου καὶ πέντε παῖδας Αἰθίοπας καὶ ἐλέφαντος ὀδόντας μεγάλους εἴκοσι. 4 Κόλχοι δὲ ⟨τὰ⟩ ἐτάξαντο ἐς τὴν δωρεὴν καὶ οἱ προσεχέες μέχρι Καυκάσιος ὄρεος (ἐς τοῦτο γὰρ τὸ ὄρος ὑπὸ Πέρσῃσι ἄρχεται, τὰ δὲ πρὸς βορέην ἄνεμον τοῦ Καυκάσιος Περσέων οὐδὲν ἔτι φροντίζει), οὗτοι ὦν δῶρα τὰ ἐτάξαντο ἔτι καὶ ἐς ἐμὲ διὰ πεντετηρίδος ἀγίνεον, ἑκατὸν παῖδας καὶ ἑκατὸν 5 παρθένους. Ἀράβιοι δὲ χίλια τάλαντα ἀγίνεον λιβανωτοῦ ἀνὰ πᾶν ἔτος. ταῦτα μὲν οὗτοι δῶρα πάρεξ τοῦ φόρου **98** βασιλέϊ ἐκόμιζον. τὸν δὲ χρυσὸν τοῦτον τὸν πολλὸν οἱ Ἰνδοί, ἀπ' οὗ τὸ ψῆγμα τῷ βασιλέϊ τὸ εἰρημένον κομίζουσι, 2 τρόπῳ τοιῷδε κτῶνται. ἔστι τῆς Ἰνδικῆς χώρης τὸ πρὸς ἥλιον ἀνίσχοντα ψάμμος· τῶν γὰρ ἡμεῖς ἴδμεν, τῶν καὶ πέρι ἀτρεκές τι λέγεται, πρῶτοι πρὸς ἠῶ καὶ ἡλίου ἀνατολὰς οἰκέουσι ἀνθρώπων τῶν ἐν τῇ Ἀσίῃ Ἰνδοί· Ἰνδῶν 3 γὰρ τὸ πρὸς τὴν ἠῶ ἐρημίη ἐστὶ διὰ τὴν ψάμμον. ἔστι

---

1 νυν om. A B C P   φόρον C   ἐπιτάξεις R V   6 νῆσσον C
9 τῷ αὐτῷ] τούτῳ R S V : τωὐτῷ Hoffmann   καὶ om. R S V
Καλαντίαι C P : Καλλιστίαι R S V   10 κέκτηνται A B R S V
κατάγεα R S V   11 μέχρις A B C   12 ἀπόρου C   ἐβέννου
A B Cᶜ   14 τὰ add. Reiske   ἔταξάν οἱ A B C P   εἰς A B
δορ. R   15 Καυκάσοιο R S V   16 βορῆν A B C P   17 φροντίζειν C
18 ἐμέ] μὲν R   πεντετηρίδος V R (πεντεετ.)   19 λιβανοτοῦ R
20 ἔτεος R V   22 τὸ εἰρ. κομ. P : οἱ Ἰνδοὶ κομ. τὸ εἰρ. R S V :
τὸ εἰρ. A B C   24 καὶ om. A B C   26 Ἰνδοί om. A B C

ΙΣΤΟΡΙΩΝ Γ

δὲ πολλὰ ἔθνεα Ἰνδῶν καὶ οὐκ ὁμόφωνα σφίσι, καὶ οἱ μὲν αὐτῶν νομάδες εἰσί, οἱ δὲ οὔ, οἱ δὲ ἐν τοῖσι ἕλεσι οἰκέουσι τοῦ ποταμοῦ καὶ ἰχθύας σιτέονται ὠμούς, τοὺς αἱρέουσι ἐκ πλοίων καλαμίνων ὁρμώμενοι· καλάμου δὲ ἐν γόνυ πλοῖον ἕκαστον ποιέεται. οὗτοι μὲν δὴ τῶν Ἰνδῶν φορέουσι 4 ἐσθῆτα φλοΐνην· ἐπεὰν ἐκ τοῦ ποταμοῦ φλοῦν ἀμήσωνται καὶ κόψωσι, τὸ ἐνθεῦτεν φορμοῦ τρόπον καταπλέξαντες ὡς θώρηκα ἐνδύνουσι. ἄλλοι δὲ τῶν Ἰνδῶν πρὸς ἠῶ 99 οἰκέοντες τούτων νομάδες εἰσί, κρεῶν ἐδεσταὶ ὠμῶν, καλέονται δὲ Παδαῖοι. νομαίοισι δὲ τοιοισίδε λέγονται χρᾶσθαι· ὃς ἂν κάμῃ τῶν ἀστῶν, ἤν τε γυνὴ ἤν τε ἀνήρ, τὸν μὲν ἄνδρα ἄνδρες οἱ μάλιστά οἱ ὁμιλέοντες κτείνουσι, φάμενοι αὐτὸν τηκόμενον τῇ νούσῳ τὰ κρέα σφίσι διαφθείρεσθαι· ὁ δὲ ἄπαρνός ἐστι μὴ μὲν νοσέειν· οἱ δὲ οὐ συγγινωσκόμενοι ἀποκτείναντες κατευωχέονται. ἢ δὲ ἂν 2 γυνὴ κάμῃ, ὡσαύτως αἱ ἐπιχρεώμεναι μάλιστα γυναῖκες ταὐτὰ τοῖσι ἀνδράσι ποιεῦσι. τὸν γὰρ δὴ ἐς γῆρας ἀπικόμενον θύσαντες κατευωχέονται. ἐς δὲ τούτου λόγον οὐ πολλοί τινες αὐτῶν ἀπικνέονται· πρὸ γὰρ τοῦ τὸν ἐς νοῦσον πίπτοντα πάντα κτείνουσι. ἑτέρων δέ ἐστι Ἰνδῶν ὅδε 100 ἄλλος τρόπος· οὔτε κτείνουσι οὐδὲν ἔμψυχον οὔτε τι σπείρουσι οὔτε οἰκίας νομίζουσι ἐκτῆσθαι, ποιηφαγέουσι δέ, καὶ αὐτοῖσι ἔστι ὅσον κέγχρος τὸ μέγαθος ἐν κάλυκι, αὐτόματον ἐκ τῆς γῆς γινόμενον, τὸ συλλέγοντες αὐτῇ τῇ κάλυκι ἕψουσί τε καὶ σιτέονται. ὃς δ' ἂν ἐς νοῦσον αὐτῶν πέσῃ, ἐλθὼν ἐς τὴν ἔρημον κεῖται· φροντίζει δὲ οὐδεὶς οὔτε ἀποθανόντος οὔτε κάμνοντος. μεῖξις δὲ τούτων τῶν 101

6 ἐσθῆτά τε ABCP   φλοιίνην SV : φοιίνην R   ἣν ἐπεὰν CP
ἀμήσωσι ABCP   7 ἐνθεῦτε R   8 ἐνδυνέουσι ABCP
9 οἰκέουσι C : οἰκέωντες R   μονάδες RSV   ἡμῶν RV: om. S
10 νόμοισι RSV   δὲ om. B   τοιοῖσδε ABCPRV   13 διαφθείρειν PRSV   14 ἀπαρνεόμενός ABC   17 ποιέουσι RSV
γὰρ] δὲ Dobree   ἀπικνεόμενον RSV (ἀπηκν.)   18 ἐκ δὲ τούτου
τοῦ λόγου CP   19 ἀποκν. R   τοῦ] τούτου RSV   21 τι om.
PRSV   22 δέ] τε ABC   23 κέρχνος RV   24 τῇ om.
RSV   26 κέεται L   27 μιξις L

ΗΡΟΔΟΤΟΥ

Ἰνδῶν τῶν κατέλεξα πάντων ἐμφανής ἐστι κατά περ τῶν προβάτων, καὶ τὸ χρῶμα φορέουσι ὅμοιον πάντες καὶ παρα-
2 πλήσιον Αἰθίοψι. ἡ γονὴ δὲ αὐτῶν, τὴν ἀπίενται ἐς τὰς γυναῖκας, οὐ κατά περ τῶν ἄλλων ἀνθρώπων ἐστὶ λευκή, ἀλλὰ μέλαινα κατά περ τὸ χρῶμα· τοιαύτην δὲ καὶ Αἰθίοπες ἀπίενται θορήν. οὗτοι μὲν τῶν Ἰνδῶν ἑκαστέρω τῶν Περσέων οἰκέουσι καὶ πρὸς νότου ἀνέμου καὶ Δαρείου
102 βασιλέος οὐδαμὰ ὑπήκουσαν. ἄλλοι δὲ τῶν Ἰνδῶν Κασπατύρῳ τε πόλι καὶ τῇ Πακτυϊκῇ χώρῃ εἰσὶ πρόσουροι, πρὸς ἄρκτου τε καὶ βορέω ἀνέμου κατοικημένοι τῶν ἄλλων Ἰνδῶν, οἳ Βακτρίοισι παραπλησίην ἔχουσι δίαιταν· οὗτοι καὶ μαχιμώτατοί εἰσι Ἰνδῶν καὶ οἱ ἐπὶ τὸν χρυσὸν στελλόμενοί εἰσι οὗτοι· κατὰ γὰρ τοῦτό ἐστι ἐρημίη διὰ τὴν
2 ψάμμον. ἐν δὴ ὧν τῇ ἐρημίῃ ταύτῃ καὶ τῇ ψάμμῳ γίνονται μύρμηκες μεγάθεα ἔχοντες κυνῶν μὲν ἐλάσσονα, ἀλωπέκων δὲ μέζονα· εἰσὶ γὰρ αὐτῶν καὶ παρὰ βασιλέϊ τῶν Περσέων ἐνθεῦτεν θηρευθέντες. οὗτοι ὧν οἱ μύρμηκες ποιεύμενοι οἴκησιν ὑπὸ γῆν ἀναφορέουσι τὴν ψάμμον κατά περ οἱ ἐν τοῖσι Ἕλλησι μύρμηκες κατὰ τὸν αὐτὸν τρόπον, εἰσὶ δὲ καὶ τὸ εἶδος ὁμοιότατοι· ἡ δὲ ψάμμος ἡ ἀναφερομένη ἐστὶ
3 χρυσῖτις. ἐπὶ δὴ ταύτην τὴν ψάμμον στέλλονται ἐς τὴν ἔρημον οἱ Ἰνδοί, ζευξάμενος ἕκαστος καμήλους τρεῖς, σειρηφόρον μὲν ἑκατέρωθεν ἔρσενα παρέλκειν, θήλεαν δὲ ἐς μέσον· ἐπὶ ταύτην δὴ αὐτὸς ἀναβαίνει, ἐπιτηδεύσας ὅκως ἀπὸ τέκνων ὡς νεωτάτων ἀποσπάσας ζεύξει· αἱ γάρ σφι κάμηλοι ἵππων οὐκ ἥσσονες ἐς ταχυτῆτά εἰσι, χωρὶς δὲ ἄχθεα δυνα-
103 τώτεραι πολλὸν φέρειν. τὸ μὲν δὴ εἶδος ὁκοῖόν τι ἔχει

2 πάντες ... εἰς τὰς γυ- in marg. R¹   καὶ om. R S V
3 et 6 ἀπίονται A B C   6 ἑκατέρω R S V   9 πόλει A B V [C]
Πακτυκῇ R   πρόσοικοι R S V   10 κατωικ. A B   τῶν] καὶ τῶν
A B C P   11 Βάκτροισι R S V   12 οἱ om. A B C : add. P
13 ἐρήμη R S V   14 ἐρήμῳ R V : ἐρήμη S   15 ἀλωπεκέων A B C
16 μείζονα R V   τῷ Π. Bekker   18 ἀναφέρουσι(ν) ψάμμον R S V
19 κατὰ Krueger : καὶ L   20 τὸ] αὐτοὶ A B C   21 ἐπειδὴ
B C (corr. 1) R V   23 ἔρσενα δὲ R S V   θήλειαν A B C
24 δὴ] δ' R S V   25 ζεύξει Bekker : ζεύξῃ(ι) L

ΙΣΤΟΡΙΩΝ Γ

ἡ κάμηλος, ἐπισταμένοισι τοῖσι Ἕλλησι οὐ συγγράφω· τὸ δὲ μὴ ἐπιστέαται αὐτῆς, τοῦτο φράσω. κάμηλος ἐν τοῖσι ὀπισθίοισι σκέλεσι ἔχει τέσσερας μηροὺς καὶ γούνατα τέσσερα, τά τε αἰδοῖα διὰ τῶν ὀπισθίων σκελέων πρὸς τὴν οὐρὴν τετραμμένα. οἱ δὲ δὴ Ἰνδοὶ τρόπῳ τοιούτῳ καὶ 104 ζεύξι τοιαύτῃ χρεώμενοι ἐλαύνουσι ἐπὶ τὸν χρυσὸν λελογισμένως ὅκως [ἂν] καυμάτων τῶν θερμοτάτων ἐόντων ἔσονται ἐν τῇ ἁρπαγῇ· ὑπὸ γὰρ τοῦ καύματος οἱ μύρμηκες ἀφανέες γίνονται ὑπὸ γῆν. θερμότατος δέ ἐστι ὁ ἥλιος τούτοισι 2 τοῖσι ἀνθρώποισι τὸ ἑωθινόν, οὐ κατά περ τοῖσι ἄλλοισι μεσαμβρίης, ἀλλ᾽ ὑπερτείλας μέχρι οὗ ἀγορῆς διαλύσιος. τοῦτον δὲ τὸν χρόνον καίει πολλῷ μᾶλλον ἢ τῇ μεσαμβρίῃ τὴν Ἑλλάδα, οὕτως ὥστε ἐν ὕδατι λόγος αὐτούς ἐστι βρέχεσθαι τηνικαῦτα. μεσοῦσα δὲ ἡ ἡμέρη σχεδὸν παρα- 3 πλησίως καίει τούς ⟨τε⟩ ἄλλους ἀνθρώπους καὶ τοὺς Ἰνδούς. ἀποκλινομένης δὲ τῆς μεσαμβρίης γίνεταί σφι ὁ ἥλιος κατά περ τοῖσι ἄλλοισι ὁ ἑωθινός. καὶ τὸ ἀπὸ τούτου ἀπιὼν ἐπὶ μᾶλλον ψύχει, ἐς ὃ ἐπὶ δυσμῇσι ἐὼν καὶ τὸ κάρτα ψύχει. ἐπεὰν δὲ ἔλθωσι ἐς τὸν χῶρον οἱ Ἰνδοὶ 105 ἔχοντες θυλάκια, ἐμπλήσαντες ταῦτα τῆς ψάμμου τὴν ταχίστην ἐλαύνουσι ὀπίσω· αὐτίκα γὰρ οἱ μύρμηκες ὀδμῇ, ὡς δὴ λέγεται ὑπὸ Περσέων, μαθόντες διώκουσι. εἶναι δὲ ταχυτῆτα οὐδενὶ ἑτέρῳ ὅμοιον, οὕτως ὥστε, εἰ μὴ προλαμβάνειν τοὺς Ἰνδοὺς τῆς ὁδοῦ ἐν ᾧ τοὺς μύρμηκας συλλέγεσθαι, οὐδένα ἄν σφεων ἀποσῴζεσθαι. τοὺς μέν νυν 2 ἔρσενας τῶν καμήλων, εἶναι γὰρ ἥσσονας θέειν τῶν θηλέων, [καὶ] παραλύεσθαι ἐπελκομένους, οὐκ ὁμοῦ ἀμφοτέρους· τὰς

---

1 γράφω P   3 et 4 τέσσαρ. CRV   4 τε] δὲ PRSV
6 ζεύξει ABCPR : ζεύξη SV   7 ὅπως SV   ἂν] αὐτῶν RSV:
del. Bekker   καυμάτων τῶν om. RSV   9 τὴν γῆν RSV
10 τὸ ἑωθ. om. ABC   οὐ om. AB   κατά περ τ. ἄ. om. ABC
11 μεσημβρ. ABRSV (item 12 et 16 RSV)   ὑπὲρ τείλης RV
μέχρις L   13 ὡς ἐν RSV   ἐστι om. R   14 ἡ om. RSV
15 τε add. Aldus   16 ἀποκλιναμ. ABC : ἀποκλιομ. V   17 ὁ om.
RSV   18 ἀπιὼν Schaefer: ἐπιὼν L   pr. ἐπὶ] ἔτι ABCP   26 θεῖν L
θηλέων CV: θηλεῶν rell.   27 καὶ om. PRSV   ἐφελκ. οὐχ ABC

III. 105

δὲ θηλέας ἀναμιμνησκομένας τῶν ἔλιπον τέκνων ἐνδιδόναι μαλακὸν οὐδέν. τὸν μὲν δὴ πλέω τοῦ χρυσοῦ οὕτω [οἱ] Ἰνδοὶ κτῶνται, ὡς Πέρσαι φασί· ἄλλος δὲ σπανιώτερός ἐστι ἐν τῇ χώρῃ ὀρυσσόμενος.

106 Αἱ δ' ἐσχατιαί κως τῆς οἰκεομένης τὰ κάλλιστα ἔλαχον, κατά περ ἡ Ἑλλὰς τὰς ὥρας πολλόν τι κάλλιστα κεκρημένας 2 ἔλαχε. τοῦτο μὲν γὰρ πρὸς τὴν ἠῶ ἐσχάτη τῶν οἰκεομένων ἡ Ἰνδική ἐστι, ὥσπερ ὀλίγῳ πρότερον εἴρηκα· ἐν ταύτῃ τοῦτο μὲν τὰ ἔμψυχα, τετράποδά τε καὶ τὰ πετεινά, πολλῷ μέζω ἢ ἐν τοῖσι ἄλλοισι χωρίοισί ἐστι, πάρεξ τῶν ἵππων (οὗτοι δὲ ἑσσοῦνται ὑπὸ τῶν Μηδικῶν, Νησαίων δὲ καλευμένων ἵππων), τοῦτο δὲ χρυσὸς ἄπλετος αὐτόθι ἐστί, ὁ μὲν ὀρυσσόμενος, ὁ δὲ καταφορεύμενος ὑπὸ τῶν ποταμῶν, ὁ δὲ 3 ὥσπερ ἐσήμηνα ἁρπαζόμενος. τὰ δὲ δένδρεα τὰ ἄγρια αὐτόθι φέρει καρπὸν εἴρια καλλονῇ τε προφέροντα καὶ ἀρετῇ τῶν ἀπὸ τῶν οἴων· καὶ ἐσθῆτι Ἰνδοὶ ἀπὸ τούτων τῶν 107 δενδρέων χρέωνται. πρὸς δ' αὖ μεσαμβρίης ἐσχάτη Ἀραβίη τῶν οἰκεομένων χωρέων ἐστί, ἐν δὲ ταύτῃ λιβανωτός τέ ἐστι μούνῃ χωρέων πασέων φυόμενος καὶ σμύρνη καὶ κασίη καὶ κινάμωμον καὶ λήδανον. ταῦτα πάντα πλὴν τῆς σμύρνης 2 δυσπετέως κτῶνται οἱ Ἀράβιοι. τὸν μέν γε λιβανωτὸν συλλέγουσι τὴν στύρακα θυμιῶντες, τὴν ἐς Ἕλληνας Φοίνικες ἐξάγουσι· ταύτην θυμιῶντες λαμβάνουσι· τὰ γὰρ δένδρεα ταῦτα τὰ λιβανωτοφόρα ὄφιες ὑπόπτεροι, σμικροὶ τὰ μεγάθεα, ποικίλοι τὰ εἴδεα, φυλάσσουσι πλήθεϊ πολλοὶ περὶ δένδρον ἕκαστον, οὗτοι οἵ περ ἐπ' Αἴγυπτον ἐπιστρα-

---

1 διδόναι A B C   2 τὸν] τὸ C   οὗτοι A B C   οἱ om. R S V
5 οἴκημ. A B C: οἰκουμ. rell.   6 χώρας R S V   κάλλιστον R S [V]
κεκριμ. R S V : κεκραμ. rell.   7 μὲν om. R S V   ἕω A B C P
8 ὀλίγον A B C [V]   9 πετηνὰ A B   10 μείζω A B   ἐν
om. C   11 οὗτοι Stephanus : τούτῳ C P : τοῦτο rell.   Νησ. τε C
13 ὁ δὲ καταφορ. om. R S V   τῶν om. A B C P   14 δὲ om. R
τὰ om. R S V   17 μεσημβρίης R S V   18 δὲ om. R S V
20 κιvv. S V   21 εὐπετέως A B C P   22 στύρικα R S V   ἐς
om. R S V   23 λαμβάνωσιν R   24 ταῦτα om. R S V   μικροὶ L
26 δένδρων R   ἐπ' om. R S V

ΙΣΤΟΡΙΩΝ Γ

τεύονται. οὐδενὶ δὲ ἄλλῳ ἀπελαύνονται ἀπὸ τῶν δενδρέων ἢ τῆς στύρακος τῷ καπνῷ. λέγουσι δὲ καὶ τόδε Ἀράβιοι, ὡς πᾶσα ἂν γῆ ἐπίμπλατο τῶν ὀφίων τούτων, εἰ μὴ γίνεσθαι κατ' αὐτοὺς οἷόν τι καὶ κατὰ τὰς ἐχίδνας ἠπιστάμην γίνεσθαι. καί κως τοῦ θείου ἡ προνοίη, ὥσπερ καὶ οἰκός ἐστι, ἐοῦσα σοφή, ὅσα μὲν [γὰρ] ψυχήν τε δειλὰ καὶ ἐδώδιμα, ταῦτα μὲν πάντα πολύγονα πεποίηκε, ἵνα μὴ ἐπιλίπῃ κατεσθιόμενα, ὅσα δὲ σχέτλια καὶ ἀνιηρά, ὀλιγόγονα. τοῦτο μέν, ὅτι ὁ λαγὸς ὑπὸ παντὸς θηρεύεται θηρίου καὶ ὄρνιθος καὶ ἀνθρώπου, οὕτω δή τι πολύγονός ἐστι· ἐπικυΐσκεται μοῦνον πάντων θηρίων, καὶ τὸ μὲν δασὺ τῶν τέκνων ἐν τῇ γαστρί, τὸ δὲ ψιλόν, τὸ δὲ ἄρτι ἐν τῇσι μήτρῃσι πλάσσεται, τὸ δὲ ἀναιρέεται. τοῦτο μὲν δὴ τοιοῦτόν ἐστι, ἡ δὲ δὴ λέαινα, ἐὸν ἰσχυρότατον καὶ θρασύτατον, ἅπαξ ἐν τῷ βίῳ τίκτει ἕν· τίκτουσα γὰρ συνεκβάλλει τῷ τέκνῳ τὰς μήτρας. τὸ δὲ αἴτιον τούτου τόδε ἐστί· ἐπεὰν ὁ σκύμνος ἐν τῇ μητρὶ ἐὼν ἄρχηται διακινεόμενος, ὁ δὲ ἔχων ὄνυχας θηρίων πολλὸν πάντων ὀξυτάτους ἀμύσσει τὰς μήτρας, αὐξόμενός τε δὴ πολλῷ μᾶλλον ἐσικνέεται καταγράφων· πέλας τε δὴ ὁ τόκος ἐστὶ καὶ τὸ παράπαν λείπεται αὐτέων ὑγιὲς οὐδέν. ὣς δὲ καὶ αἱ ἔχιδναί τε καὶ οἱ ἐν Ἀραβίοισι ὑπόπτεροι ὄφιες εἰ ἐγίνοντο ὡς ἡ φύσις αὐτοῖσι ὑπάρχει, οὐκ ἂν ἦν βιώσιμα ἀνθρώποισι· νῦν δὲ ἐπεὰν θορνύωνται κατὰ ζεύγεα καὶ ἐν αὐτῇ ᾖ ὁ ἔρσην τῇ ἐκποιήσι, ἀπιεμένου αὐτοῦ τὴν γονὴν ἡ θήλεα ἅπτεται τῆς δειρῆς καὶ ἐμφῦσα οὐκ ἀνίει πρὶν [ἂν] διαφάγῃ. ὁ μὲν δὴ ἔρσην ἀποθνῄσκει τρόπῳ τῷ εἰρημένῳ,

III. 107

108

2

3

4

109

2

---

2 τῷ om. R S V   3 ἐπιμπλέετο P R S Vᶜ : ἔπιπλ. V¹   τῶν om. A B C   4 αὐτοὺς] a. ἀπηγέοντο R S V   καὶ κατὰ Schweighaeuser : καὶ R S V : κατὰ A B C P   ἠπιστάμην del. Krueger   5 προνοίη C   εἰκός S V   ὃῦσα om. R S V   6 γὰρ fere eras. C : γε Stein   7 ἐπιλίπηται A B C   8 ἀνιητά R S V   9 λαγῶς A B C P R   ἅπαντος R S V   10 πολύγονόν A B C P   13 τοιοῦτό A B C P   δὴ om. A B C   15 τίκτουσι R   16 μητρὶ Bekker : μήτρῃ(ι) L   18 αὐξανόμενός R S V   19 καταγνάφων S   20 αὐτέων L omnes   21 αἱ om. R S V   23 θορνύωνται R S V   24 ἐκποιήσει L   ἀπιευμένου C   25 δερῆς R S V   ἂν om. A B C

HDT. I.

ἡ δὲ θήλεα τίσιν τοιήνδε ἀποτίνει τῷ ἕρσενι· τῷ γονέι
τιμωρέοντα ἔτι ἐν [τῇ] γαστρὶ ἐόντα τὰ τέκνα διεσθίει τὴν
μητέρα, διαφαγόντα δὲ τὴν νηδὺν αὐτῆς οὕτω τὴν ἔκδυσιν
3 ποιέεται. οἱ δὲ ἄλλοι ὄφιες ἐόντες ἀνθρώπων οὐ δηλήμονες
τίκτουσί τε ᾠὰ καὶ ἐκλέπουσι πολλόν τι χρῆμα τῶν τέκνων.
αἱ μέν νυν ἔχιδναι κατὰ πᾶσαν [τὴν] γῆν εἰσι, οἱ δὲ ὑπόπτεροι
ἐόντες ἀθρόοι εἰσὶ ἐν τῇ Ἀραβίῃ καὶ οὐδαμῇ ἄλλῃ· κατὰ
τοῦτο δοκέουσι πολλοὶ εἶναι.

110 Τὸν μὲν δὴ λιβανωτὸν τοῦτον οὕτω κτῶνται Ἀράβιοι,
τὴν δὲ κασίην ὧδε· ἐπεὰν καταδήσωνται βύρσῃσι καὶ δέρμασι
ἄλλοισι πᾶν τὸ σῶμα καὶ τὸ πρόσωπον πλὴν αὐτῶν τῶν
ὀφθαλμῶν, ἔρχονται ἐπὶ τὴν κασίην· ἡ δὲ ἐν λίμνῃ φύεται
οὐ βαθέῃ, περὶ δὲ αὐτὴν καὶ ἐν αὐτῇ αὐλίζεταί κου θηρία
πτερωτά, τῇσι νυκτερίσι προσείκελα μάλιστα, καὶ τέτριγε
δεινόν, καὶ ἐς ἀλκὴν ἄλκιμα· τὰ δεῖ ἀπαμυνομένους ἀπὸ
111 τῶν ὀφθαλμῶν οὕτω δρέπειν τὴν κασίην. τὸ δὲ δὴ κινά-
μωμον ἔτι τούτων θωμαστότερον συλλέγουσι· ὅκου μὲν γὰρ
γίνεται καὶ ἥτις μιν γῆ ἡ τρέφουσά ἐστι, οὐκ ἔχουσι εἰπεῖν,
πλὴν ὅτι λόγῳ οἰκότι χρεώμενοι ἐν τοισίδε χωρίοισί φασι
2 τινες αὐτὸ φύεσθαι ἐν τοῖσι ὁ Διόνυσος ἐτράφη. ὄρνιθας
δὲ λέγουσι μεγάλας φορέειν ταῦτα τὰ κάρφεα τὰ ἡμεῖς ἀπὸ
Φοινίκων μαθόντες κινάμωμον καλέομεν, φορέειν δὲ τὰς
ὄρνιθας ἐς νεοσσιὰς προσπεπλασμένας ἐκ πηλοῦ πρὸς
ἀποκρήμνοισι ὄρεσι, ἔνθα πρόσβασιν ἀνθρώπῳ οὐδεμίαν
3 εἶναι. πρὸς ὦν δὴ ταῦτα τοὺς Ἀραβίους σοφίζεσθαι τάδε,
βοῶν τε καὶ ὄνων τῶν ἀπογινομένων καὶ τῶν ἄλλων ὑπο-
ζυγίων τὰ μέλεα διαταμόντας ὡς μέγιστα κομίζειν ἐς ταῦτα

1 τίσι R [V]   ἀποτείνει A B R¹ : ἀποκτείνει Rᶜ(1)   2 τῇ om. R S V
τὴν μήτραν Λ B C : om. P   5 τέκνων] ὀφίων A B C   6 μέν] μὲν δή
R S V   τὴν om. R S V   11 πλὴν] πᾶν C, del. 1   14 ταῖς
R S V   προσίκελα S V   15 δεῖ A B : δὴ rell.   ἀπαμυναμ. S V
16 δρέπει C   κινν. B S V   17 θωυμ. L   οὔκουν C   19 ὅτι] ἢ
R S V   εἰκότι R S V   χρώμενοι R V   22 κινν. B Sᵛᶜ   τὰς
Stein : τοὺς L   23 νοσσιὰς R   προσπελασμένας C   24 ἀνθρώπων
R S V   27 διατάμνοντες R : διατέμνοντες S V

ΙΣΤΟΡΙΩΝ Γ

τὰ χωρία καί σφεα θέντας ἀγχοῦ τῶν νεοσσιέων ἀπαλλάσσεσθαι ἑκὰς αὐτέων· τὰς δὲ ὄρνιθας καταπταμένας [αὐτῶν] τὰ μέλεα τῶν ὑποζυγίων ἀναφορέειν ἐπὶ τὰς νεοσσιάς, τὰς δὲ οὐ δυναμένας ἴσχειν καταρρήγνυσθαι ἐπὶ γῆν, τοὺς δὲ ἐπιόντας συλλέγειν. οὕτω μὲν τὸ κινάμωμον συλλεγόμενον ἐκ τούτων ἀπικνέεσθαι ἐς τὰς ἄλλας χώρας. τὸ δὲ δὴ 112 λήδανον, τὸ καλέουσι Ἀράβιοι λάδανον, ἔτι τούτου θωμασιώτερον γίνεται. ἐν γὰρ δυσοδμοτάτῳ γινόμενον εὐωδέστατόν ἐστι· τῶν γὰρ αἰγῶν τῶν τράγων ἐν τοῖσι πώγωσι εὑρίσκεται ἐγγινόμενον οἷον γλοιὸς ἀπὸ τῆς ὕλης. χρήσιμον δ' ἐς πολλὰ τῶν μύρων ἐστί, θυμιῶσί τε μάλιστα τοῦτο Ἀράβιοι.

Τοσαῦτα μὲν θυωμάτων πέρι εἰρήσθω, ἀπόζει δὲ τῆς 113 χώρης τῆς Ἀραβίης θεσπέσιον ὡς ἡδύ. δύο δὲ γένεα ὀίων σφι ἔστι θώματος ἄξια, τὰ οὐδαμόθι ἑτέρωθι ἔστι· τὸ μὲν αὐτῶν ἕτερον ἔχει τὰς οὐρὰς μακράς, τριῶν πήχεων οὐκ ἐλάσσονας, τὰς εἴ τις ἐπείη σφι ἐπέλκειν, ἕλκεα ἂν ἔχοιεν ἀνατριβομένων πρὸς τῇ γῇ τῶν οὐρέων· νῦν δ' ἅπας 2 τις τῶν ποιμένων ἐπίσταται ξυλοργέειν ἐς τοσοῦτον· ἁμαξίδας γὰρ ποιεῦντες ὑποδέουσι αὐτὰς τῇσι οὐρῇσι, ἑνὸς ἑκάστου κτήνεος τὴν οὐρὴν ἐπὶ ἁμαξίδα ἑκάστην καταδέοντες. τὸ δὲ ἕτερον γένος τῶν ὀίων τὰς οὐρὰς πλατέας φορέουσι καὶ ἐπὶ πῆχυν πλάτος.

Ἀποκλινομένης δὲ μεσαμβρίης παρήκει πρὸς δύνοντα 114 ἥλιον ἡ Αἰθιοπίη χώρη ἐσχάτη τῶν οἰκεομένων· αὕτη δὲ χρυσόν τε φέρει πολλὸν καὶ ἐλέφαντας ἀμφιλαφέας καὶ

ΗΡΟΔΟΤΟΥ

δένδρεα πάντα ἄγρια καὶ ἔβενον καὶ ἄνδρας μεγίστους καὶ καλλίστους καὶ μακροβιωτάτους.

115 Αὗται μέν νυν ἔν τε τῇ Ἀσίῃ ἐσχατιαί εἰσι καὶ ἐν τῇ Λιβύῃ· περὶ δὲ τῶν ἐν τῇ Εὐρώπῃ τῶν πρὸς ἑσπέρην ἐσχατιέων ἔχω μὲν οὐκ ἀτρεκέως λέγειν· οὔτε γὰρ ἔγωγε ἐνδέκομαι Ἠριδανόν τινα καλέεσθαι πρὸς βαρβάρων ποταμὸν ἐκδιδόντα ἐς θάλασσαν τὴν πρὸς βορέην ἄνεμον, ἀπ' ὅτευ τὸ ἤλεκτρον φοιτᾶν λόγος ἐστί, οὔτε νήσους οἶδα Κασσιτε-
2 ρίδας ἐούσας, ἐκ τῶν ὁ κασσίτερος ἡμῖν φοιτᾷ. τοῦτο μὲν γὰρ ὁ Ἠριδανὸς αὐτὸ κατηγορέει τὸ οὔνομα ὡς ἔστι Ἑλληνικὸν καὶ οὐ βάρβαρον, ὑπὸ ποιητέω δέ τινος ποιηθέν· τοῦτο δὲ οὐδενὸς αὐτόπτεω γενομένου δύναμαι ἀκοῦσαι, τοῦτο μελετῶν, ὅκως θάλασσά ἐστι τὰ ἐπέκεινα τῆς Εὐρώπης. ἐξ ἐσχάτης δ' ὦν ὅ τε κασσίτερος ἡμῖν φοιτᾷ καὶ τὸ
116 ἤλεκτρον. πρὸς δὲ ἄρκτου τῆς Εὐρώπης πολλῷ τι πλεῖστος χρυσὸς φαίνεται ἐών. ὅκως μὲν γινόμενος, οὐκ ἔχω οὐδὲ τοῦτο ἀτρεκέως εἶπαι, λέγεται δὲ ὑπὲκ τῶν γρυπῶν ἁρπάζειν
2 Ἀριμασποὺς ἄνδρας μουνοφθάλμους. πείθομαι δὲ οὐδὲ τοῦτο, ὅκως μουνόφθαλμοι ἄνδρες φύονται, φύσιν ἔχοντες
3 τὴν ἄλλην ὁμοίην τοῖσι ἄλλοισι ἀνθρώποισι. αἱ δὲ ὦν ἐσχατιαὶ οἴκασι, περικληίουσαι τὴν ἄλλην χώρην καὶ ἐντὸς ἀπέργουσαι, τὰ κάλλιστα δοκέοντα ἡμῖν εἶναι καὶ σπανιώτατα ἔχειν αὐτά.

117 Ἔστι δὲ πεδίον ἐν τῇ Ἀσίῃ περικεκλημένον ὄρεϊ πάντοθεν, διασφάγες δὲ τοῦ ὄρεός εἰσι πέντε· τοῦτο τὸ πεδίον ἦν μέν κοτε Χορασμίων, ἐν οὔροισι ἐὸν Χορασμίων τε αὐτῶν καὶ

1 ἅπαντα RSV   3 ἐσχαταί ABC   6 τινα om. ABCP
7 βορὴν RSV   ἀπό τε C   10 καὶ (del. 1) ὥς C   11 οὐ βάρβαρον PRSV Eustath. Dion. 14 : οὔτε βαρβαρικὸν A : οὔτι βαρβαρικόν C : om. B   ποιητοῦ ABCP   12 τοῦτο] οὔτε ABCP   γιν. C   οὐ δύναμαι ABC   13 με λέγων RS (-ειν) [V]   τῆς om. ABCP
14 ἐσχάτων PR : ἐσχάτου S[V]   τε om. ABCP   15 τι om. A
17 εἶπε CRV   ὑπὲρ ABP : ὑπὸ C   ἀναρπάζειν RSV   18 Ἀριμαστοὺς RV   μονοφθ. RSV   20 δὴ PRSV   21 -κλεί- CSV   23 αὗται ABCP : αὐταί Stein   24 -κλειμ- C : -κλη(ι)σμ- PRV : -κλεισμ- S   26 ποτε RV   ἐν .. Χορ. om. ABC   οὔροισι Pᶜ : οὔρεσι(ν) P¹ RSV   αὐτέων RSV

ΙΣΤΟΡΙΩΝ Γ

Ὑρκανίων καὶ Πάρθων καὶ Σαραγγέων καὶ Θαμαναίων, ἐπείτε δὲ Πέρσαι ἔχουσι τὸ κράτος, ἐστὶ τοῦ βασιλέος. ἐκ 2 δὴ ὧν τοῦ περικληίοντος ὄρεος τούτου ῥέει ποταμὸς μέγας, οὔνομα δέ οἵ ἐστι Ἄκης. οὗτος πρότερον μὲν ἄρδεσκε διαλελαμμένος πενταχοῦ τούτων τῶν εἰρημένων τὰς χώρας, διὰ διασφάγος ἀγόμενος ἑκάστης ἑκάστοισι, ἐπείτε δὲ ὑπὸ τῷ Πέρσῃ εἰσί, πεπόνθασι τοιόνδε· τὰς διασφάγας τῶν 3 ὀρέων ἐνδείμας ὁ βασιλεὺς πύλας ἐπ' ἑκάστῃ διασφάγι ἔστησε, ἀποκεκλημένου δὲ τοῦ ὕδατος τῆς διεξόδου τὸ πεδίον τὸ ἐντὸς τῶν ὀρέων πέλαγος γίνεται, ἐκδιδόντος μὲν τοῦ ποταμοῦ, ἔχοντος δὲ οὐδαμῇ ἐξήλυσιν. οὗτοι ὦν οἵ 4 περ ἔμπροσθε ἐώθεσαν χρᾶσθαι τῷ ὕδατι, οὐκ ἔχοντες αὐτῷ χρᾶσθαι συμφορῇ μεγάλῃ διαχρέωνται. τὸν μὲν γὰρ χειμῶνα ὕει σφι ὁ θεὸς ὥσπερ καὶ τοῖσι ἄλλοισι ἀνθρώποισι, τοῦ δὲ θέρεος σπείροντες μελίνην καὶ σήσαμον χρηίσκονται τῷ ὕδατι. ἐπεὰν ὧν μηδέν σφι παραδιδῶται τοῦ ὕδατος, 5 ἐλθόντες ἐς τοὺς Πέρσας αὐτοί τε καὶ γυναῖκες, στάντες κατὰ τὰς θύρας τοῦ βασιλέος βοῶσι ὠρυόμενοι, ὁ δὲ βασιλεὺς τοῖσι δεομένοισι αὐτῶν μάλιστα ἐντέλλεται ἀνοίγειν τὰς πύλας τὰς ἐς τοῦτο φερούσας. ἐπεὰν δὲ διάκορος ἡ γῆ 6 σφεων γένηται πίνουσα τὸ ὕδωρ, αὗται μὲν αἱ πύλαι ἀποκληίονται, ἄλλας δ' ἐντέλλεται ἀνοίγειν ἄλλοισι τοῖσι δεομένοισι μάλιστα τῶν λοιπῶν. ὡς δ' ἐγὼ οἶδα ἀκούσας, χρήματα μεγάλα πρησσόμενος ἀνοίγει πάρεξ τοῦ φόρου. ταῦτα μὲν δὴ ἔχει οὕτω.

1 Σαραγγαίων C R S V: corr. C¹ Θωμαναίων A B C P 2 ἐπεὶ R S V 3 -κλεί- C S 4 Ἄκις S V Hesych. s. v. (?) 5 διαλελαμενος C P R S V πενταχοῦ Pᶜ (1): πανταχοῦ L τοῦτον τὸν εἰρημένον R 6 ἑκάστης om. Λᵗ ἑκάστοισι om. B 8 ἐφ' Λ B C 9 -κλειμ- C: -κλεισμ- S: -κλη(ι)σμ- P R V ἐξόδου Λ B C 10 τὸ om. R S V ἐκδιδόντος Madvig: ἐνδιδ. L 11 ᾧ R V οἵπερ πρόσθεν R: οἱ πρόσθεν S: οἱ πέρσαι πρόσθεν V 12 ἑώθασι R S V 15 μελίην R S V χρηίσκονται Portus: χρηίσκοντο L 16 μηδέν σφισι Λ B: μηδέ σφισι C: σφι μηδὲν R S V 18 ὠρυώμενοι R V (ὁρ.) 19 αὐτέων R S V 20 τούτους P R S V φορεούσας P R V ἐπειδὰν C

118 Τῶν δὲ τῷ μάγῳ ἐπαναστάντων ἑπτὰ ἀνδρῶν ἕνα [αὐτῶν] Ἰνταφρένεα κατέλαβε ὑβρίσαντα τάδε ἀποθανεῖν αὐτίκα μετὰ τὴν ἐπανάστασιν· ἤθελε ἐς τὰ βασιλήια ἐσελθὼν χρηματίσασθαι τῷ βασιλέι· καὶ γὰρ δὴ καὶ ὁ νόμος οὕτω εἶχε, τοῖσι ἐπαναστᾶσι τῷ μάγῳ ἔσοδον εἶναι παρὰ βασιλέα ἄνευ ἀγγέλου, ἢν μὴ γυναικὶ τυγχάνῃ μισγόμενος 2 βασιλεύς. οὐκ ὦν δὴ ὁ Ἰνταφρένης ἐδικαίου οὐδένα οἱ ἐσαγγεῖλαι, ἀλλ' ὅτι ἦν τῶν ἑπτά, ἐσιέναι ἤθελε· ὁ δὲ πυλουρὸς καὶ ὁ ἀγγελιηφόρος οὐ περιώρων, φάμενοι τὸν βασιλέα γυναικὶ μίσγεσθαι. ὁ δὲ Ἰνταφρένης δοκέων σφέας ψεύδεα λέγειν ποιέει τοιάδε· σπασάμενος τὸν ἀκινάκεα ἀποτάμνει αὐτῶν τά τε ὦτα καὶ τὰς ῥῖνας, καὶ ἀνείρας περὶ τὸν χαλινὸν τοῦ ἵππου περὶ τοὺς αὐχένας σφέων ἔδησε καὶ 119 ἀπῆκε. οἱ δὲ τῷ βασιλέι δεικνύουσι ἑωυτοὺς καὶ τὴν αἰτίην εἶπον δι' ἣν πεπονθότες εἴησαν. Δαρεῖος δὲ ἀρρωδήσας μὴ κοινῷ λόγῳ οἱ ἓξ πεποιηκότες ἔωσι ταῦτα, μεταπεμπόμενος ἕνα ἕκαστον ἀπεπειρᾶτο γνώμης, εἰ συνέπαινοί εἰσι τῷ 2 πεποιημένῳ. ἐπείτε δὲ ἐξέμαθε ὡς οὐ σὺν κείνοισι εἴη ταῦτα πεποιηκώς, ἔλαβε αὐτόν τε τὸν Ἰνταφρένεα καὶ τοὺς παῖδας αὐτοῦ καὶ τοὺς οἰκηίους πάντας, ἐλπίδας πολλὰς ἔχων μετὰ τῶν συγγενέων μιν ἐπιβουλεύειν οἱ ἐπανάστασιν, 3 συλλαβὼν δέ σφεας ἔδησε τὴν ἐπὶ θανάτῳ. ἡ δὲ γυνὴ τοῦ Ἰνταφρένεος φοιτῶσα ἐπὶ τὰς θύρας τοῦ βασιλέος κλαίεσκε ἂν καὶ ὀδυρέσκετο· ποιεῦσα δὲ αἰεὶ τὠυτὸ τοῦτο τὸν Δαρεῖον ἔπεισε οἰκτῖραί μιν, πέμψας δὲ ἄγγελον ἔλεγε τάδε· Ὦ γύναι, βασιλεύς τοι Δαρεῖος διδοῖ ἕνα τῶν δεδεμένων οἰκηίων 4 ῥύσασθαι τὸν βούλεαι ἐκ πάντων. ἡ δὲ βουλευσαμένη

2 αὐτῶν del. Schenkl Ἰνταφέρν- semper A B C E P
4 ἐλθὼν R S V δὴ καὶ om. R S V : καὶ om. P 6 τύχῃ R S V
7 ὁ om. A B C P 8 εἰσιέναι Λ B 9 ὁ om. A B C ἀγγελιηφ.
R S V 11 τάδε S solus 14 ἀφῆκε(ν) A B C δεικνύασι(ν)
A B C P 17 ἐπειρᾶτο R S V 18 ἔμαθεν R S V σὺν κείνοισι
Stein : συγκειμένοισι A B C E (hic τοῖς ἄλλοισιν addit): σὺν ἐκείν.
P R S V 19 τὸν παῖδα A B C E 21 μιν om. E 22 ἔδεισε R
24 ἂν om. S ποιοῦσα A B C 25 ἔπειθεν R S V οἰκτείραί L
27 βουλομένη R S V

ὑπεκρίνετο τάδε· Εἰ μὲν δή μοι διδοῖ βασιλεὺς ἑνὸς τὴν ψυχήν, αἱρέομαι ἐκ πάντων τὸν ἀδελφεόν. πυθόμενος δὲ 5 Δαρεῖος ταῦτα καὶ θωμάσας τὸν λόγον πέμψας ἠγόρευε· Ὦ γύναι, εἰρωτᾷ σε βασιλεὺς τίνα ἔχουσα γνώμην τὸν ἄνδρα τε καὶ τὰ τέκνα ἐγκαταλιποῦσα τὸν ἀδελφεὸν εἵλευ περιεῖναί τοι, ὃς καὶ ἀλλοτριώτερός.τοι τῶν παίδων καὶ ἧσσον κεχαρισμένος τοῦ ἀνδρός ἐστι. ἡ δ᾽ ἀμείβετο τοισίδε· 6 Ὦ βασιλεῦ, ἀνὴρ μὲν ἄν μοι ἄλλος γένοιτο, εἰ δαίμων ἐθέλοι, καὶ τέκνα ἄλλα, εἰ ταῦτα ἀποβάλοιμι· πατρὸς δὲ καὶ μητρὸς οὐκέτι μευ ζωόντων ἀδελφεὸς ἂν ἄλλος οὐδενὶ τρόπῳ γένοιτο. ταύτῃ τῇ γνώμῃ χρεωμένη ἔλεξα ταῦτα. εὖ τε δὴ ἔδοξε τῷ Δαρείῳ εἰπεῖν ἡ γυνὴ καί οἱ ἀπῆκε τοῦτόν 7 τε τὸν παραιτέετο καὶ τῶν παίδων τὸν πρεσβύτατον, ἡσθεὶς αὐτῇ, τοὺς δὲ ἄλλους ἀπέκτεινε πάντας. τῶν μὲν δὴ ἑπτὰ εἷς αὐτίκα τρόπῳ τῷ εἰρημένῳ ἀπολώλεε.

Κατὰ δέ κου μάλιστα τὴν Καμβύσεω νοῦσον ἐγίνετο 120 τάδε. ὑπὸ Κύρου κατασταθεὶς ἦν Σαρδίων ὕπαρχος Ὀροίτης ἀνὴρ Πέρσης. οὗτος ἐπεθύμησε πρήγματος οὐκ ὁσίου· οὔτε γάρ τι παθὼν οὔτε ἀκούσας μάταιον ἔπος πρὸς Πολυκράτεος τοῦ Σαμίου οὐδὲ ἰδὼν πρότερον ἐπεθύμησε λαβὼν αὐτὸν ἀπολέσαι, ὡς μὲν οἱ πλεῦνες λέγουσι, διὰ τοιήνδε τινὰ αἰτίην· ἐπὶ τῶν βασιλέος θυρέων κατήμενον τόν τε Ὀροίτεα 2 καὶ ἄλλον Πέρσην τῷ οὔνομα εἶναι Μιτροβάτεα, νομοῦ ἄρχοντα τοῦ ἐν Δασκυλείῳ, τούτους ἐκ λόγων ἐς νείκεα συμπεσεῖν· κρινομένων δὲ περὶ ἀρετῆς εἰπεῖν τὸν Μιτροβάτεα τῷ Ὀροίτῃ προφέροντα· Σὺ γὰρ ἐν ἀνδρῶν λόγῳ, ὃς βασιλέϊ 3

1 ὑπεκρίνατο ABCE (ἀπ.) τὴν om. CP 2 αἱρέομεν R
3 θωμάσας CEPRSV 6 περιιέναι ABCE τοι ὃς] τὸ RSV
ἀλλοτριώτερός Reiske : -τατός ABCEP: -τατόν RSV 7 κεχαρισμένον RSV τοῖσδε L 8 μέν μοι ἂν ABP: μέντοι ἂν C
10 μοι(?) V 11 ἔλεξε EPRSV 17 τοιάδε C σταθεὶς
RSV 18 οὐχ AB 19 πρὸς om. RSV 20 οὔτε PRSV
ἐπεθύμεε ABCP λαβὸν R 21 οἱ μὲν S: οἱ μὲν
οἱ RV διὰ om. RSV 22 Ὀροίτην L[V] 23 τῷ]
τὸ RSV Μιτραβ. B 24 εἰς RV 25 συμπεσέειν L
26 ὡς C

νῆσον Σάμον πρὸς τῷ σῷ νομῷ προσκειμένην οὐ προσεκτήσαο, ὧδε δή τι ἐοῦσαν εὐπετέα χειρωθῆναι, τὴν τῶν τις ἐπιχωρίων πεντεκαίδεκα ὁπλίτῃσι ἐπαναστὰς ἔσχε καὶ νῦν αὐτῆς 4 τυραννεύει. οἱ μὲν δή μίν φασι τοῦτο ἀκούσαντα καὶ ἀλγήσαντα τῷ ὀνείδεϊ ἐπιθυμῆσαι οὐκ οὕτω τὸν εἴπαντα ταῦτα τείσασθαι ὡς Πολυκράτεα πάντως ἀπολέσαι, δι' 121 ὅντινα κακῶς ἤκουσε. οἱ δὲ ἐλάσσονες λέγουσι πέμψαι Ὀροίτεα ἐς Σάμον κήρυκα ὅτευ δὴ χρήματος δεησόμενον (οὐ γὰρ ὦν δὴ τοῦτό γε λέγεται), καὶ τὸν Πολυκράτεα τυχεῖν κατακείμενον ἐν ἀνδρεῶνι, παρεῖναι δέ οἱ καὶ Ἀνακρέοντα 2 τὸν Τήιον· καί κως εἴτε ἐκ προνοίης αὐτὸν κατηλογέοντα τὰ Ὀροίτεω πρήγματα, εἴτε καὶ συντυχίῃ τις τοιαύτη ἐπεγένετο· τόν τε γὰρ κήρυκα τὸν Ὀροίτεω παρελθόντα διαλέγεσθαι καὶ τὸν Πολυκράτεα (τυχεῖν γὰρ ἀπεστραμμένον πρὸς τὸν τοῖχον) οὔτε [τι] μεταστραφῆναι οὔτε τι ὑποκρί- 122 νασθαι. αἰτίαι μὲν δὴ αὗται διφάσιαι λέγονται τοῦ θανάτου τοῦ Πολυκράτεος γενέσθαι, πάρεστι δὲ πείθεσθαι ὁκοτέρῃ τις βούλεται αὐτέων. ὁ δὲ ὦν Ὀροίτης ἱζόμενος ἐν Μαγνησίῃ τῇ ὑπὲρ Μαιάνδρου ποταμοῦ οἰκημένῃ ἔπεμπε Μύρσον τὸν Γύγεω ἄνδρα Λυδὸν ἐς Σάμον ἀγγελίην φέροντα, 2 μαθὼν τοῦ Πολυκράτεος τὸν νόον. Πολυκράτης γάρ ἐστι πρῶτος τῶν ἡμεῖς ἴδμεν Ἑλλήνων ὃς θαλασσοκρατέειν ἐπενοήθη, πάρεξ Μίνω τε τοῦ Κνωσσίου καὶ εἰ δή τις ἄλλος πρότερος τούτου ἦρξε τῆς θαλάσσης· τῆς δὲ ἀνθρωπηίης λεγομένης γενεῆς Πολυκράτης πρῶτος, ἐλπίδας πολλὰς 3 ἔχων Ἰωνίης τε καὶ νήσων ἄρξειν. μαθὼν ὦν ταῦτά μιν διανοεύμενον ὁ Ὀροίτης πέμψας ἀγγελίην ἔλεγε τάδε·

1 κειμένην A B C   5 ὀνείδιει R   εἰπόντα P R S V   6 τίσασθαι L
διατίνα A B : διάτινα C   8 δὴ om. R S V   οὐ... λέγεται om. S
9 δὴ et γε om. R V   10 καὶ om. R   12 τὰ om. R S V
τοιαύτη τις R S V   14 ἐπεστραμμένον A B C (?) P   15 τὸν om.
R S V   τι del. Schaefer   μεταστρεφ. R V   τι om. A B C P
18 δὴ S   19 γῇ R S V   ἔπεμψε R S V   22 ἴσδμεν R
23 Μίνωος A B C P   Κνωσίου R, corr. 1   τῆς R V¹   24 τοῦτο C
25 Πολ. ἐστὶ πρῶτος S   27 πέμψας ἐς R S V

ΙΣΤΟΡΙΩΝ Γ

Ὀροίτης Πολυκράτεϊ ὧδε λέγει. πυνθάνομαί σε ἐπιβουλεύειν μὲν πρήγμασι μεγάλοισι, χρήματα δέ τοι οὐκ εἶναι κατὰ τὰ φρονήματα. σύ νυν ὧδε ποιήσας ὀρθώσεις μὲν σεωυτόν, σώσεις δὲ καὶ ἐμέ· ἐμοὶ γὰρ βασιλεὺς Καμβύσης ἐπιβουλεύει θάνατον καί μοι τοῦτο ἐξαγγέλλεται σαφηνέως. σύ νυν ἐμὲ ἐκκομίσας αὐτὸν καὶ χρήματα, τὰ μὲν αὐτῶν αὐτὸς ἔχε, τὰ δὲ ἐμὲ ἔα ἔχειν· εἵνεκέν τε χρημάτων ἄρξεις ἁπάσης τῆς Ἑλλάδος. εἰ δέ μοι ἀπιστέεις τὰ περὶ τῶν χρημάτων, πέμψον ὅστις τοι πιστότατος τυγχάνει ἐών, τῷ ἐγὼ ἀποδέξω. ταῦτα ἀκούσας ὁ Πολυκράτης ἥσθη τε καὶ ἐβούλετο· καί κως ἱμείρετο γὰρ χρημάτων μεγάλως, ἀποπέμπει πρῶτα κατοψόμενον Μαιάνδριον Μαιανδρίου ἄνδρα τῶν ἀστῶν, ὅς οἱ ἦν γραμματιστής· ὃς χρόνῳ οὐ πολλῷ ὕστερον τούτων τὸν κόσμον τὸν ἐκ τοῦ ἀνδρεῶνος τοῦ Πολυκράτεος ἐόντα ἀξιοθέητον ἀνέθηκε πάντα ἐς τὸ Ἥραιον. ὁ δὲ Ὀροίτης μαθὼν τὸν κατάσκοπον ἐόντα προσδόκιμον ἐποίεε τοιάδε· λάρνακας ὀκτὼ πληρώσας λίθων πλὴν κάρτα βραχέος τοῦ περὶ αὐτὰ τὰ χείλεα, ἐπιπολῆς τῶν λίθων χρυσὸν ἐπέβαλε, καταδήσας δὲ τὰς λάρνακας εἶχε ἑτοίμας. ἐλθὼν δὲ ὁ Μαιάνδριος καὶ θεησάμενος ἀπήγγελλε τῷ Πολυκράτεϊ. ὁ δὲ πολλὰ μὲν τῶν μαντίων ἀπαγορευόντων πολλὰ δὲ τῶν φίλων ἐστέλλετο αὐτὸς ἀπιέναι, πρὸς δὲ καὶ ἰδούσης τῆς θυγατρὸς ὄψιν ἐνυπνίου τοιήνδε· ἐδόκεέ οἱ τὸν πατέρα ἐν τῷ ἠέρι μετέωρον ἐόντα λοῦσθαι μὲν ὑπὸ τοῦ Διός, χρίεσθαι δὲ ὑπὸ τοῦ Ἡλίου. ταύτην ἰδοῦσα τὴν ὄψιν παντοίη ἐγίνετο μὴ ἀποδημῆσαι τὸν Πολυκράτεα παρὰ τὸν Ὀροίτεα, καὶ δὴ καὶ ἰόντος αὐτοῦ ἐπὶ τὴν πεντηκόντερον

1 σε ἐπιβουλ. μὲν SV: δε ἐπιβουλ. μὲν R: ἐπιβουλ. σε ABCP 2 χρήμ. δέ] καὶ χρήμ. ABCP 6 τὰ om. R 7 δ' ἐμὲ R: δ' SV 8 τῆς ἁπάσης RSV 9 πέμψων R 10 ὑποδέξω P ὁ om. ABCP 11 ἐμείρετο R 13 αὐτῶν R οἱ] εἰ R 14 τουτέων RSV 15 οἰραῖον R 16 μαθὸν R 18 τοῦ om. RSV ἐπεὶ πολλῆς C 20 καὶ θεησάμενος om. RSV ἀπήγγειλε S: ἀπήγγελε CV 21 μαντηίων CPRSV 22 αὐτόσι ABCP ἀπιέναι om. ABCP 24 λούεσθαι AB 25 ταύτης C 26 ἐγίνετο RSV 27 πεντηκότερον R

ἐπεφημίζετο. ὁ δέ οἱ ἠπείλησε, ἢν σῶς ἀπονοστήσῃ, πολλόν μιν χρόνον παρθενεύσεσθαι. ἡ δὲ ἠρήσατο ἐπιτελέα ταῦτα γενέσθαι· βούλεσθαι γὰρ παρθενεύεσθαι πλέω χρόνον 125 ἢ τοῦ πατρὸς ἐστερῆσθαι. Πολυκράτης δὲ πάσης συμβουλίης ἀλογήσας ἔπλεε παρὰ τὸν Ὀροίτεα, ἅμα ἀγόμενος ἄλλους τε πολλοὺς τῶν ἑταίρων, ἐν δὲ δὴ καὶ Δημοκήδεα τὸν Καλλιφῶντος Κροτωνιήτην ἄνδρα, ἰητρόν τε ἐόντα καὶ τὴν 2 τέχνην ἀσκέοντα ἄριστα τῶν κατ᾽ ἑωυτόν. ἀπικόμενος δὲ ἐς τὴν Μαγνησίην ὁ Πολυκράτης διεφθάρη κακῶς, οὔτε ἑωυτοῦ ἀξίως οὔτε τῶν ἑωυτοῦ φρονημάτων· ὅτι γὰρ μὴ οἱ Συρηκοσίων γενόμενοι τύραννοι, οὐδὲ εἷς τῶν ἄλλων Ἑλληνικῶν τυράννων ἄξιός ἐστι Πολυκράτεϊ μεγαλοπρεπείην 3 συμβληθῆναι. ἀποκτείνας δέ μιν οὐκ ἀξίως ἀπηγήσιος Ὀροίτης ἀνεσταύρωσε· τῶν δέ οἱ ἐπομένων ὅσοι μὲν ἦσαν Σάμιοι, ἀπῆκε, κελεύων σφέας ἑωυτῷ χάριν εἰδέναι ἐόντας ἐλευθέρους, ὅσοι δὲ ἦσαν ξεῖνοί τε καὶ δοῦλοι τῶν ἐπομένων, 4 ἐν ἀνδραπόδων λόγῳ ποιεύμενος εἶχε. Πολυκράτης δὲ ἀνακρεμάμενος ἐπετέλεε πᾶσαν τὴν ὄψιν τῆς θυγατρός· ἐλοῦτο μὲν γὰρ ὑπὸ τοῦ Διός, ὅκως ὕοι, ἐχρίετο δὲ ὑπὸ τοῦ ἡλίου ἀνιεὶς αὐτὸς ἐκ τοῦ σώματος ἰκμάδα. Πολυκράτεος μὲν δὴ αἱ πολλαὶ εὐτυχίαι ἐς τοῦτο ἐτελεύτησαν [τῇ οἱ Ἄμασις ὁ Αἰγύπτου βασιλεὺς προεμαντεύσατο].

126 Χρόνῳ δὲ οὐ πολλῷ ὕστερον καὶ Ὀροίτεα Πολυκράτεος τίσιες μετῆλθον. μετὰ γὰρ τὸν Καμβύσεω θάνατον καὶ τῶν μάγων τὴν βασιληίην μένων ἐν τῇσι Σάρδισι Ὀροίτης ὠφέλεε μὲν 2 οὐδὲν Πέρσας ὑπὸ Μήδων ἀπαραιρημένους τὴν ἀρχήν· ὁ δὲ ἐν ταύτῃ τῇ ταραχῇ κατὰ μὲν ἔκτεινε Μιτροβάτεα τὸν ἐκ

1 ἐπεφημίζετο PRSV Eustath. Il. 28 : ἔφημ. ABC   σῶς] ὥς C
2 μιν] μοι R   παρθενεύεσθαι ABCSV   3 παρθενεύσασθαι R :
-σεσθαι V   πλείω RSV   6 ἑτέρων R (corr. 1) V   7 Καλιφ. C:
Καλλοφ. SV   9 κῶς SV   11 Συρακ. RSV   τύραννοι om.
ABC   13 ἀξίω RSV   14 Σάμιοι ἦσαν RSV   18 ἀνακρεκράμενος R : ἀνακεκράμ. SV   21 τῇ... προεμαντεύσατο om. RSV
22 Ἀμάσιος C   24 καὶ] κατὰ Valckenaer   25 ὁ Ὀρ. RSV
ὠφέλει L   26 παραιρημ. R : παραιρουμ. SV   27 ἀρχῇ ABCP
Μιτροβάτεα... κατὰ δὲ om. SV : τὸν ἐκ... κατὰ δὲ om. R

ΙΣΤΟΡΙΩΝ Γ

Δασκυλείου ὕπαρχον, ὅς οἱ ὠνείδισε τὰ ἐς Πολυκράτεα ἔχοντα, κατὰ δὲ τοῦ Μιτροβάτεω τὸν παῖδα Κρανάσπην, ἄνδρας ἐν Πέρσῃσι δοκίμους, ἄλλα τε ἐξύβρισε παντοῖα καί τινα καὶ ἀγγαρήιον Δαρείου ἐλθόντα παρ' αὐτόν, ὡς οὐ πρὸς ἡδονήν οἱ ἦν τὰ ἀγγελλόμενα, κτείνει μιν ὀπίσω κομιζόμενον ἄνδρας οἱ ὑπείσας κατ' ὁδόν, ἀποκτείνας δέ μιν ἠφάνισε αὐτῷ ἵππῳ. Δαρεῖος δὲ ὡς ἔσχε τὴν ἀρχήν, ἐπεθύμεε τὸν 127 Ὀροίτεα τείσασθαι πάντων τε τῶν ἀδικημάτων εἵνεκεν καὶ μάλιστα Μιτροβάτεω καὶ τοῦ παιδός. ἐκ μὲν δὴ τῆς ἰθέης στρατὸν ἐπ' αὐτὸν οὐκ ἐδόκεε πέμπειν, ἅτε οἰδεόντων ἔτι τῶν πρηγμάτων καὶ νεωστὶ ἔχων τὴν ἀρχὴν καὶ τὸν Ὀροίτεα μεγάλην τὴν ἰσχὺν πυνθανόμενος ἔχειν, τὸν χίλιοι μὲν Περσέων ἐδορυφόρεον, εἶχε δὲ νομὸν τόν τε Φρύγιον καὶ Λύδιον καὶ Ἰωνικόν. πρὸς ταῦτα δὴ ὦν ὁ Δαρεῖος τάδε 2 ἐμηχανήσατο· συγκαλέσας Περσέων τοὺς λογιμωτάτους ἔλεγέ σφι τάδε· Ὦ Πέρσαι, τίς ἄν μοι τοῦτο ὑμέων ὑποστὰς ἐπιτελέσειε σοφίῃ καὶ μὴ βίῃ τε καὶ ὁμίλῳ; ἔνθα γὰρ σοφίης δεῖ, βίης ἔργον οὐδέν. ὑμέων δὴ ὦν τίς ⟨ἂν⟩ μοι Ὀροίτεα 3 ἢ ζῶντα ἀγάγοι ἢ ἀποκτείνειε; ὃς ὠφέλησε μέν κω Πέρσας οὐδέν, κακὰ δὲ μεγάλα ἔοργε· τοῦτο μὲν δύο ἡμέων ἠίστωσε, Μιτροβάτεά τε καὶ τὸν παῖδα αὐτοῦ, τοῦτο δὲ τοὺς ἀνακαλέοντας αὐτὸν καὶ πεμπομένους ὑπ' ἐμεῦ κτείνει, ὕβριν οὐκ ἀνασχετὸν φαίνων. πρίν τι ὦν μέζον ἐξεργάσασθαί μιν Πέρσας κακόν, καταλαμπτέος ἐστὶ ἡμῖν θανάτῳ. Δαρεῖος 128 μὲν ταῦτα ἐπειρώτα, τῶν δὲ ἄνδρες τριήκοντα ὑπέστησαν,

2 τοῦ Μιτρ. τὸν παῖδα ABC : τὸν Μιτρ. π. P : καὶ τὸν Μιτρ. π. R : Μιτρ. π. V : Μιτρ. π. καὶ αὐτὸν Μιτροβάτεα S   Κρανάσπην CP : Κρανάπην AB : Κρανάτην RV : κρανάτους S   4 καὶ om. ABCP ἀγγαρήιον SV : -ρεῖον R : ἀγγελιηφόρον ABCP   ἐλθ. Δαρ. ABCP 5 ἀγγελόμ. CV   κομιζόμενος C   6 ὑπεὶς PRSV   7 ἐπεθύμησε Suidas s.v. τῖσαι   8 τίσασθαι L   τε τῶν SV : τε R : τῶν ABCP 9 δὴ] γὰρ RSV   ἰθέης L   10 οἰδαινόντων CP   12 μεγάλην om. ABC   15 δοκιμωτάτους ABC   18 δέει L   δὴ Aldus : δὲ L   ἄν add. Schaefer   19 ζώοντα PRV^c : ζόωντα C 21 τε om. RSV   αὐτοῦ om. ABC   δὲ] δὲ καὶ C   22 καὶ τοὺς ἐκπεμπομένους RSV   24 καταλαμπτέον S   μῖν R : μιν SV 25 τῷ ABC

αὐτὸς ἕκαστος ἐθέλων ποιέειν ταῦτα. ἐρίζοντας δὲ Δαρεῖος κατελάμβανε κελεύων πάλλεσθαι· παλλομένων δὲ λαγχάνει 2 ἐκ πάντων Βαγαῖος ὁ Ἀρτόντεω. λαχὼν δὲ ὁ Βαγαῖος ποιέει τοιάδε· βυβλία γραψάμενος πολλὰ καὶ περὶ πολλῶν ἔχοντα πρηγμάτων σφρηγῖδά σφι ἐπέβαλε τὴν Δαρείου, 3 μετὰ δὲ ἤιε ἔχων ταῦτα ἐς τὰς Σάρδις. ἀπικόμενος δὲ καὶ Ὀροίτεω ἐς ὄψιν ἐλθὼν τῶν βυβλίων ἓν ἕκαστον περιαιρεόμενος ἐδίδου τῷ γραμματιστῇ τῷ βασιληίῳ ἐπιλέγεσθαι (γραμματιστὰς δὲ βασιληίους οἱ πάντες ὕπαρχοι ἔχουσι)· ἀποπειρώμενος δὲ τῶν δορυφόρων ἐδίδου τὰ βυβλία ὁ Βα-4 γαῖος, εἴ οἱ ἐνδεξαίατο ἀπόστασιν ἀπὸ Ὀροίτεω. ὁρέων δέ σφεας τά τε βυβλία σεβομένους μεγάλως καὶ τὰ λεγόμενα ἐκ τῶν βυβλίων ἔτι μεζόνως, διδοῖ ἄλλο ἐν τῷ ἐνῆν ἔπεα τάδε· Ὦ Πέρσαι, βασιλεὺς Δαρεῖος ἀπαγορεύει ὑμῖν μὴ δορυφορέειν Ὀροίτεα. οἱ δὲ ἀκούσαντες τούτων μετῆκάν 5 οἱ τὰς αἰχμάς. ἰδὼν δὲ τοῦτό σφεας ὁ Βαγαῖος πειθομένους τῷ βυβλίῳ, ἐνθαῦτα δὴ θαρσήσας τὸ τελευταῖον τῶν βυβλίων διδοῖ τῷ γραμματιστῇ, ἐν τῷ ἐγέγραπτο· Βασιλεὺς Δαρεῖος Πέρσῃσι τοῖσι ἐν Σάρδισι ἐντέλλεται κτείνειν Ὀροίτεα. οἱ δὲ δορυφόροι ὡς ἤκουσαν ταῦτα, σπασάμενοι τοὺς ἀκινάκεας κτείνουσι παραυτίκα μιν. οὕτω δὴ Ὀροίτεα τὸν Πέρσην Πολυκράτεος τοῦ Σαμίου τίσιες μετῆλθον.

129 Ἀπικομένων δὲ καὶ ἀνακομισθέντων τῶν Ὀροίτεω χρημάτων ἐς τὰ Σοῦσα συνήνεικε χρόνῳ οὐ πολλῷ ὕστερον βασιλέα Δαρεῖον ἐν ἄγρῃ θηρίων ἀποθρῴσκοντα ἀπ' ἵππου 2 στραφῆναι τὸν πόδα. καί κως ἰσχυροτέρως ἐστράφη· ὁ γάρ οἱ ἀστράγαλος ἐξεχώρησε ἐκ τῶν ἄρθρων. νομίζων δὲ καὶ πρότερον περὶ ἑωυτὸν ἔχειν Αἰγυπτίων τοὺς δοκέοντας

1 θέλων RSV   4 τάδε ABCP   βιβλία L   5 ἐόντα Haupt   σφρηγῖδας C   σφι] τε C   6 τὰς om. RSV   7 βιβ. L 10 βιβ. L   11 οἱ om. ABCP   12 βιβ. CPRSV (it. 13) 13 μειζόνως AB   14 τοιάδε CP   16 τούτῳ S^c 17 βυβ. ABC(?): βιβ. rell.   δὴ om. RSV   βιβ. PRSV   18 ἐν ᾧ ABC   20 τοὺς] τὰς C   ἀκινάκας ABCP   25 θηρῶν ABCP Suid. s. v. Δημοκήδης   27 ἄθρων RV

εἶναι πρώτους τὴν ἰητρικήν, τούτοισι ἐχρᾶτο. οἱ δὲ στρεβλοῦντες καὶ βιώμενοι τὸν πόδα κακὸν μέζον ἐργάζοντο. ἐπ᾽ ἑπτὰ μὲν δὴ ἡμέρας καὶ ἑπτὰ νύκτας ὑπὸ τοῦ παρεόντος 3 κακοῦ ὁ Δαρεῖος ἀγρυπνίῃσι εἴχετο, τῇ δὲ δὴ ὀγδόῃ ἡμέρῃ ἔχοντί οἱ φλαύρως [οἷα δὴ] παρακούσας τις πρότερον ἔτι ἐν Σάρδισι τοῦ Κροτωνιήτεω Δημοκήδεος τὴν τέχνην ἐσαγγέλλει τῷ Δαρείῳ· ὁ δὲ ἄγειν μιν τὴν ταχίστην παρ᾽ ἑωυτὸν ἐκέλευσε. τὸν δὲ ὡς ἐξεῦρον ἐν τοῖσι Ὀροίτεω ἀνδραπόδοισι ὅκου δὴ ἀπημελημένον, παρῆγον ἐς μέσον πέδας τε ἕλκοντα καὶ ῥάκεσι ἐσθημένον. σταθέντα δὲ ἐς μέσον εἰρώτα ὁ 130 Δαρεῖος τὴν τέχνην εἰ ἐπίσταιτο· ὁ δὲ οὐκ ὑπεδέκετο, ἀρρωδέων μὴ ἑωυτὸν ἐκφήνας τὸ παράπαν τῆς Ἑλλάδος ᾖ ἀπεστερημένος. κατεφάνη δὲ τῷ Δαρείῳ τεχνάζειν ἐπιστά- 2 μενος, καὶ τοὺς ἀγαγόντας αὐτὸν ἐκέλευσε μάστιγάς τε καὶ κέντρα παραφέρειν ἐς τὸ μέσον. ὁ δὲ ἐνθαῦτα δὴ ὦν ἐκφαίνει, φὰς ἀτρεκέως μὲν οὐκ ἐπίστασθαι, ὁμιλήσας δὲ ἰητρῷ φλαύρως ἔχειν τὴν τέχνην. μετὰ δὲ ὥς οἱ ἐπέτρεψε, 3 Ἑλληνικοῖσι ἰήμασι χρεώμενος καὶ ἤπια μετὰ τὰ ἰσχυρὰ προσάγων ὕπνου τέ μιν λαγχάνειν ἐποίεε καὶ ἐν χρόνῳ ὀλίγῳ ὑγιέα μιν ἐόντα ἀπέδεξε, οὐδαμὰ ἔτι ἐλπίζοντα ἀρτίπουν ἔσεσθαι. δωρέεται δή μιν μετὰ ταῦτα ὁ Δαρεῖος πεδέων 4 χρυσέων δύο ζεύγεσι· ὁ δέ μιν ἐπείρετο εἴ οἱ διπλήσιον τὸ κακὸν ἐπίτηδες νέμει, ὅτι μιν ὑγιέα ἐποίησε. ἡσθεὶς δὲ τῷ ἔπεϊ ὁ Δαρεῖος ἀποπέμπει μιν παρὰ τὰς ἑωυτοῦ γυναῖκας. παράγοντες δὲ οἱ εὐνοῦχοι ἔλεγον πρὸς τὰς γυναῖκας ὡς βασιλέϊ οὗτος εἴη ὃς τὴν ψυχὴν ἀπέδωκε. ὑποτύπτουσα δὲ 5 αὐτέων ἑκάστη φιάλῃ ⟨ἐς⟩ τοῦ χρυσοῦ τὴν θήκην ἐδωρέετο

1 ἐχρῆτο A B C P Suid.   3 ἐπ᾽ om. R S V   δὴ om. S V
5 οἷα δὴ om. A B C P Suid.   ·   6 ἐσαγγέλλει R V (S) : ἀγγέλλει C :
ἀγγέλλει A B P Suid.   7 ἐκέλευε C Suid.   9 ὅκου δή ποτε
P R S V   τε om. R   11 ἐπίσταται R   ἀπεδέκετο Suid.
13 δὲ] τε A B C Suid.   14 ἄγοντας R S V   15 ἀνεκφαίνει
R S V   17 οἱ om. A B C Suid.   18 ἤπια μετὰ P R V
ἠπιάματα A B C   τὰ om. R   19 προσαγαγὼν P R S V   20 ὄντα
A B C P   25 παράγοντες ... γυναῖκας om. R   27 φιάλην S [V]
ἐς add. Porson   τὴν θήκην] σὺν θήκῃ A B C P   ἐδωρέατο R S V

Δημοκήδεα οὕτω δή τι δαψιλέι δωρεῇ ὡς τοὺς ἀποπίπτοντας ἀπὸ τῶν φιαλέων στατῆρας ἑπόμενος ὁ οἰκέτης, τῷ οὔνομα ἦν Σκίτων, ἀνελέγετο καί οἱ χρῆμα πολλόν τι χρυσοῦ συνελέχθη.

131 Ὁ δὲ Δημοκήδης οὗτος ὧδε ἐκ Κρότωνος ἀπιγμένος Πολυκράτεϊ ὡμίλησε· πατρὶ συνείχετο ἐν τῇ Κρότωνι ὀργὴν χαλεπῷ· τοῦτον ἐπείτε οὐκ ἐδύνατο φέρειν, ἀπολιπὼν οἴχετο ἐς Αἴγιναν. καταστὰς δὲ ἐς ταύτην πρώτῳ ἔτεϊ ὑπερεβάλετο τοὺς ἄλλους ἰητρούς, ἀσκευής περ ἐὼν καὶ ἔχων οὐδὲν τῶν 2 ὅσα περὶ τὴν τέχνην ἐστὶ ἐργαλήια. καί μιν δευτέρῳ ἔτεϊ ταλάντου Αἰγινῆται δημοσίῃ μισθοῦνται, τρίτῳ δὲ ἔτεϊ Ἀθηναῖοι ἑκατὸν μνέων, τετάρτῳ δὲ ἔτεϊ Πολυκράτης δυῶν ταλάντων. οὕτω μὲν ἀπίκετο ἐς τὴν Σάμον, καὶ ἀπὸ τούτου τοῦ ἀνδρὸς οὐκ ἥκιστα Κροτωνιῆται ἰητροὶ εὐδοκίμησαν· 3 [ἐγένετο γὰρ ὦν τοῦτο ὅτε πρῶτοι μὲν Κροτωνιῆται ἰητροὶ ἐλέγοντο ἀνὰ τὴν Ἑλλάδα εἶναι, δεύτεροι δὲ Κυρηναῖοι. κατὰ τὸν αὐτὸν δὲ τοῦτον χρόνον καὶ Ἀργεῖοι ἤκουον μου-132 σικὴν εἶναι Ἑλλήνων πρῶτοι]. τότε δὴ ὁ Δημοκήδης ἐν τοῖσι Σούσοισι ἐξιησάμενος Δαρεῖον οἶκόν τε μέγιστον εἶχε καὶ ὁμοτράπεζος βασιλέϊ ἐγεγόνεε, πλήν τε ἑνὸς τοῦ ἐς 2 Ἕλληνας ἀπιέναι πάντα τἆλλά οἱ παρῆν. καὶ τοῦτο μὲν τοὺς Αἰγυπτίους ἰητρούς, οἳ βασιλέα πρότερον ἰῶντο, μέλλοντας ἀνασκολοπιεῖσθαι διότι ὑπὸ Ἕλληνος ἰητροῦ ἑσσώθησαν, τούτους βασιλέα παραιτησάμενος ἐρρύσατο· τοῦτο δὲ μάντιν Ἠλεῖον Πολυκράτεϊ ἐπισπόμενον καὶ ἀπημελημένον ἐν τοῖσι ἀνδραπόδοισι ἐρρύσατο. ἦν δὲ μέγιστον πρῆγμα Δημοκήδης παρὰ βασιλέϊ.

133 Ἐν χρόνῳ δὲ ὀλίγῳ μετὰ ταῦτα τάδε ἄλλα συνήνεικε

1 δαψιλέηι C P : δαψιλῆι R V   3 Σκήτων S V   6 τῇ om. A B C
7 ᾤχετο A B C P   8 τῷ πρώτῳ R S V   9 ἄλλους] πρώτους
R S V   10 ἐστὶ om. R S V   11 μισθεῦνται C P   Ἀθ. ...ἔτεϊ
om. C   14 εὐδοκ.... ἰητροὶ om. C   15–18 ἐγένετο ... πρῶτοι secl.
Abicht   15 ὅτι S V   17 δὴ C   τοῦτον om. A B C   18 πρώτην
V^c   δὲ C R V   20 τοῦ ἐς] τούτου τοὺς R S V   23 ἀνασκολοπί-
ζεσθαι R S V   ὅτι A B C P   ἐσώθησαν R V   27 Δημοδόκης C

ΙΣΤΟΡΙΩΝ Γ

γενέσθαι· Ἀτόσσῃ τῇ Κύρου μὲν θυγατρί, Δαρείου δὲ γυναικὶ ἐπὶ τοῦ μαστοῦ ἔφυ φῦμα, μετὰ δὲ ἐκραγὲν ἐνέμετο πρόσω. ὅσον μὲν δὴ χρόνον ἦν ἔλασσον, ἡ δὲ κρύπτουσα καὶ αἰσχυνομένη ἔφραζε οὐδενί, ἐπείτε δὲ ἐν κακῷ ἦν, μετεπέμψατο τὸν Δημοκήδεα καί οἱ ἐπέδεξε. ὁ δὲ φὰς ὑγιέα ποιήσειν ἐξορκοῖ μιν ἦ μέν οἱ ἀντυποργήσειν ἐκείνην τοῦτο τὸ ἂν αὐτῆς δεηθῇ, δεήσεσθαι δὲ οὐδενὸς τῶν ὅσα ἐς αἰσχύνην ἐστὶ φέροντα. ὡς δὲ ἄρα μιν μετὰ ταῦτα ἰώμενος ὑγιέα ἀπέδεξε, ἐνθαῦτα δὴ διδαχθεῖσα ὑπὸ τοῦ Δημοκήδεος ἡ Ἄτοσσα προσέφερε ἐν τῇ κοίτῃ Δαρείῳ λόγον τοιόνδε· Ὦ βασιλεῦ, ἔχων δύναμιν τοσαύτην κάτησαι, οὔτε τι ἔθνος προσκτώμενος οὔτε δύναμιν Πέρσῃσι. οἰκὸς δέ ἐστι ἄνδρα καὶ νέον καὶ χρημάτων μεγάλων δεσπότην φαίνεσθαί τι ἀποδεικνύμενον, ἵνα καὶ Πέρσαι ἐκμάθωσι ὅτι ὑπ᾽ ἀνδρὸς ἄρχονται. ἐπ᾽ ἀμφότερα δέ τοι φέρει ταῦτα ποιέειν, καὶ ἵνα σφέων Πέρσαι ἐπιστέωνται ἄνδρα εἶναι τὸν προεστεῶτα καὶ ἵνα τρίβωνται πολέμῳ μηδὲ σχολὴν ἄγοντες ἐπιβουλεύωσί τοι. νῦν γὰρ ἄν τι καὶ ἀποδέξαιο ἔργον, ἕως νέος εἶς ἡλικίην· αὐξομένῳ γὰρ τῷ σώματι συναύξονται καὶ αἱ φρένες, γηράσκοντι δὲ συγγηράσκουσι καὶ ἐς τὰ πρήγματα πάντα ἀπαμβλύνονται. ἡ μὲν δὴ ταῦτα ἐκ διδαχῆς ἔλεγε, ὁ δ᾽ ἀμείβετο τοισίδε· Ὦ γύναι, πάντα ὅσα περ αὐτὸς ἐπινοέω ποιήσειν εἴρηκας· ἐγὼ γὰρ βεβούλευμαι ζεύξας γέφυραν ἐκ τῆσδε τῆς ἠπείρου ἐς τὴν ἑτέρην ἤπειρον ἐπὶ Σκύθας στρατεύεσθαι· καὶ ταῦτα ὀλίγου χρόνου ἔσται τελεύμενα. λέγει Ἄτοσσα τάδε· Ὅρα νυν, ἐπὶ Σκύθας μὲν τὴν πρώτην ἰέναι ἔασον· οὗτοι γάρ, ἐπεὰν σὺ βούλῃ, ἔσονταί τοι· σὺ

---

5 ἐπέδειξε A B Suid.   6 ἀντυπουργήσειν L   7 τὸ] ὃ A B Suid.
ἐς om. P R S V   8 μιν μετὰ ταῦτα μιν R V   11 κάθησαι A B C
12 εἰκὸς S V   13 δεσπότην μεγάλων P   15 συμφέρει Cantabr.
16 προεστῶτα A B R S V   19 αὐξανομένῳ R S V Stob. flor. 116, 45
Schol. Od. β 315   συναυξάνονται Eustath. Od. 1447   20 συγγηρ.]
γηρ. R   21 ἀπλαμβλ. R V   διαδοχῆς S V   22 ἀμείβετο C
quoque   τοῖσδε L   26 ἐπὶ] ἐς A B C   μὲν om. R V   27 εἶναι
Bekker   βούλει (ει ex corr.) R

δέ μοι ἐπὶ τὴν Ἑλλάδα στρατεύεσθαι. ἐπιθυμέω γὰρ λόγῳ πυνθανομένη Λακαίνας τέ μοι γενέσθαι θεραπαίνας καὶ Ἀργείας καὶ Ἀττικὰς καὶ Κορινθίας. ἔχεις δὲ ἄνδρα ἐπιτηδεότατον ἀνδρῶν πάντων δέξαι τε ἕκαστα τῆς Ἑλλάδος καὶ 6 κατηγήσασθαι, τοῦτον ὅς σευ τὸν πόδα ἐξιήσατο. ἀμείβεται Δαρεῖος· Ὦ γύναι, ἐπεὶ τοίνυν τοι δοκέει τῆς Ἑλλάδος ἡμέας πρῶτα ἀποπειρᾶσθαι, κατασκόπους μοι δοκέει Περσέων πρῶτον ἄμεινον εἶναι ὁμοῦ τούτῳ τῷ σὺ λέγεις πέμψαι ἐς αὐτούς, οἳ μαθόντες καὶ ἰδόντες ἐξαγγελέουσι ἕκαστα αὐτῶν ἡμῖν· καὶ ἔπειτα ἐξεπιστάμενος ἐπ᾽ αὐτοὺς τρέψομαι. ταῦτα 135 εἶπε καὶ ἅμα ἔπος τε καὶ ἔργον ἐποίεε. ἐπείτε γὰρ τάχιστα ἡμέρη ἐπέλαμψε, καλέσας Περσέων ἄνδρας δοκίμους πεντεκαίδεκα ἐνετέλλετό σφι ἑπομένους Δημοκήδεϊ διεξελθεῖν τὰ παραθαλάσσια τῆς Ἑλλάδος, ὅκως τε μὴ διαδρήσεταί σφεας 2 ὁ Δημοκήδης, ἀλλά μιν πάντως ὀπίσω ἀπάξουσι. ἐντειλάμενος δὲ τούτοισι ταῦτα, δεύτερα καλέσας αὐτὸν Δημοκήδεα ἐδέετο αὐτοῦ ὅκως ἐξηγησάμενος πᾶσαν καὶ ἐπιδέξας τὴν Ἑλλάδα τοῖσι Πέρσῃσι ὀπίσω ἥξει· δῶρα δέ μιν τῷ πατρὶ καὶ τοῖσι ἀδελφεοῖσι ἐκέλευε πάντα τὰ ἐκείνου ἔπιπλα λαβόντα ἄγειν, φὰς ἄλλα οἱ πολλαπλήσια ἀντιδώσειν· πρὸς δὲ ἐς τὰ δῶρα ὁλκάδα οἱ ἔφη συμβαλέεσθαι πλήσας ἀγαθῶν 3 παντοίων, τὴν ἅμα οἱ πλεύσεσθαι. Δαρεῖος μὲν δή, δοκέειν ἐμοί, ἀπ᾽ οὐδενὸς δολεροῦ νόου ἐπαγγέλλετό οἱ ταῦτα, Δημοκήδης δὲ δείσας μή εὖ ἐκπειρῷτο Δαρεῖος, οὔτι ἐπιδραμὼν πάντα τὰ διδόμενα ἐδέκετο, ἀλλὰ τὰ μὲν ἑωυτοῦ κατὰ χώρην ἔφη καταλείψειν, ἵνα ὀπίσω σφέα ἀπελθὼν ἔχοι, τὴν μέντοι

3 Ἀττικάς τε R S V   ἄνδρας R   4 δεῖξαι A B R S V   τι S V
5 καταγήσασθαι R V   ἀμείβετο R   8 πρῶτον μὲν R S V
9 ἐξαγγ. αὐτῶν ἕκαστα C: ἔκ. ἐξαγγ. αὐτῶν R S V: ἔκ. αὐτῶν ἐξαγγ. P
11 ἔπος τε R S V Eustath. Il. 1182: τ᾽ ἔπος τ᾽ ἔφα A B: τ᾽ ἔπος
τ᾽ εἶπε C: ἔπος τ᾽ εἶπε P   15 ἀπάξωσι A B C   16 αὐτὸν
καλέσας R S V   17 ἐπιδείξας A B R V (S)   18 τοῖσι] τῇσι R V
20 πολλαπλάσια A B R   21 συμβαλέσθαι A B C   22 πάντων
A L C   ͵πλεύσασθαι C (corr. 1) R S V   23 ἀπαγγ. R S V
26 καταλείπειν R S V   ἔχῃ A B C

ΙΣΤΟΡΙΩΝ Γ

ὁλκάδα, τήν οἱ Δαρεῖος ἐπαγγέλλεται ἐς τὴν δωρεὴν τοῖσι ἀδελφεοῖσι, δέκεσθαι ἔφη. ἐντειλάμενος δὲ καὶ τούτῳ ταῦτα ὁ Δαρεῖος ἀποστέλλει αὐτοὺς ἐπὶ θάλασσαν. καταβάντες 136 δὲ οὗτοι ἐς Φοινίκην καὶ Φοινίκης ἐς Σιδῶνα πόλιν αὐτίκα μὲν τριήρεας δύο ἐπλήρωσαν, ἅμα δὲ αὐτῆσι καὶ γαῦλον μέγαν παντοίων ἀγαθῶν· παρασκευασάμενοι δὲ πάντα ἔπλεον ἐς τὴν Ἑλλάδα, προσίσχοντες δὲ αὐτῆς τὰ παραθαλάσσια ἐθηεῦντο καὶ ἀπεγράφοντο, ἐς ὃ τὰ πολλὰ αὐτῆς καὶ ὀνομαστότατα θεησάμενοι ἀπίκοντο τῆς Ἰταλίης ἐς Τάραντα. ἐνθαῦτα δὲ ἐκ ῥηστώνης τῆς Δημοκήδεος Ἀριστοφιλίδης τῶν 2 Ταραντίνων ὁ βασιλεὺς τοῦτο μὲν τὰ πηδάλια παρέλυσε τῶν Μηδικέων νεῶν, τοῦτο δὲ αὐτοὺς τοὺς Πέρσας εἶρξε ὡς κατασκόπους δῆθεν ἐόντας· ἐν ᾧ δὲ οὗτοι ταῦτα ἔπασχον, ὁ Δημοκήδης ἐς τὴν Κρότωνα ἀπικνέεται. ἀπιγμένου δὲ ἤδη τούτου ἐς τὴν ἑωυτοῦ ὁ Ἀριστοφιλίδης ἔλυσε τοὺς Πέρσας καὶ τὰ παρέλαβε τῶν νεῶν ἀπέδωκέ σφι. πλέοντες δὲ 137 ἐνθεῦτεν οἱ Πέρσαι καὶ διώκοντες Δημοκήδεα ἀπικνέονται ἐς τὴν Κρότωνα, εὑρόντες δέ μιν ἀγοράζοντα ἅπτοντο αὐτοῦ. τῶν δὲ Κροτωνιητέων οἱ μὲν καταρρωδέοντες τὰ Περσικὰ 2 πρήγματα προϊέναι ἕτοιμοι ἦσαν, οἱ δὲ ἀντάπτοντό τε καὶ τοῖσι σκυτάλοισι ἔπαιον τοὺς Πέρσας προϊσχομένους ἔπεα τάδε· Ἄνδρες Κροτωνιῆται, ὁρᾶτε τὰ ποιέετε· ἄνδρα βασιλέος δρηπέτην γενόμενον ἐξαιρέεσθε. καὶ κῶς ταῦτα βασιλέι 3 Δαρείῳ ἐκχρήσει περιυβρίσθαι; κῶς δὲ ὑμῖν τὰ ποιεύμενα ἕξει καλῶς, ἢν ἀπέλησθε ἡμέας; ἐπὶ τίνα δὲ τῆσδε προτέρην στρατευσόμεθα πόλιν; τίνα δὲ προτέρην ἀνδραποδίζεσθαι πειρησόμεθα; ταῦτα λέγοντες τοὺς Κροτωνιήτας οὐκ ὦν 4

1 οἱ Aldus : ὁ L   ἐπαγγέλλετο A B C P   2 ταῦτα C P R S V
3 ἀπέστελλεν R S V   4 οὕτω A B C   καὶ ἐκ Φ. R S V   5 αὐτῆσι
R quoque   6 παρεσκευασμένοι A B C P   7 προίσχ. R S V
8 θειεῦντο R S V   ὀνομαστὰ A B C P   10 ῥηστώνης Cantabr. :
κρηστώνης A B C P : κρότωνος R^c (-ονος R¹) S V : χρησμοσύνης Herold
12 ἔρξε(ν) C P   16 τῶν] τὸν R   20 τε om. A B C P   21 ταῖσι
σκυτάλεσι C : τῇσι σκυτάλῃσι P˙   23 γινόμενον B   ἐξαιρέεσθαι
B C, corr. C¹   καὶ om. A B C P   24 ὑμῖν... ἕξει om. R S V
25 ἀφέλησθε A B C P   τῆσδε om. R   27 ταῦτα δὲ R S V
HDT. I.

ἔπειθον, ἀλλ' ἐξαιρεθέντες τε τὸν Δημοκήδεα καὶ τὸν γαῦλον
τὸν ἅμα ἤγοντο ἀπαιρεθέντες ἀπέπλεον ὀπίσω ἐς τὴν Ἀσίην,
οὐδ' ἔτι ἐζήτησαν τὸ προσωτέρω τῆς Ἑλλάδος ἀπικόμενοι
5 ἐκμαθεῖν, ἐστερημένοι τοῦ ἡγεμόνος. τοσόνδε μέντοι ἐνε-
τείλατό σφι Δημοκήδης ἀναγομένοισι, κελεύων εἰπεῖν σφέας
Δαρείῳ ὅτι ἅρμοσται τὴν Μίλωνος θυγατέρα Δημοκήδης
γυναῖκα. τοῦ γὰρ δὴ παλαιστέω Μίλωνος ἦν οὔνομα πολλὸν
παρὰ βασιλέϊ. κατὰ δὲ τοῦτό μοι δοκέει σπεῦσαι τὸν γάμον
τοῦτον τελέσας χρήματα μεγάλα Δημοκήδης, ἵνα φανῇ πρὸς
138 Δαρείου ἐὼν καὶ ἐν τῇ ἑωυτοῦ δόκιμος. ἀναχθέντες δὲ ἐκ
τῆς Κρότωνος οἱ Πέρσαι ἐκπίπτουσι τῇσι νηυσὶ ἐς Ἰηπυγίην,
καί σφεας δουλεύοντας ἐνθαῦτα Γίλλος ἀνὴρ Ταραντῖνος
φυγὰς ῥυσάμενος ἀπήγαγε παρὰ βασιλέα Δαρεῖον. ὁ δὲ
ἀντὶ τούτων ἕτοιμος ἦν διδόναι τοῦτο ὅ τι βούλοιτο αὐτός.
2 Γίλλος δὲ αἱρέεται κάτοδόν οἱ ἐς Τάραντα γενέσθαι, προαπ-
ηγησάμενος τὴν συμφορήν· ἵνα δὲ μὴ συνταράξῃ τὴν Ἑλ-
λάδα, ἢν δι' αὐτὸν στόλος μέγας πλέῃ ἐπὶ τὴν Ἰταλίην,
Κνιδίους μούνους ἀποχρᾶν οἱ ἔφη τοὺς κατάγοντας γίνεσθαι,
δοκέων ἀπὸ τούτων ἐόντων τοῖσι Ταραντίνοισι φίλων μάλιστα
3 δὴ τὴν κάτοδόν οἱ ἔσεσθαι. Δαρεῖος δὲ ὑποδεξάμενος ἐπε-
τέλεε· πέμψας γὰρ ἄγγελον ἐς Κνίδον κατάγειν σφέας
ἐκέλευε Γίλλον ἐς Τάραντα· πειθόμενοι δὲ Δαρείῳ Κνίδιοι
Ταραντίνους οὐκ ὦν ἔπειθον, βίην δὲ ἀδύνατοι ἦσαν προσ-
4 φέρειν. ταῦτα μέν νυν οὕτω ἐπρήχθη, οὗτοι δὲ πρῶτοι ἐκ
τῆς Ἀσίης ἐς τὴν Ἑλλάδα ἀπίκοντο Πέρσαι, καὶ οὗτοι διὰ
τοιόνδε πρῆγμα κατάσκοποι ἐγένοντο.
139 Μετὰ δὲ ταῦτα Σάμον βασιλεὺς Δαρεῖος αἱρέει, πολίων
πασέων πρώτην Ἑλληνίδων καὶ βαρβάρων, διὰ τοιήνδε
τινὰ αἰτίην· Καμβύσεω τοῦ Κύρου στρατευομένου ἐπ'

1 ἔπιθον R S V   2 ἄγοντο C P   ἀφαιρ. A B C   3 οὐδέτι
R V : οὐδέ τι C S   ἐζήτησαν τῶ R V : ἐξητήσαντο B   6 Δημο-
κήδης ... ἦν om. C   12 Ταραντῖνος] παρὰ τίνος C   18 μούνους B :
μόνους rell.   20 δὴ S : δὲ R V : om. rell.   24 ἐπρήχθη] ἐστάθη
R S V

ΙΣΤΟΡΙΩΝ Γ

Αἴγυπτον ἄλλοι τε συχνοὶ ἐς τὴν Αἴγυπτον ἀπίκοντο Ἑλλήνων, οἱ μέν, ὡς οἰκός, κατ' ἐμπορίην, οἱ δὲ στρατευόμενοι, οἱ δέ τινες καὶ αὐτῆς τῆς χώρης θεηταί· τῶν ἦν καὶ Συλοσῶν ὁ Αἰάκεος, Πολυκράτεός τε ἐὼν ἀδελφεὸς καὶ φεύγων ἐκ Σάμου.. τοῦτον τὸν Συλοσῶντα κατέλαβε 2 εὐτυχίη τις τοιήδε· λαβὼν χλανίδα καὶ περιβαλόμενος πυρρὴν ἠγόραζε ἐν τῇ Μέμφι. ἰδὼν δὲ αὐτὸν Δαρεῖος, δορυφόρος τε ἐὼν Καμβύσεω καὶ λόγου οὐδενός κω μεγάλου, ἐπεθύμησε τῆς χλανίδος καὶ αὐτὴν προσελθὼν ὠνέετο. ὁ δὲ Συλοσῶν ὁρῶν τὸν Δαρεῖον μεγάλως ἐπιθυμέοντα 3 τῆς χλανίδος, θείῃ τύχῃ χρεώμενος λέγει· Ἐγὼ ταύτην πωλέω μὲν οὐδενὸς χρήματος, δίδωμι δὲ ἄλλως, εἴ περ οὕτω δεῖ γενέσθαι πάντως τοι. αἰνέσας ταῦτα ὁ Δαρεῖος παραλαμβάνει τὸ εἷμα. ὁ μὲν δὴ Συλοσῶν ἠπίστατο τοῦτό οἱ ἀπολωλέναι δι' εὐηθίην. ὡς δὲ τοῦ χρόνου προβαίνοντος 140 Καμβύσης τε ἀπέθανε καὶ τῷ μάγῳ ἐπανέστησαν οἱ ἑπτὰ καὶ ἐκ τῶν ἑπτὰ Δαρεῖος τὴν βασιληίην ἔσχε, πυνθάνεται ὁ Συλοσῶν ὡς ἡ βασιληίη περιεληλύθοι ἐς τοῦτον τὸν ἄνδρα τῷ κοτὲ αὐτὸς ἔδωκε ἐν Αἰγύπτῳ δεηθέντι τὸ εἷμα. ἀναβὰς δὲ ἐς τὰ Σοῦσα ἵζετο ἐς τὰ πρόθυρα τῶν βασιλέος οἰκίων καὶ ἔφη Δαρείου εὐεργέτης εἶναι. ἀγγέλλει ταῦτα 2 ἀκούσας ὁ πυλουρὸς τῷ βασιλέϊ· ὁ δὲ θωμάσας λέγει πρὸς αὐτόν· Καὶ τίς ἐστι Ἑλλήνων εὐεργέτης τῷ ἐγὼ προαιδεῦμαι, νεωστὶ μὲν τὴν ἀρχὴν ἔχων; ἀναβέβηκε δ' ἤ τις ἢ οὐδείς κω παρ' ἡμέας αὐτῶν, ἔχω δὲ χρέος ὡς εἰπεῖν οὐδὲν ἀνδρὸς Ἕλληνος· ὅμως δὲ αὐτὸν παράγετε ἔσω, ἵνα εἰδέω τί θέλων λέγει ταῦτα. παρῆγε ὁ πυλουρὸς τὸν 3 Συλοσῶντε, στάντα δὲ ἐς μέσον εἰρώτων οἱ ἑρμηνέες τίς

2 εἰκός ESV οἱ δὲ om. ABCEP 4 ἐὼν om. E
10 ὁρέων CPRSV 13 οὗτοι RV: τοῦτο S δὴ C σοι RV
αἰνέσας δὲ RSV 14 οἱ τοῦτο PRSV 15 εὐηθείην ABCE
παραβαίνοντος C 18 ἐς] ὡς ABCE 19 ἐν Αἰγ. ἔδωκε RSV
20 τῶν τοῦ E 21 ἀγγέλει CRV 22 ὁ πυλ. ἀκούσας RSV
θωυμ. L 23 τῷ] ᾧ L 24 δ' ἤ] δή C: δέ PRSV 25 ὡς om.
ABCE 26 παράγατε E

τε εἴη καὶ τί ποιήσας εὐεργέτης φησὶ εἶναι βασιλέος. εἶπε ὦν ὁ Συλοσῶν πάντα τὰ περὶ τὴν χλανίδα γενόμενα καὶ
4 ὡς αὐτὸς εἴη κεῖνος ὁ δούς. ἀμείβεται πρὸς ταῦτα ὁ Δαρεῖος· Ὦ γενναιότατε ἀνδρῶν, σὺ κεῖνος εἶς ὃς ἐμοὶ οὐδεμίαν ἔχοντί κω δύναμιν ἔδωκας, εἰ καὶ σμικρά, ἀλλ' ὧν ἴση γε ἡ χάρις ὁμοίως ὡς εἰ νῦν κοθέν τι μέγα λάβοιμι. ἀντ' ὧν τοι χρυσὸν καὶ ἄργυρον ἄπλετον δίδωμι, ὡς μή κοτέ τοι μεταμελήσῃ Δαρεῖον τὸν Ὑστάσπεος εὖ ποιήσαντι.
5 λέγει πρὸς ταῦτα ὁ Συλοσῶν· Ἐμοὶ μήτε χρυσόν, ὦ βασιλεῦ, μήτε ἄργυρον δίδου, ἀλλ' ἀνασωσάμενός μοι [δὸς] τὴν πατρίδα Σάμον, τὴν νῦν ἀδελφεοῦ τοῦ ἐμοῦ Πολυκράτεος ἀποθανόντος ὑπὸ Ὀροίτεω ἔχει δοῦλος ἡμέτερος,
141 ταύτην μοι δὸς ἄνευ τε φόνου καὶ ἐξανδραποδίσιος. ταῦτα ἀκούσας Δαρεῖος ἀπέστελλε στρατιήν τε καὶ στρατηγὸν Ὀτάνεα ἀνδρῶν τῶν ἑπτὰ γενόμενον, ἐντειλάμενος, ὅσων ἐδεήθη ὁ Συλοσῶν, ταῦτά οἱ ποιέειν ἐπιτελέα. καταβὰς δὲ ἐπὶ τὴν θάλασσαν ὁ Ὀτάνης ἔστελλε τὴν στρατιήν.
142 τῆς δὲ Σάμου Μαιάνδριος ὁ Μαιανδρίου εἶχε τὸ κράτος, ἐπιτροπαίην παρὰ Πολυκράτεος λαβὼν τὴν ἀρχήν· τῷ δικαιοτάτῳ ἀνδρῶν βουλομένῳ γενέσθαι οὐκ ἐξεγένετο.
2 ἐπειδὴ γάρ οἱ ἐξαγγέλθη ὁ Πολυκράτεος θάνατος, ἐποίεε τοιάδε· πρῶτα μὲν Διὸς Ἐλευθερίου βωμὸν ἱδρύσατο καὶ τέμενος περὶ αὐτὸν οὔρισε τοῦτο τὸ νῦν ἐν τῷ προαστίῳ ἐστί· μετὰ δέ, ὥς οἱ ἐπεποίητο, ἐκκλησίην συναγείρας
3 πάντων τῶν ἀστῶν ἔλεξε τάδε· Ἐμοί, ὡς ἴστε καὶ ὑμεῖς, σκῆπτρον καὶ δύναμις πᾶσα ἡ Πολυκράτεος ἐπιτέτραπται, καί μοι παρέχει νῦν ὑμέων ἄρχειν· ἐγὼ δὲ τὰ τῷ πέλας

1 φήσει RV   3 alt. ὁ om. ABCEP   4 εἶς] εἰ ABCEPS: ἢ RV   6 ὁμοίως ὡς om. RSV   7 ἀνθ' L   ἄπλετον om. E
8 τι R   μεταμελήσει ABC (κατα-) P: -σοι E   εὐποιήσαντι RV   10 δὸς om. ESV   11 τοῦ om. SV   μοῦ E
13 ταύτην... ἐξανδραποδίσιος om. RSV   τε om. E   14 ἀπέστελε C
16 ὁ om. ABC   18 Μαίανδρος C   ὁ om. PRSV   19 ἐπιτροπέειν AB: ἐπιτροπεύειν CP   23 προαστείῳ L (-στηίῳ C)   24 οἱ om. ABC   ἐκκλησίαν ABC   25 ἔλεγε RSV   27 δὲ om. SV   ταὐτὰ RSV

ΙΣΤΟΡΙΩΝ Γ

ἐπιπλήσσω, αὐτὸς κατὰ δύναμιν οὐ ποιήσω· οὔτε γάρ μοι Πολυκράτης ἤρεσκε δεσπόζων ἀνδρῶν ὁμοίων ἑωυτῷ οὔτε ἄλλος ὅστις τοιαῦτα ποιέει. Πολυκράτης μέν νυν ἐξέπλησε μοῖραν τὴν ἑωυτοῦ, ἐγὼ δὲ ἐς μέσον τὴν ἀρχὴν τιθεὶς ἰσονομίην ὑμῖν προαγορεύω. τοσάδε μέντοι δικαιῶ γέρεα 4 ἐμεωυτῷ γενέσθαι, ἐκ μέν γε τῶν Πολυκράτεος χρημάτων ἐξαίρετα ἓξ τάλαντά μοι γενέσθαι, ἱερωσύνην δὲ πρὸς τούτοισι αἱρεῦμαι αὐτῷ τέ μοι καὶ τοῖσι ἀπ' ἐμεῦ αἰεὶ γινομένοισι τοῦ Διὸς τοῦ Ἐλευθερίου, τῷ αὐτός τε ἱρὸν ἱδρυσάμην καὶ τὴν ἐλευθερίην ὑμῖν περιτίθημι. ὁ μὲν δὴ 5 ταῦτα τοῖσι Σαμίοισι ἐπαγγέλλετο, τῶν δέ τις ἐξαναστὰς εἶπε· Ἀλλ' οὐδ' ἄξιος εἶς σύ γε ἡμέων ἄρχειν, γεγονώς τε κακῶς καὶ ἐὼν ὄλεθρος, ἀλλὰ μᾶλλον ὅκως λόγον δώσεις τῶν μετεχείρισας χρημάτων. ταῦτα εἶπε ἐὼν ἐν τοῖσι 143 ἀστοῖσι δόκιμος, τῷ οὔνομα ἦν Τελέσαρχος. Μαιάνδριος δὲ νόῳ λαβὼν ὡς, εἰ μετήσει τὴν ἀρχήν, ἄλλος τις ἀντ' αὐτοῦ τύραννος καταστήσεται, οὐ δή τι ἐν νόῳ εἶχε μετιέναι αὐτήν, ἀλλ' ὡς ἀνεχώρησε ἐς τὴν ἀκρόπολιν, μεταπεμπόμενος ἕνα ἕκαστον ὡς δὴ λόγον τῶν χρημάτων δώσων, συνέλαβέ σφεας καὶ κατέδησε. οἱ μὲν δὴ ἐδεδέατο, Μαιάν- 2 δριον δὲ μετὰ ταῦτα κατέλαβε νοῦσος. ἐλπίζων δέ μιν ἀποθανέεσθαι ὁ ἀδελφεός, τῷ οὔνομα ἦν Λυκάρητος, ἵνα εὐπετεστέρως κατάσχῃ τὰ ἐν τῇ Σάμῳ πρήγματα, κατακτείνει τοὺς δεσμώτας πάντας· οὐ γὰρ δή, ὡς οἴκασι, ἐβούλοντο εἶναι ἐλεύθεροι. ἐπειδὴ ὦν ἀπίκοντο ἐς τὴν 144 Σάμον οἱ Πέρσαι κατάγοντες Συλοσῶντα, οὔτε τίς σφι χεῖρας ἀνταείρεται, ὑπόσπονδοί τε ἔφασαν εἶναι ἕτοιμοι οἱ

1 ἐπιπλήσω R   2 ἤρκεσε C   3 ὃς S V   7 ἱερωσύνην R V   δὲ] τε R S V   8 αὐτῷ τέ μοι Bekker : αὐτῷ τ' ἐμοὶ A B C P : ἐμοί τε αὐτῷ R S V   τοῖς R V   10 καὶ] καὶ αὐτὸς R S V   11 ἐπηγγ. C (corr. 1) R S V   τῶν] τῷ(ι) A B C P   12 εἶ L   ἡμῶν R V   13 κακὸς P R S V   δώσης V : δόσης R   16 δὲ om. C   17 οὐδ' ἔτι S   24 πάντας om. R S V   25 ἐβουλέατο L   εἶναι om. C   ἐπεὶ δὲ A B C   26 οὔτε] ἀεί τέ R S V   χεῖρά σφιν R : χεῖρά σφισιν S V   27 ἀνά τ' ἀείρετο R : ἀνατ' εἴρετο S V   ἕτοιμοι om. P R S V

τοῦ Μαιανδρίου στασιῶται καὶ αὐτὸς Μαιάνδριος ἐκχωρῆσαι ἐκ τῆς νήσου. καταινέσαντος δ' ἐπὶ τούτοισι Ὀτάνεω καὶ σπεισαμένου τῶν Περσέων οἱ πλείστου ἄξιοι θρόνους θέμενοι κατεναντίον τῆς ἀκροπόλιος κατέατο. Μαιανδρίῳ δὲ τῷ τυράννῳ ἦν ἀδελφεὸς ὑπομαργότερος, τῷ οὔνομα ἦν Χαρίλεως· οὗτος ὅ τι δὴ ἐξαμαρτὼν ἐν γοργύρῃ ἐδέδετο· καὶ δὴ τότε ἐπακούσας τε τὰ πρησσόμενα καὶ διακύψας διὰ τῆς γοργύρης, ὡς εἶδε τοὺς Πέρσας εἰρηναίως κατημένους, ἐβόα τε καὶ ἔφη λέγων Μαιανδρίῳ θέλειν ἐλθεῖν ἐς λόγους. 2 ἐπακούσας δὲ ὁ Μαιάνδριος λύσαντας αὐτὸν ἐκέλευε ἄγειν παρ' ἑωυτόν. ὡς δὲ ἄχθη τάχιστα, λοιδορέων τε καὶ κακίζων μιν ἀνέπειθε ἐπιθέσθαι τοῖσι Πέρσῃσι, λέγων τοιάδε· Ἐμὲ μέν, ὦ κάκιστε ἀνδρῶν, ἐόντα σεωυτοῦ ἀδελφεὸν καὶ ἀδικήσαντα οὐδὲν ἄξιον δεσμοῦ δήσας γοργύρης ἠξίωσας, ὁρέων δὲ τοὺς Πέρσας ἐκβάλλοντάς τέ σε καὶ ἄνοικον ποιέοντας οὐ τολμᾷς τείσασθαι, οὕτω δή τι ἐόντας 3 εὐπετέας χειρωθῆναι; ἀλλ' εἴ τοι σύ σφεας καταρρώδηκας, ἐμοὶ δὸς τοὺς ἐπικούρους, καί σφεας ἐγὼ τιμωρήσομαι τῆς ἐνθάδε ἀπίξιος· αὐτὸν δέ σε ἐκπέμψαι ἐκ τῆς νήσου ἕτοιμός εἰμι. ταῦτα ἔλεξε ὁ Χαρίλεως· Μαιάνδριος δὲ ὑπέλαβε τὸν λόγον, ὡς μὲν ἐγὼ δοκέω, οὐκ ἐς τοῦτο ἀφροσύνης ἀπικόμενος ὡς δόξαι τὴν ἑωυτοῦ δύναμιν περιέσεσθαι τῆς βασιλέος, ἀλλὰ φθονήσας μᾶλλον Συλοσῶντι εἰ ἀπονητὶ 2 ἔμελλε ἀπολάμψεσθαι ἀκέραιον τὴν πόλιν. ἐρεθίσας ὧν τοὺς Πέρσας ἤθελε ὡς ἀσθενέστατα ποιῆσαι τὰ Σάμια πρήγματα καὶ οὕτω παραδιδόναι, εὖ ἐξεπιστάμενος ὡς παθόντες οἱ Πέρσαι κακῶς προσεμπικρανέεσθαι ἔμελλον τοῖσι Σαμίοισι, εἰδώς τε ἑωυτῷ ἀσφαλέα ἔκδυσιν ἐοῦσαν

1 στρατιῶται A B C   2 Ὀτάνεω P: Ὀτάνεος rell.   4 κατεναντίων R   ἑκατέατο R S V: ἐκαθ. A B C P   5 Χαρίληος S: Χαρίλλος R V   7 τότε om. R S V   8 et 14 γοργύης C 14 δῆσαι γοργύρῃ R S V   15 τέ om. R S V   16 ποιεῦντας R S V   τολμᾶι C   τίσασθαι L   17 τοι] τι B   καταρρωδήσας C 20 ταῦτα δὲ A B C P   Χαρίληος R S V   25 ὡς] ἐς R S V 27 κακῶς om. A B C   πάρος ἐμπικρανέεσθαι R S V

ΙΣΤΟΡΙΩΝ Γ

ἐκ τῆς νήσου τότε ἐπεὰν αὐτὸς βούληται· ἐπεποίητο γάρ οἱ κρυπτὴ διῶρυξ ἐκ τῆς ἀκροπόλιος φέρουσα ἐπὶ θάλασσαν. αὐτὸς μὲν δὴ ὁ Μαιάνδριος ἐκπλέει ἐκ τῆς Σάμου, τοὺς 3 δ' ἐπικούρους πάντας ὁπλίσας ὁ Χαρίλεως καὶ ἀναπετάσας τὰς πύλας ἐξῆκε ἐπὶ τοὺς Πέρσας οὔτε προσδεκομένους τοιοῦτον οὐδὲν δοκέοντάς τε δὴ πάντα συμβεβάναι. ἐμπεσόντες δὲ οἱ ἐπίκουροι τῶν Περσέων τοὺς διφροφορευμένους τε καὶ λόγου πλείστου ἐόντας ἔκτεινον. καὶ οὗτοι μὲν 4 ταῦτα ἐποίευν, ἡ δὲ ἄλλη στρατιὴ ἡ Περσικὴ ἐπεβοήθεε, πιεζεύμενοι δὲ οἱ ἐπίκουροι ὀπίσω κατειλήθησαν ἐς τὴν ἀκρόπολιν. Ὀτάνης δὲ ὁ στρατηγὸς ἰδὼν πάθος μέγα 147 Πέρσας πεπονθότας ⟨τὰς μὲν⟩ ἐντολὰς [τε] τὰς Δαρεῖός οἱ ἀποστέλλων ἐνετέλλετο, μήτε κτείνειν μηδένα Σαμίων μήτε ἀνδραποδίζεσθαι ἀπαθέα τε κακῶν ἀποδοῦναι τὴν νῆσον Συλοσῶντι, τουτέων μὲν τῶν ἐντολέων μεμνημένος ἐπελανθάνετο, ὁ δὲ παρήγγειλε τῇ στρατιῇ πάντα τὸν ἂν λάβωσι, καὶ ἄνδρα καὶ παῖδα, ὁμοίως κτείνειν. ἐνθαῦτα 2 τῆς στρατιῆς οἱ μὲν τὴν ἀκρόπολιν ἐπολιόρκεον, οἱ δὲ ἔκτεινον πάντα τὸν ἐμποδὼν γινόμενον, ὁμοίως ἔν τε ἱρῷ καὶ ἔξω ἱροῦ. Μαιάνδριος δ' ἀποδρὰς ἐκ τῆς Σάμου ἐκπλέει 148 ἐς Λακεδαίμονα· ἀπικόμενος δὲ ἐς αὐτὴν καὶ ἀνενεικάμενος τὰ ἔχων ἐξεχώρησε ἐποίεε τοιάδε· ὅκως ποτήρια ἀργυρέα τε καὶ χρύσεα προθεῖτο, οἱ μὲν θεράποντες αὐτοῦ ἐξέσμων αὐτά, ὁ δ' ἂν τὸν χρόνον τοῦτον Κλεομένεϊ τῷ Ἀναξανδρίδεω ἐν λόγοισι ἐών, βασιλεύοντι Σπάρτης, προῆγέ μιν ἐς τὰ οἰκία· ὅκως δὲ ἴδοιτο ὁ Κλεομένης τὰ ποτήρια, ἀπεθώμαζέ τε καὶ ἐξεπλήσσετο· ὁ δὲ ἂν ἐκέλευε αὐτὸν ἀποφέρεσθαι αὐτῶν ὅσα βούλοιτο. τοῦτο καὶ δὶς καὶ τρὶς 2

3 ἐκπλεῖ RSV   4 Χαρίληος RSV   6 τοιοῦτο ABCP
10 πιεζόμενοι CP   12 τὰς μὲν add. Cobet   τε del. Krueger
οἱ om. ABC   15 τούτων ABRSV   21 ἐνενεικ. RSV   23 τε
om. ABE   προθέοιτο Bredow   ἐξέσμον R   24 ἀνὰ E
τοῦτον τὸν χρόνον RSV   τῷ Κλ. τῷ ABCEP   26 ὁ om.
ABCEP   27 ἐπεθώμ. ABE: ἐπεθωύμ. C: ἀπεθώυμ. P   ὃς ABC
28 ἀποφέρεσθαι ὁκόσα E

εἴπαντος Μαιανδρίου ὁ Κλεομένης δικαιότατος ἀνδρῶν γίνεται, ὃς λαβεῖν μὲν διδόμενα οὐκ ἐδικαίου, μαθὼν δὲ ὡς ἄλλοισι διδοὺς τῶν ἀστῶν εὑρήσεται τιμωρίην, βὰς ἐπὶ τοὺς ἐφόρους ἄμεινον εἶναι ἔφη τῇ Σπάρτῃ τὸν ξεῖνον τὸν Σάμιον ἀπαλλάσσεσθαι ἐκ τῆς Πελοποννήσου, ἵνα μὴ ἀναπείσῃ ἢ αὐτὸν ἢ ἄλλον τινὰ Σπαρτιητέων κακὸν γενέσθαι.

149 οἱ δ' ὑπακούσαντες ἐξεκήρυξαν Μαιάνδριον. τὴν δὲ Σάμον σαγηνεύσαντες οἱ Πέρσαι παρέδοσαν Συλοσῶντι ἔρημον ἐοῦσαν ἀνδρῶν. ὑστέρῳ μέντοι χρόνῳ καὶ συγκατοίκισε αὐτὴν ὁ στρατηγὸς Ὀτάνης ἔκ τε ὄψιος ὀνείρου καὶ νούσου ἥ μιν κατέλαβε νοσῆσαι τὰ αἰδοῖα.

150 Ἐπὶ δὲ Σάμον στρατεύματος ναυτικοῦ οἰχομένου Βαβυλώνιοι ἀπέστησαν, κάρτα εὖ παρεσκευασμένοι· ἐν ὅσῳ γὰρ ὅ τε μάγος ἦρχε καὶ οἱ ἑπτὰ ἐπανέστησαν, ἐν τούτῳ παντὶ τῷ χρόνῳ καὶ τῇ ταραχῇ ἐς τὴν πολιορκίην παρεσκευάδατο. 2 καί κως ταῦτα ποιεῦντες ἐλάνθανον. ἐπείτε δὲ ἐκ τοῦ ἐμφανέος ἀπέστησαν, ἐποίησαν τοιόνδε· τὰς μητέρας ἐξελόντες γυναῖκα ἕκαστος μίαν προσεξαιρέετο τὴν ἐβούλετο ἐκ τῶν ἑωυτοῦ οἰκίων, τὰς δὲ λοιπὰς ἁπάσας συναγαγόντες ἀπέπνιξαν· τὴν δὲ μίαν ἕκαστος σιτοποιὸν ἐξαιρέετο. ἀπέπνιξαν δὲ αὐτάς, ἵνα μή σφεων τὸν σῖτον ἀναισιμώσωσι.

151 πυθόμενος δὲ ταῦτα ὁ Δαρεῖος καὶ συλλέξας πᾶσαν τὴν ἑωυτοῦ δύναμιν ἐστρατεύετο ἐπ' αὐτούς, ἐπελάσας δὲ ἐπὶ τὴν Βαβυλῶνα ἐπολιόρκεε φροντίζοντας οὐδὲν τῆς πολιορκίης. ἀναβαίνοντες γὰρ ἐπὶ τοὺς προμαχεῶνας τοῦ τείχεος οἱ Βαβυλώνιοι κατωρχέοντο καὶ κατέσκωπτον Δαρεῖον καὶ τὴν 2 στρατιὴν αὐτοῦ, καί τις αὐτῶν εἶπε τοῦτο τὸ ἔπος· Τί κάτησθε, ὦ Πέρσαι, ἐνθαῦτα, ἀλλ' οὐκ ἀπαλλάσσεσθε; τότε γὰρ αἱρήσετε ἡμέας, ἐπεὰν ἡμίονοι τέκωσι· τοῦτο εἶπε τῶν

2 ὃς om. RV : καὶ S ἐδικαίευ CP 3 διαδιδοῖ RSV
6 pr. ἢ om. ABC 7 οἳ πακούσαντες R ἐξεκήρ....σαγην. om.
RSV 9 συγκατοίκησεν RSV 10 νόσου RSV 13 κάρτα
om. SV παρασκευασμένοι V 15 τὴν om. RSV
παρεσκευάζοντο ABRSV 22 ἅπασαν RSV 28 κάθησθε
AERV ὦ om. E 29 τις τῶν SV

ΙΣΤΟΡΙΩΝ Γ

τις Βαβυλωνίων, οὐδαμὰ ἐλπίζων ἂν ἡμίονον τεκεῖν. ἑπτὰ δὲ μηνῶν καὶ ἐνιαυτοῦ διεληλυθότος ἤδη ὁ Δαρεῖός τε ἤσχαλλε καὶ ἡ στρατιὴ πᾶσα οὐ δυνατὴ ἐοῦσα ἑλεῖν τοὺς Βαβυλωνίους. καίτοι πάντα σοφίσματα καὶ πάσας μηχανὰς ἐπεποιήκεε ἐς αὐτοὺς Δαρεῖος· ἀλλ᾽ οὐδ᾽ ὣς ἐδύνατο ἑλεῖν σφεας, ἄλλοισί τε σοφίσμασι πειρησάμενος καὶ δὴ καὶ τῷ Κῦρος εἷλέ σφεας, καὶ τούτῳ ἐπειρήθη. ἀλλὰ γὰρ δεινῶς ἦσαν ἐν φυλακῇσι οἱ Βαβυλώνιοι, οὐδέ σφεας οἷός τε ἦν ἑλεῖν. ἐνθαῦτα εἰκοστῷ μηνὶ Ζωπύρῳ τῷ Μεγαβύζου τούτου ὃς τῶν ἑπτὰ ἀνδρῶν ἐγένετο τῶν τὸν μάγον κατελόντων, τούτου τοῦ Μεγαβύζου παιδὶ Ζωπύρῳ ἐγένετο τέρας τόδε· τῶν οἱ σιτοφόρων ἡμιόνων μία ἔτεκε. ὡς δέ οἱ ἐξαγγέλθη καὶ ὑπὸ ἀπιστίης αὐτὸς ὁ Ζώπυρος εἶδε τὸ βρέφος, ἀπείπας τοῖσι ἰδοῦσι μηδενὶ φράζειν τὸ γεγονὸς ἐβουλεύετο. καί οἱ πρὸς τὰ τοῦ Βαβυλωνίου ῥήματα, ὃς κατ᾽ ἀρχὰς ἔφησε, ἐπεάν περ ἡμίονοι τέκωσι, τότε τὸ τεῖχος ἁλώσεσθαι, πρὸς ταύτην τὴν φήμην Ζωπύρῳ ἐδόκεε εἶναι ἁλώσιμος ἤδη ἡ Βαβυλών· σὺν γὰρ θεῷ ἐκεῖνόν τε εἰπεῖν καὶ ἑωυτῷ τεκεῖν τὴν ἡμίονον. ὡς δέ οἱ ἐδόκεε μόρσιμον εἶναι ἤδη τῇ Βαβυλῶνι ἁλίσκεσθαι, προσελθὼν Δαρείου ἀπεπυνθάνετο εἰ περὶ πολλοῦ κάρτα ποιέεται τὴν Βαβυλῶνα ἑλεῖν. πυθόμενος δὲ ὡς πολλοῦ τιμῷτο, ἄλλο βουλεύεται, ὅκως αὐτός τε ἔσται ὁ ἑλὼν αὐτὴν καὶ ἑωυτοῦ τὸ ἔργον ἔσται· κάρτα γὰρ ἐν [τοῖσι] Πέρσῃσι αἱ ἀγαθοεργίαι ἐς τὸ πρόσω μεγάθεος τιμῶνται. ἄλλῳ μέν νυν οὐκ ἐφράζετο ἔργῳ δυνατὸς εἶναί μιν ὑποχειρίην ποιῆσαι, εἰ δ᾽ ἑωυτὸν λωβησάμενος αὐτομολήσειε ἐς αὐτούς. ἐνθαῦτα

1 ἂν om. E 3 ἤσχαλε A C 5 ἐπεποίηκε A: ἐποιήκεεν V: ἐποίκεεν R ἐς] an ἐπ᾽? 7 τοῦτο R V 9 et 11 Μεγαβύξου A 10 τούτου om. A B C 11 τούτῳ τῷ A B C P 14 ἰδοῦσι] δούλοισι R S V Pm 15 ἐβούλετο C 17 ταῦτα C φημιν R S V 18 ἤδη om. Λ B C P 20 ἤδη εἶναι R S V 21 Δαρεῖον R S V: Δαρείῳ Aldus 23 ἐβουλεύετο A B C P 24 τοῖσι om. R S V ἀγαθουργίαι Λ B C 25 νυν om. A B C 26 αὐτοχειρίην A B: αὐτοχειρίῃ C ποιῆσαι om. R S V

III. 154 ΗΡΟΔΟΤΟΥ

ἐν ἐλαφρῷ ποιησάμενος ἑωυτὸν λωβᾶται λώβην ἀνήκεστον· ἀποταμὼν γὰρ ἑωυτοῦ τὴν ῥῖνα καὶ τὰ ὦτα καὶ τὴν κόμην κακῶς περικείρας καὶ μαστιγώσας ἦλθε παρὰ Δαρεῖον.
155 Δαρεῖος δὲ κάρτα βαρέως ἤνεικε ἰδὼν ἄνδρα τὸν δοκιμώτατον λελωβημένον, ἔκ τε τοῦ θρόνου ἀναπηδήσας ἀνέβωσέ τε καὶ εἴρετό μιν ὅστις εἴη ὁ λωβησάμενος καὶ
2 ὅ τι ποιήσαντα. ὁ δὲ εἶπε· Οὐκ ἔστι οὗτος ἀνὴρ ὅτι μὴ σύ, τῷ ἐστὶ δύναμις τοσαύτη ἐμὲ δὴ ὧδε διαθεῖναι, οὐδέ τις ἀλλοτρίων, ὦ βασιλεῦ, τάδε ἔργασται, ἀλλ' αὐτὸς ἐγὼ ἐμεωυτόν, δεινόν τι ποιεύμενος Ἀσσυρίους Πέρσῃσι κατα-
3 γελᾶν. ὁ δ' ἀμείβετο· Ὦ σχετλιώτατε ἀνδρῶν, ἔργῳ τῷ αἰσχίστῳ οὔνομα τὸ κάλλιστον ἔθευ, φὰς διὰ τοὺς πολιορκεομένους σεωυτὸν ἀνηκέστως διαθεῖναι· τί δ', ὦ μάταιε, λελωβημένου σεῦ θᾶσσον οἱ πολέμιοι παραστήσονται; κῶς οὐκ ἐξέπλωσας τῶν φρενῶν σεωυτὸν δια-
4 φθείρας; ὁ δὲ εἶπε· Εἰ μέν τοι ὑπερετίθεα τὰ ἔμελλον ποιήσειν, οὐκ ἄν με περιεῖδες· νῦν δ' ἐπ' ἐμεωυτοῦ βαλόμενος ἔπρηξα. ἤδη ὦν, ἢν μὴ τῶν σῶν δεήσῃ, αἱρέομεν Βαβυλῶνα. ἐγὼ μὲν γὰρ ὡς ἔχω αὐτομολήσω ἐς τὸ τεῖχος καὶ φήσω πρὸς αὐτοὺς ὡς ὑπὸ σεῦ τάδε πέπονθα. καὶ δοκέω
5 πείσας σφέας ταῦτα ἔχειν οὕτω τεύξεσθαι στρατιῆς. σὺ δέ, ἀπ' ἧς ἂν ἡμέρης ἐγὼ ἐσέλθω ἐς τὸ τεῖχος, ἀπὸ ταύτης ἐς δεκάτην ἡμέρην τῆς σεωυτοῦ στρατιῆς, τῆς μηδεμία ἔσται ὥρη ἀπολλυμένης, ταύτης χιλίους τάξον κατὰ τὰς Σεμιράμιος καλεομένας πύλας· μετὰ δὲ αὖτις ἀπὸ τῆς δεκάτης ἐς ἑβδόμην ἄλλους μοι τάξον δισχιλίους κατὰ τὰς Νινίων καλεομένας πύλας· ἀπὸ δὲ τῆς ἑβδόμης διαλείπειν

2 τὴν ῥῖνα ἑωυτοῦ RSV   4 τὸν om. ABCP   5 καὶ ἔκ τε RSV   πηδήσας RSV   6 τε om. ABC: τι SV   7 ωνὴρ ABCP   8 οὔτε RSV   9 ὦ om. RSV   τάδε εἴργασται (sic L) βασ. RSV   13 -κευμένους RSV   δ' om. ABC   15 πῶς ABC   ἐξάμβλωσας RSV   16 τοι] σοι suprascr. A   17 ἐμωυτοῦ R   βαλλόμενος BRSV   18 δεήσει AB   20 ἔπαθον ABC   21 τεύξασθαι RV   23 ἑωυτοῦ RSV   οὐδεμία ABCP   24 τὰς] τῆς RV   25 Σεμιράμιδος C, corr. 1   26 χιλίους CP   27 διαλιπὼν ABC

ΙΣΤΟΡΙΩΝ Γ

εἴκοσι ἡμέρας καὶ ἔπειτα ἄλλους κάτισον ἀγαγὼν κατὰ τὰς Χαλδαίων καλεομένας πύλας τετρακισχιλίους. ἐχόντων δὲ μήτε οἱ πρότεροι μηδὲν τῶν ἀμυνεύντων μήτε οὗτοι, πλὴν ἐγχειριδίων· τοῦτο δὲ ἐᾶν ἔχειν. μετὰ δὲ τὴν εἰκοστὴν 6 ἡμέρην ἰθέως τὴν μὲν ἄλλην· στρατιὴν κελεύειν πέριξ προσβάλλειν πρὸς τὸ τεῖχος, Πέρσας δέ μοι τάξον κατά τε τὰς Βηλίδας καλεομένας καὶ Κισσίας πύλας· ὡς γὰρ ἐγὼ δοκέω, ἐμέο μεγάλα ἔργα ἀποδεξαμένου τά τε ἄλλα ἐπιτρέψονται ἐμοὶ Βαβυλώνιοι καὶ δὴ καὶ τῶν πυλέων τὰς βαλανάγρας· τὸ δὲ ἐνθεῦτεν ἐμοί τε καὶ Πέρσῃσι μελήσει τὰ δεῖ ποιέειν. ταῦτα ἐντειλάμενος ἤιε ἐπὶ τὰς πύλας, 156 ἐπιστρεφόμενος ὡς δὴ ἀληθέως αὐτόμολος. ὁρῶντες δὲ ἀπὸ τῶν πύργων οἱ κατὰ τοῦτο τεταγμένοι κατέτρεχον κάτω καὶ ὀλίγον τι παρακλίναντες τὴν ἑτέρην πύλην εἰρώτων τίς τε εἴη καὶ ὅτευ δεύμενος ἥκοι. ὁ δέ σφι ἠγόρευε ὡς εἴη τε Ζώπυρος καὶ αὐτομολέοι ἐς ἐκείνους. ἦγον δή μιν οἱ 2 πυλουροί, ταῦτα ὡς ἤκουσαν, ἐπὶ τὰ κοινὰ τῶν Βαβυλωνίων· καταστὰς δὲ ἐπ' αὐτὰ κατοικτίζετο, φὰς ὑπὸ Δαρείου πεπονθέναι τὰ ἐπεπόνθεε ὑπ' ἑωυτοῦ, παθεῖν δὲ ταῦτα διότι συμβουλεῦσαί οἱ ἀπανιστάναι τὴν στρατιήν, ἐπείτε δὴ οὐδεὶς πόρος ἐφαίνετο τῆς ἁλώσιος. Νῦν τε, ἔφη λέγων, 3 ἐγὼ ὑμῖν, ὦ Βαβυλώνιοι, ἥκω μέγιστον ἀγαθόν, Δαρείῳ δὲ καὶ τῇ στρατιῇ [καὶ Πέρσῃσι] μέγιστον κακόν· οὐ γὰρ δὴ ἐμέ γε ὧδε λωβησάμενος καταπροΐξεται· ἐπίσταμαι δ' αὐτοῦ πάσας τὰς διεξόδους τῶν βουλευμάτων. τοιαῦτα ἔλεγε. οἱ δὲ Βαβυλώνιοι ὁρῶντες ἄνδρα τὸν ἐν Πέρσῃσι δοκι- 157 μώτατον ῥινός τε καὶ ὤτων ἐστερημένον μάστιξί τε καὶ αἵματι ἀναπεφυρμένον, πάγχυ ἐλπίσαντες λέγειν μιν ἀληθέα καί σφι ἥκειν σύμμαχον ἐπιτράπεσθαι ἕτοιμοι ἦσαν τῶν

---

2 πύλας ante καλ. R S V: om. C   3 μηδ' ἐν R   ἀμυνούντων L
7 τε om. R S V   πύλας καὶ Κ. C P   9 ἐπιτράψονται A B C P
11 τὰ δεῖ Reiske: τάδε L   ἐπὶ] πρὸς R S V   12 ὁρέοντες C P R S V
14 τι om. R S V   17 πυλωροί R S V   20 δὴ Schweighaeuser:
δὲ A B C R: om. P S V   23 καὶ Πέρσῃσι om. P R S V   24 καταπροΐζεται R V   26 τῶν C P   29 ἐπιτραπέσθαι R V

2 ἐδέετο σφέων· ἐδέετο δὲ στρατιῆς. ὁ δὲ ἐπείτε αὐτῶν τοῦτο παρέλαβε, ἐποίεε τά περ τῷ Δαρείῳ συνεθήκατο· ἐξαγαγὼν γὰρ τῇ δεκάτῃ ἡμέρῃ τὴν στρατιὴν τῶν Βαβυλωνίων καὶ κυκλωσάμενος τοὺς χιλίους τοὺς πρώτους ἐνε-
3 τείλατο Δαρείῳ τάξαι, τούτους κατεφόνευσε. μαθόντες δέ μιν οἱ Βαβυλώνιοι τοῖσι ἔπεσι τὰ ἔργα παρεχόμενον ὅμοια, πάγχυ περιχαρέες ἐόντες πᾶν δὴ ἕτοιμοι ἦσαν ὑπηρετέειν. ὁ δὲ διαλιπὼν ἡμέρας τὰς συγκειμένας αὖτις ἐπιλεξάμενος τῶν Βαβυλωνίων ἐξήγαγε καὶ κατεφόνευσε
4 τῶν Δαρείου στρατιωτέων τοὺς δισχιλίους. ἰδόντες δὲ καὶ τοῦτο τὸ ἔργον οἱ Βαβυλώνιοι πάντες Ζώπυρον εἶχον ἐν στόμασι αἰνέοντες. ὁ δὲ αὖτις διαλιπὼν τὰς συγκειμένας ἡμέρας ἐξήγαγε ἐς τὸ προειρημένον καὶ κυκλωσάμενος κατεφόνευσε τοὺς τετρακισχιλίους. ὡς δὲ καὶ τοῦτο κατεργάσατο, πάντα δὴ ἦν ἐν τοῖσι Βαβυλωνίοισι Ζώπυρος, καὶ στρατ-
158 άρχης τε οὗτός σφι καὶ τειχοφύλαξ ἀπεδέδεκτο. προσβολὴν δὲ Δαρείου κατὰ τὰ συγκείμενα ποιευμένου πέριξ τὸ τεῖχος, ἐνθαῦτα δὴ πάντα τὸν δόλον ὁ Ζώπυρος ἐξέφαινε. οἱ μὲν γὰρ Βαβυλώνιοι ἀναβάντες ἐπὶ τὸ τεῖχος ἠμύνοντο τὴν Δαρείου στρατιὴν προσβάλλουσαν, ὁ δὲ Ζώπυρος τάς τε Κισσίας καὶ Βηλίδας καλεομένας πύλας ἀναπετάσας ἐσῆκε
2 τοὺς Πέρσας ἐς τὸ τεῖχος. τῶν δὲ Βαβυλωνίων οἱ μὲν εἶδον τὸ ποιηθέν, οὗτοι μὲν ἔφευγον ἐς τοῦ Διὸς τοῦ Βήλου τὸ ἱρόν, οἱ δὲ οὐκ εἶδον, ἔμενον ἐν τῇ ἑωυτοῦ τάξι ἕκαστος,
159 ἐς ὃ δὴ καὶ οὗτοι ἔμαθον προδεδομένοι. Βαβυλὼν μέν νυν οὕτω τὸ δεύτερον αἱρέθη, Δαρεῖος δὲ ἐπείτε ἐκράτησε τῶν Βαβυλωνίων, τοῦτο μέν σφεων τὸ τεῖχος περιεῖλε καὶ τὰς πύλας πάσας ἀπέσπασε (τὸ γὰρ πρότερον ἑλὼν Κῦρος τὴν Βαβυλῶνα ἐποίησε τούτων οὐδέτερον), τοῦτο δὲ ὁ Δαρεῖος

5 τάξαι om. RSV   9 ἐξήγαγε... Βαβυλώνιοι om. R   11 πάντα RSV   12 στόματι C   14 κατέργαστο ABCP   15 ἐν del. Cobet   στρατιάρχης ABC   16 ἀπεδέκετο RSV   19 γὰρ] γὰρ δὴ S   21 καὶ] καὶ τὰς RSV   23 ἴδον R   μὲν om. ABCP   24 τάξει CPRSV

ΙΣΤΟΡΙΩΝ Γ

τῶν ἀνδρῶν τοὺς κορυφαίους μάλιστα ἐς τρισχιλίους ἀνεσκολόπισε, τοῖσι δὲ λοιποῖσι Βαβυλωνίοισι ἀπέδωκε τὴν πόλιν οἰκέειν. ὡς δ' ἕξουσι γυναῖκας οἱ Βαβυλώνιοι, ἵνα 2 σφι γενεὴ ὑπογίνηται, τάδε Δαρεῖος προιδὼν ἐποίησε (τὰς γὰρ ἑωυτῶν, ὡς καὶ κατ' ἀρχὰς δεδήλωται, ἀπέπνιξαν οἱ Βαβυλώνιοι τοῦ σίτου προορῶντες)· ἐπέταξε τοῖσι περιοίκοισι ἔθνεσι γυναῖκας ἐς Βαβυλῶνα κατιστάναι, ὅσας δὴ ἑκάστοισι ἐπιτάσσων, ὥστε πέντε μυριάδων τὸ κεφαλαίωμα τῶν γυναικῶν συνῆλθε. ἐκ τουτέων δὲ τῶν γυναικῶν οἱ νῦν Βαβυλώνιοι γεγόνασι. Ζωπύρου δὲ οὐδεὶς ἀγαθοεργίην 160 Περσέων ὑπερεβάλετο παρὰ Δαρείῳ κριτῇ, οὔτε τῶν ὕστερον γενομένων οὔτε τῶν πρότερον, ὅτι μὴ Κῦρος μοῦνος· τούτῳ γὰρ οὐδεὶς Περσέων ἠξίωσέ κω ἑωυτὸν συμβαλεῖν. πολλάκις δὲ Δαρεῖον λέγεται γνώμην τήνδε ἀποδέξασθαι, ὡς βούλοιτο ἂν Ζώπυρον εἶναι ἀπαθέα τῆς ἀεικείης μᾶλλον ἢ Βαβυλῶνάς οἱ εἴκοσι πρὸς τῇ ἐούσῃ προσγενέσθαι. ἐτίμησε δέ μιν μεγάλως· καὶ γὰρ δῶρά οἱ ἀνὰ πᾶν ἔτος 2 ἐδίδου ταῦτα τὰ Πέρσῃσί ἐστι τιμιώτατα καὶ τὴν Βαβυλῶνά οἱ ἔδωκε ἀτελέα νέμεσθαι μέχρι τῆς ἐκείνου ζόης καὶ ἄλλα πολλὰ ἐπέδωκε. Ζωπύρου δὲ τούτου γίνεται Μεγάβυζος, ὃς ἐν Αἰγύπτῳ ἀντία Ἀθηναίων καὶ τῶν συμμάχων ἐστρατήγησε· Μεγαβύζου δὲ τούτου γίνεται Ζώπυρος, ὃς ἐς Ἀθήνας ηὐτομόλησε ἐκ Περσέων.

1 μάλιστα om. C   2 τοῖς δὲ λοιποῖς Βαβυλωνίοις R S V
4 γενεὴ Bekker : γένεα S : γένη rell.   ὑπογέν. S : ἐπιγίν. Krueger
τὰς] τὰ R V   5 καὶ om. S V   6 -ρέοντες A B P : -ρέωντες C
7 γυναῖκα A B C   καθιστ. A B C   ὅσας δὴ om A B C   8 μυριάδες
S[V]   10 -εργείην A B C   11 ὑπερεβάλλετο V   οὐδὲ A B C E
12 οὐδὲ A B C E   μόνος A B C E   13 συμβαλέειν L   14 Δαρεῖον
om. A B C   15 ἀϊκίης R S V : ἀεικίης E   17 ἀν' ἅπαν R S V
18 ταῦτα om. R S V   19 ζώης B C V   20 -βυξος A E V
22 -βύξου Λ E   γείνεται R V   ἐν C   23 αὐτομόλησεν R S V
Περσέων μετὰ δὲ τὴν Βαβυλῶνος αἵρεσιν R S V

Commentary

Abbreviations:
S   H.W. Smyth, *Greek Grammar*, revised by G. Messing (Cambridge, Mass., 1956)
GP   J.D. Denniston, *Greek Particles* (Oxford, 1954²)
How and Wells   W.W. How and J. Wells, *A Commentary on Herodotus* (Oxford, 1928)
Powell   J. E. Powell, *A Lexicon to Herodotus* (Cambridge, 1938)
sc.   "supply"
<   "is from"

1.1 δή: "so then," resumptive (GP 209), as Herodotus takes up again the historical narrative which had been interrupted by the lengthy digression on Egypt which constitutes Book II.
Ἄμασιν: king of Egypt, 570–526 B.C.
Καμβύσης: king of Persia from 530 to 522 B.C., defeating the Egyptians under Amasis in 525 B.C.
ὁ Κύρου: "the (son) of Cyrus (the Great)," whose rise to power and reign as founder of the Persian Empire (559–530 B.C) is recounted by Herodotus in Book I.
τῶν = Attic ὧν, genitive with a verb of ruling (S 1370).
Ἑλλήνων: partitive genitive, "from among those Greeks."
Ἰωνάς τε καὶ Αἰολέας: Ionia consisted of the western portion of Asia Minor from about Smyrna south to Miletus, including the offshore islands in that region; Aeolis was the northern portion of the coast of Asia Minor from the Troad to the River Hermus. See map.
αἴτεε = Attic ᾔτει, imperfect <αἰτέω, "ask x (accusative) for y (accusative)."
ἔπρηξε = Attic ἔπραξε.
μιν = Attic αὐτόν.
ἰητρῶν = Attic ἰατρῶν.
ἔκδοτον ἐποίησε: i.e., "surrendered him over."

1.2 ἐνῆγε: "was pressing (the matter)."
ἀνιῷτο: present middle optative <ἀνιάομαι, "be distressed."
ἀρρωδέων = Attic ὀρρωδῶν: "fearing."

1

οὐχ εἶχε οὔτε ... οὔτε: "was unable ... either ... or." For ἔχω + infinitive, see S 2000; for the negatives reinforcing οὐκ, see S 2760.

ἔμελλε: "was likely."

1.3 Ἀπρίεω: genitive <Ἀπρίης, who ruled Egypt from 589 to 570 B.C.

μούνη = Attic μόνη.
λελειμμένη: <λείπω.
οὔνομα = Attic ὄνομα.
οἱ = Attic αὐτῇ.

1.4 πατρόθεν: "from her father," i.e., calling her the daughter of Amasis. For the suffix, see S 342. The angle brackets around the preceding word (<Καμβύσης>) indicate an addition which the modern editor feels is required for the transmitted text to make sense. Square brackets (cf. 5.1) indicate words which the editor judges to be spurious because they disrupt syntax or sense.

διαβεβλημένος ... οὐ μανθάνεις: "you are not aware that you have been deceived"; supplementary participle (S 2046).
ὡς: here, "as if."
Ἀπρίεω: "(daughter) of Apries."
τόν = Attic ὅν.
ἐπαναστάς: <ἐπανίσταμαι, "rise in revolt."

1.5 αἰτίη = Attic αἰτία.

2.1 οἰκηιεῦνται = Attic οἰκειοῦνται, "claim as their own."
γὰρ εἶναι: "for (they say) that ... " The verb governing the infinitive in indirect discourse is, as often, to be supplied from the context.

2.2 οὐ ... αὐτούς: "now they were not unaware, either (οὐδέ)."
λέληθε <λανθάνω. Herodotus, as often, fails to complete the antithesis indicated by an initial μέν.
εἰ γάρ τινες καὶ ἄλλοι: "for if any other men also (know the customs of the Persians)," i.e., "if any people knows the customs of the Persians, the Egyptians do."
ἐπιστέαται = Attic ἐπίστανται.
σφι = Attic αὐτοῖς.
Κασσανδάνης: the wife of Cyrus.
Ἀχαιμενίδεω = Attic Ἀχαιμενίδου, "of the Achaemenid family," i.e., the first royal house of Persia, named after the legendary hero Achaemenes.

τῆς Αἰγυπτίης: sc. γυναικός.
οἰκίη συγγενέες = Attic οἰκίᾳ συγγενεῖς.

3.1 παρεστεῶτα = Attic παρεστῶτα, perfect participle < παρίστημι.
εὐειδέα = Attic εὐειδῆ.
ὑπερθωμάζουσα = Attic ὑπερθαυμάζουσα; cf. θώματι, 3.3.
ἐοῦσα = Attic οὖσα.

3.2 μέντοι: "and yet."
ἀτιμίη = Attic ἀτιμίᾳ.
ἐπίκτητον: "acquired after."
εἰπεῖν: See on 2.1.

3.3 τὰ μὲν ἄνω: "the upper regions."
ἔτεα = Attic ἔτη < ἔτος, "year."
ὡς: "about," as often with numerals.
κου = Attic που, "perhaps."

4.1 συνήνεικε: < συμφέρω, here, impersonal with infinitive, "it happened that."
ἐς: here, "to."
τῶν ἐπικούρων: "among the mercenaries."
οἱ = Attic αὐτῷ; cf. on 1.3.
γένος ... γνώμην ... τὰ πολέμια: accusatives of respect.
Ἁλικαρνησσεύς: "of Halicarnassus," the hometown of Herodotus, in southwestern Asia Minor.

4.2 κου: here, as often, "I imagine."
ἐκδιδρήσκει = Attic ἐκδιδράσκει, "escapes"; historical present, as often in Herodotus.
ἐλθεῖν ἐς λόγους: "to speak with," + dative.
οἷα ... ἐόντα: οἷα + participle = a causal clause (S 2085); "inasmuch as he was."
λόγου: "of account," genitive of price or value (S 1372–74).
σπουδὴν ποιεύμενος: "being eager"; ποιεύμενος = Attic ποιούμενος.
αἱρέει = Attic αἱρεῖ.
περιῆλθε: "got around," i.e., "outwitted."

4.3 ὁρμημένῳ: "being minded to, eager to," + infinitive. The perfect passive of ὁρμάω is common in this sense.
τὴν ἔλασιν ... διεκπερᾷ: "as to the route of march, how he might traverse it, being waterless." ἄνυδρος is a two-ending adjective.

πέμψαντα ... δέεσθαι: indirect discourse after παραινέων; "that (he) sending (a messenger) ... should ask (the king) to ..."

5.1 μούνῃ ... ταύτῃ: sc. χώρῃ, "in this place alone."
οὔρων = Attic ὄρων < ὄρος, "boundary."
Καδύτιος πόλιος: probably Gaza. Some identify it as Jerusalem, but Herodotus clearly intends a coastal city, which Jerusalem was not. πόλιος is Ionic genitive from πόλις.
[ᾗ]: See on 1.4.
ἐστι: "belongs to," + genitive.

5.2 Σαρδίων: Sardis, the capital of Lydia in Asia Minor; genitive of comparison.
Ἰηνύσου: location unknown.
Σερβωνίδος λίμνης: "This lake (now dry) lay parallel to the sea on the east side of Egypt ... It was much feared for its swampy shores ... " (How and Wells on II.6.1).
ὄρος: "mountain" (note breathing); in reality, a sand dune of moderate height which lay at the boundary between Syria and Egypt.

5.3 τῇ = Attic ᾗ.
λόγος: "(it is) the story (that)."
Τυφῶ: Typhon, a monster produced by Tartarus and Earth (Gaia) which Zeus defeated. According to Hesiod (*Theogony* 868), Typhon was buried in Tartarus, while Homer (*Iliad* II.783) places him in Arima, in Cilicia.
ὅσον τε ἐπὶ τρεῖς ἡμέρας ὁδοῦ: "to the distance of approximately three days' journey."

6.1 τό = Attic ὅ.
ἐννενώκασι: Ionic 3rd plural perfect of ἐννοέω, "notice."
ἔρχομαι: "I am going to," + future participle; a common future periphrastic construction.
πρός: here, adverb, "in addition."
κέραμος: "pottery"; contrast κεράμιον, "jar."
δι' ἔτεος ἑκάστου: "all year and every year" (Powell).
κεινόν = Attic κενόν, "empty."
ὡς λόγῳ εἰπεῖν: "so to speak," a so-called absolute infinitive limiting the application of an expression (S 2012).

6.2 ἀναισιμοῦται: "are they used up."
δήμαρχον: an official of lesser rank than the nomarch (provincial governor).

Μέμφιν: the capital of Egypt in the Old Kingdom (ca. 2700–2200 B.C.).
τοὺς δέ: "and (it is necessary for) others."
πλήσαντας: <πίμπλημι, "fill with," + genitive.
ἐξαιρεόμενος: here, "unloaded."
τὸν παλαιόν: sc. κέραμον.

7.1 κατὰ ... τὰ εἰρημένα: "in the manner mentioned."
σάξαντες: <σάττω, "load"; the understood object is κέραμον or perhaps ἐσβολήν.
ἐπείτε τάχιστα: "as soon as."

7.2 τότε: i.e., at the time when Cambyses first planned his invasion.
κω = Attic πω.
τοῦ ... ξείνου: "from the ... stranger"; genitive of source, as often with πυνθάνομαι.
ἀσφαλείης: "safe conduct"; genitive as usual with both δεηθείς ("having asked for") and ἔτυχε ("he obtained").
πίστις = Attic πίστεις, "pledges."

8.1 ἀνθρώπων ὅμοια τοῖσι μάλιστα: "similarly to those peoples (who respect them) especially," i.e., as much as any people do.
τῶν βουλομένων ... ἑστεώς: "a man other than those wishing to make a pledge, standing between both of them."
ὀξέϊ = Attic ὀξεῖ.
δακτύλους τοὺς μεγάλους: i.e., "thumbs."
ἐπιτάμνει = Attic ἐπιτέμνει, "makes a cut."
κροκύδα: <κροκύς, "piece of wool."
ἑπτά: Seven was a number sacred to the Babylonians, Hebrews, and Phoenicians as well.
Οὐρανίην: "the Heavenly One," an epithet of Aphrodite.

8.2 παρεγγυᾷ: "recommends."
ἢν πρὸς ἀστὸν ποιῆται: "if he makes (pledges) with a native."
δικαιεῦσι = Attic δικαιοῦσι.

8.3 τριχῶν τὴν κουρήν: "cutting of the hair (<θρίξ)." κουρήν is cognate accusative object with κείρεσθαι (S 1564).
κατὰ ... κεκάρθαι: "just as Dionysus cut his hair"; perfect middle/passive infinitive <κείρω.
περιτρόχαλα: adverbial, "in a roundabout fashion," i.e., "with a circular trim."

ὑποξυρῶντες τοὺς κροτάλους: "shaving the temples underneath."

9.1 ὦν = Attic οὖν, here, having a resumptive function marking a return to the main narrative; translate: "now, ..."
ἀπιγμένοισι = Attic ἀφιγμένοις <ἀφικνέομαι.
ἀσκοὺς καμήλων: "the skins of (entire) camels."
τὰς ζωὰς ... πάσας: "all the living ones."

9.2 ποταμός ... μέγας: There is actually no large river in Arabia.
τῷ = Attic ᾧ.

9.3 ὠμοβοέων: "untanned cowhides."
ὀχετόν: "conduit," either in the form of a pipe or as a lining for channels set in the earth.
μήκεϊ: "in length."
δεξαμενάς: "reservoirs."
ὀρύξασθαι: <ὀρύσσω, "dig."
δεκόμεναι = Attic δεχόμεναι.

9.4 ἀγαγεῖν δέ μιν: "and (it is said that he) brought it." Note that μιν can be neuter as well as masculine and feminine.
τριξά: "three."

10.1 Πηλουσίῳ: The "Pelusian" was the easternmost mouth of the Nile.
Ψαμμήνιτος: Psamtik (Psammetichus) III, king of Egypt 526–525 B.C.

10.2 τέσσερα καὶ τεσσεράκοντα: See on 1.1.
ἀνάρσιον: "terrible, injurious."
συνηνείχθη: <συμφέρω; "happened to"; cf. on 4.1.
ταριχευθείς: "having been mummified"; as the Greek verb implies, mummification was essentially a process of pickling.
ἐτάφη: <θάπτω, "bury."
τάς = Attic ἅς.
τῷ ἱρῷ: the temple of Neith, a local divinity of Sais in the Egyptian delta.

10.3 ἐπὶ Ψαμμηνίτου ... τοῦ Ἀμάσιος βασιλεύοντος Αἰγύπτου: "while Psammenitus son of Amasis was ruling Egypt"; Αἰγύπτου is genitive after βασιλεύοντος, a verb of ruling (S 1370).
ὕσθησαν: aorist passive <ὕω; "was rained upon."
Θῆβαι αἱ Αἰγύπτιαι: "Egyptian Thebes," the capital of the country during the New Kingdom (Dynasties XVIII–XX,

1570-1085 B.C.); the adjective Αἰγύπτιαι is used to distinguish this Thebes from that in Greece.
τὸ μέχρι ἐμεῦ: "down to my time"; accusative of duration of time.
τὰ ἄνω τῆς Αἰγύπτου: "Upper Egypt," that part of Egypt south of Memphis.
τὸ παράπαν: "at all."
ἀλλὰ καὶ τότε: "but then, actually."
ψακάδι: "in a drizzle."

11.1 ἐπείτε: "when." Do not confuse with ἔπειτα, "then."
ὡς συμβαλέοντες: "intending to attack"; future participle expressing purpose.
Κᾶρες: Carians, from southwestern Asia Minor.
ἀλλόθροον: "foreign," modifying στρατόν.

11.2 τούς=Attic οὕς.
κατὰ ἕνα "one at a time."
ἔσφαζον ἐς: "they slit their throats over."

11.3 διὰ ... διεξελθόντες: here, "having finished with."
ἐμπιόντες: <ἐμπίνω, "drink in, drink up"; the partitive genitive (τοῦ αἵματος) is used with verbs of drinking, eating, and tasting (S 1335).
ἐτράποντο: aorist middle <τρέπω, "turned tail, fled."

12.1 κεχυμένων χωρίς: "separately strewn (<χέω)."
κατ' ἀρχάς: "originally."
εἰ θέλοις ... διατετρανέεις: "if you should be willing to hit (them) with only a pebble, you will penetrate (<διατετραίνω)." A future less vivid protasis is mixed with a future more vivid apodosis.
οὕτω δή τι: "to such a surprising degree" (GP 207).
παίσας: "having struck," <παίω.
διαρρήξειας: <διαρρήγνυμι, "break."

12.2 εὐπετέως: "easily, readily."
αὐτίκα ἀπὸ παιδίων: "immediately from childhood."
πρὸς τὸν ἥλιον παχύνεται: "thickens against the sun."

12.3 τὠυτό=τὸ αὐτό, an instance of "crasis," the fusion of two separate vowel sounds into a single syllable.
τοῦ μὴ φαλακροῦσθαι: "of not going bald"; articular infinitive (S 1153f., 2032).

Αἰγυπτίων ... ἐλαχίστους ... πάντων ἀνθρώπων: "the fewest Egyptians of all men," i.e., "fewer Egyptians than any other race of men."

12.4 φορέειν: here, "have"; more commonly, "carry, wear," as in the next sentence. The simple infinitive is used with αἴτιον where one might expect the articular infinitive, as in 12.3.
σκιητροφέουσι: "stay in the shade."
πίλους τιάρας: "felt caps (as their) 'tiaras'." "Tiara" was the Persian word for "hat."
Παπρήμι: location unknown.
Ἀχαιμένεϊ: brother of Xerxes and later Persian commander in Libya, killed, as Herodotus here reports, in the abortive Libyan uprising of 460 B.C. led by Inarus with help from Athens. Inarus was ultimately crucified by the Persians for his part in the revolt.

13.1 τῆς μάχης: i.e., the defeat by Cambyses described in 11.3.
κατειληθέντων: < κατείλομαι, "be trapped"; as often, αὐτῶν or the like is left unexpressed in the genitive absolute.
νέα = Attic ναῦν.
Μυτιληναίην: "of Mytiline," the chief city of the island of Lesbos.

13.2 ἐκχυθέντες: < ἐκχέω, "pour out."
ἁλέες: < ἁλής, "all together, en masse."
κρεοργηδόν: "in the manner of a butcher," i.e., "in pieces."

13.3 παρέστησαν: "surrendered."
προσέχεες: "adjoining, neighboring."
φόρον ... ἐτάξαντο: "arranged (to pay) tribute."
ὥς: adverb, "thus," as the accent shows.
Κυρηναῖοι: Cyrene was a city in North Africa.
Βαρκαῖοι: Barca was a coastal city in North Africa, southeast of Cyrene.
ὁμοίως καί: "in the same way as."

13.4 μνέας: the mna, or mina, was a weight equivalent to about 1.4 pounds.
δρασσόμενος: "grasping."

14.1 ἀπ' ἧς: a compression of ἀπὸ ἐκείνης ᾗ, "from that (day) on which."
κατίσας: participle < κατίζω = Attic καθίζω.
ἐπὶ λύμῃ: "with an insult in mind."
διεπειρᾶτο: < διαπειράω, "test," + genitive (S 1345).

14.2 στείλας: <στέλλω, here, "array," as in ἐσταλμένας below.
14.3 παρήισαν = Attic παρῆσαν, <πάρειμι, "go past."
ἔκυψε ἐς τὴν γῆν: "bowed his head toward the ground," showing no outward sign of grief.
14.4 δεύτερα: adverb.
αὐχένας: "necks," accusative of respect with δεδεμένους, "bound."
κάλῳ: <ὁ κάλως, "rope"; note the accent.
ἐγκεχαλινωμένους: <ἐγχαλινόω, "bridle, place under the bit."
14.5 Μυτιληναίων: partitive genitive with τοῖς ἀπολομένοισι.
οἱ ... δικασταί: Herodotus describes this board of seven "Royal Judges" below in 31.1.
14.6 δεινὰ ποιεύντων: "taking it ill, being indignant."
τὸ καὶ ἐπί: "which also (he did) in regard to."
14.7 συνήνεικε ὥστε: "it happened that."
ἀπηλικέστερον: < Attic ἀφῆλιξ, "elderly."
ἐκπεπτωκότα ἐκ τῶν ἐόντων: literally, "having been banished from (a frequent sense of ἐκπίπτω) his possessions," i.e., "having lost them."
εἰ μή: "except."
ὅσα πτωχός: sc. ἔχει.
ἐπλήξατο: <πλήσσω, "strike."
14.8 ἐξ: here, "by," as often.
ἐξόδῳ: "marching by."
εἰρώτα: <ἐρωτάω.
14.10 μέζω κακὰ ἢ ὥστε ἀνακλαίειν: "sufferings greater than so as to bewail," i.e., "sufferings too great to bewail."
ὡς ἀπενειχθέντα: "when they had been reported."
†ὑπὸ τούτου†: Phrases so marked ("obelized") are considered textually corrupt by the editor and should not be translated.
δοκέειν: infinitive in implied indirect discourse.
14.11 Κροῖσον: the Lydian king whose defeat by Cyrus is recounted by Herodotus in Book I.
ἐτετεύχεε ... ἐπισπόμενος: "had happened to have attended." ἐτετεύχεε is pluperfect <τυγχάνω; ἐπισπόμενος is supplementary participle <ἐπέπω = Attic ἐφέπω.
κελεύειν: sc. "his attendants" as object.

15.1 εὗρον: Note the lack of augment, as often in Ionic.
περιεόντα: <περίειμι, "survive, be alive."
κατακοπέντα: aorist passive participle <κατακόπτω, "chop up, execute."
τοῦ λοιποῦ: "in the future."
διαιτᾶτο: "lived."

15.2 ἐπιτροπεύειν αὐτῆς: "to govern it as (Cambyses') representative"; for the genitive, see on 10.3. Note the feminine gender of Αἴγυπτον.
ἐώθασι: "are accustomed," perfect with present meaning <ἔθω.
τῶν, ... αὐτῶν: slight "anacoluthon" (inconsistency of syntax). "Of which (kings), even if they revolt against them, nevertheless to their (i.e., the kings') children ... "; Herodotus drops the relative construction in mid-clause.

15.3 πολλοῖσι ... ἄλλοισι: "from many other cases."
ἔστι: "it is possible."
σταθμώσασθαι: <σταθμάω, "judge."
νενομίκασι: "they have become accustomed."
ἐν δὲ καὶ τῷ τε Ἰνάρω παιδὶ Θαννύρᾳ ... καὶ τῷ ... Παυσίρι: "moreover, among (these) (ἐν=adverb) especially (καὶ) both in the case of Thannyras son of Inarus and in the case of Pausiris ... " Thannyras and Pausiris served as petty chieftains in the Egyptian delta after the deaths of their fathers. For Inarus, see on 12.4.
Ἰνάρω ... Ἀμυρταίου: genitive of comparison (S 1402).
ἐργάσαντο: "worked x (accusative) against y (accusative)."

15.4 ἀπιστάς=Attic ἀφιστάς <ἀφίστημι.
ἥλω: aorist passive <ἁλίσκομαι.
ἐπάϊστος: "detected."
αἷμα ταύρου πιών: The blood of a bull was believed in antiquity to cause death by strangling the drinker. πιών is aorist participle <πίνω.

16.1 Σάϊν: Sais, a town in the Egyptian delta.
τὰ δὴ καὶ ἐποίησε: "what he in fact did."
ἐκφέρειν: For the construction, see on 14.10.
μαστιγοῦν ... ἀποτίλλειν ... κεντροῦν: "to flog ... to pluck out ... to prick with goads."
τἆλλα πάντα: internal object (S 1567, 1573) of λυμαίνεσθαι; "to inflict all the other forms of maltreatment."

16.2 ἔκαμον ποιεῦντες: "grew tired (from) doing." ἔκαμον <κάμνω.
ἅτε τεταριχευμένος: "because (it had been) mummified."
ἅτε + participle expresses cause. For the similar use of οἷα, see on 4.2.
ἀντεῖχε: "it resisted (maltreatment)"; in fact, mummified bodies were quite brittle.
διεχέετο: "came apart."
κατακαῦσαι: <κατακαίω, "burn up."

16.3 τὸ ... κατακαίειν ... τοὺς νέκρους: articular infinitive; see on 12.3.
ἐν νόμῳ ... ἐστι: "is customary."
δι' ὅ περ εἴρηται: "for the very (reason) which has been stated."
νέμειν: "apportion, allot."
Αἰγυπτίοισι: dative of agent with perfect passive verb.
νενόμισται: "has come to be thought, is considered."
συναποθνῄσκειν: "to die together with," + dative.

16.4 διὰ ταῦτα ταριχεύουσι: Actually, mummification was carried out to preserve the body for use in the afterlife.
εὐλέων: "worms."
καταβρωθῇ: aorist passive subjunctive <καταβιβρώσκω, "eat up."

16.5 ἡλικίην: here, "stature"; usually, "age."
Ἀμάσι: "as Amasis (had)"; for the dative with αὐτός= "same," see S 1500.
τῷ: λυμαίνομαι may govern either a dative or an accusative object.
ἐδόκεον: "thought," as often.

16.6 τά=Attic ἅ.
ἀκεόμενος τὰ ἐπιφερόμενα: "providing remedy against the (events) bearing down (on him)."
θήκης: "tomb."
ἑωυτόν: i.e., Amasis; indirect reflexive.
μυχῷ: "the inner recess."

16.7 ἔχουσαι: "pertaining."
ἀρχὴν γένεσθαι: "to have existed in the first place." The adverbial use of ἀρχήν is common.
ἄλλως ... σεμνοῦν: "(seem) merely to dignify it all," i.e., they invented the story to save face.

17.1 ἐβουλεύσατο: "resolved upon."
τριφασίας: "three."
Καρχηδονίους: "the Carthaginians."
Ἀμμωνίους: inhabitants of the Libyan desert.
τοὺς μακροβίους Αἰθίοπας: "the 'long-lived' Ethiopians, as described by Herodotus [i.e., in 18-25 and 114] are a mythical people . . . But the Ethiopians who 'border on Egypt' [see 97.2 below] were a real part of the Persian Empire . . . " (How and Wells).
οἰκημένους: i.e., the Ethiopians.
Λιβύης: "in Libya," the so-called chorographic genitive (S 1311) common in Herodotus.
νοτίῃ θαλάσσῃ: the non-existent "Southern Sea" of Libya apparently derives from garbled travellers' tales.

17.2 ἐπὶ δὲ . . . ἀποκρίναντα: "and (that he), selecting (a portion) from the footsoldiery, (should send them) against the Ammonians."
κατόπτας: "scouts"; ἀποστέλλειν is once again to be supplied.
ὀψομένους: future participle of purpose.
εἰ: whether
τῷ λόγῳ: i.e., "ostensibly."

18 ἐπίπλεος: "filled."
κρεῶν ἐφθῶν: "boiled meats."
τὰς . . . νύκτας ἐπιτηδεύοντας: "(it is said that,) arranging (it) during the night, they . . . "
τοὺς . . . ἀστῶν: "those individual citizens being in charge."
τὸν βουλόμενον: "whoever wishes."
φάναι δὲ τοὺς ἐπιχωρίους: "but (it is said) that the natives say."

19.1 Ἐλεφαντίνης: in extreme southern Egypt, near the first cataract.
Ἰχθυοφάγων: Ancient geographers said that the "Fish Eaters" lived near the Red Sea, so some of them may be imagined as settling in Elephantine, inland from their original home.

19.2 ἐν ᾧ: "during which," i.e., "while."
οὐκ ἔφασαν ποιήσειν: "denied that they would do," i.e., "refused to do." Carthage was a Phoenician colony.
ἐνδεδέσθαι: <ἐνδέω, "bind to," + dative.
ἀξιόμαχοι: "sufficient for the battle."

19.3 πρὸς Περσέων: "at the hands of the Persians."
ἐκ ... ἤρτητο: "had become dependent (pluperfect passive <ἀρτάομαι) upon."
Κύπριοι: Cyprus lapsed from Egyptian into Persian rule in 525 B.C.

20.1 ἀπίκοντο = Attic ἀφίκοντο.
ἐντειλάμενός τε ... καὶ δῶρα φέροντας: another anacoluthon; "both having instructed them what they had to say and (he sent them) bearing as gifts ..."
χρύσεον στρεπτὸν περιαυχένιον: "a necklace of twisted gold." "The gifts resemble those sent to noble Persians" (How and Wells).
ψέλια: "bracelets."
μύρου ἀλάβαστρον: "an alabaster pot of perfumed oil."
κάδον: "jar."
μέγιστοι καὶ κάλλιστοι: The height and handsome features of Ethiopians have been noted through the centuries by explorers in Africa.

20.2 νόμοισι: predicative; "as customs."
καὶ ἄλλοισι ... καὶ δὴ καὶ ... τοιῷδε· "both others ... and in particular one such as this."
φασι: "people say."
κεχωρισμένοισι ... ἀνθρώπων: with ἄλλοισι (νόμοισι); "set apart from (those of) the rest of mankind."
βασιληίην = Attic βασιλείαν.
κατά: here, "in proportion to."

21.1 τοι = Attic σοι.
διδοῖ = Attic δίδωσι.
τοῖσι ... χρεώμενος: "which he himself most delights in using"; χρεώμενος = Attic χρώμενος.

21.2 κατόπται: predicative; "as spies."
προτιμῶν πολλοῦ: "preferring my friendship to much," i.e., "much preferring, desiring above all."
ἂν ἐπεθύμησε: "would he have conceived a desire for," + genitive.
μηδέν: adverbial, "in no way."

21.3 οὕτως εὐπετέως: "as easily as *this*." The adverb shows the king strings the bow as he speaks; cf. 22.1.
ὑπερβαλλόμενον: "surpassing," modifying Cambyses, the understood accusative subject of the two following infinitives.

στρατεύεσθαι ... εἰδέναι χάριν: "(The Ethiopian king advises) that (he) march ... and that he feel grateful."
ἐπὶ νόον τρέπουσι: "give the idea."
προσκτᾶσθαι τῇ ἑωυτῶν: "to acquire in addition to their own (land)."

22.1 εἴπας = Attic εἰπών. Herodotus uses both first and second aorist forms of this word.
ἀνείς: aorist participle <ἀνίημι, "let go"; here, "unstring (the bow)."
τοῖσι ἥκουσι: i.e., the messengers from Cambyses.
βαφῆς: "dyeing."
δολερούς: "deceitful."

22.2 δεύτερα: adverb, "second"; cf. τρίτον below.
κόσμον: here, "decorative function."
πέδας: "fetters."
ῥωμαλεώτεραι: "stronger."
τουτέων = Attic τούτων.

22.3 ποιήσιος = Attic ποιήσεως.
πέρι: so accented when its object precedes (S 175-76).
ἀλείψιος: <ἄλειψις, "anointing."
ὑπερησθείς: <ὑπερήδομαι, "be very pleased."
πόματι = Attic πώματι, "drink."
σιτέεται: "eats."
χρόνον ὁκόσον μακρότατον: i.e., "what was the longest time that."

22.4 πυρῶν: <πυρός, "wheat."
πλήρωμα: "full complement."
προκεῖσθαι: "is ordained."
κόπρον: "manure."
οὐδὲ γὰρ ἂν ... δύνασθαι ... εἰ μὴ ... ἀνέφερον: "for they would not even be able ... if they did not refresh (themselves)."
φράζων: here, "showing, pointing out."
τοῦτο: "in this respect."
ἑσσοῦσθαι: "were excelled," infinitive still in indirect discourse.

23.1 ἀντειρομένων: "questioning in return."
ὑπερβάλλειν: here, transitive, "exceed"; cf. the intransitive use at 21.3.

23.2 θῶμα ... ποιευμένων: "expressing wonder."
σφι ἡγήσασθαι: "(it is said that the king) led them"; ἡγέομαι, "lead," regularly takes the dative (S 1537). Herodotus often refers back to the noun of a genitive absolute using a different case within the same clause; cf. σφέας after the genitive absolute at 23.4.
λιπαρώτεροι: "sleeker (than before)."
κατά περ εἰ ἐλαίου εἴη: "just as if it were (a spring) of olive oil."
ὄζειν ... ἴων: "and (that) there was a smell from it as of violets."

23.3 ἀσθενές: here, "thin."
οἷόν τ(ε): "able to, capable of," + infinitive.
ἐπιπλέειν: literally, "to sail upon," i.e., "to float."
βυσσόν: "bottom."
τούτῳ ... χρεώμενοι: causal participle; "because they use this (water) constantly."

23.4 ἀπαλλασσομένων: "when (the men) departed."
δεσμωτήριον ἀνδρῶν: "a fettering place for men," i.e., a prison.
ἔνθα ... δεδέσθαι: "where all the (inmates) were bound." Herodotus often uses the infinitive in a subordinate clause within indirect discourse.
σπανιώτατον: "rarest."
καὶ τὸ δεσμωτήριον ... καί: "after beholding also the prison, they beheld as well ... "; i.e., the first καί is redundant, as often.

24.1 θήκας: here, "coffins."
ὑάλου: some sort of transparent stone or crystal.

24.2 ἰσχνήνωσι: <ἰσχναίνω, "dry out."
κατά περ Αἰγύπτιοι: "just as the Egyptians (do)." The Egyptians packed a corpse in a drying substance called natron, a chemical usually identified as sodium carbonate, which reduced body weight by three quarters.
γυψώσαντες: <γυψόω, "whiten with chalk."
γραφῇ: "painting, drawing."
ἐς τὸ δυνατόν: "as much as possible." Portrait masks were also painted over the wrappings of Egyptian mummies.
οἱ = Attic αὐτῷ.

στήλην ... κοίλην: "a hollowed-out pillar."
εὐεργός: "easily worked, malleable."

24.3 ἐνεών = Attic ἐνών < ἔνειμι.
διαφαίνεται: "shows through."
ἄχαριν: "unpleasant."
ἔχει ... νέκυϊ: "appears in everything like the naked corpse" (How and Wells).

24.4 ἀπαρχόμενοι: "honoring with the first fruits of," + genitive.
ἐκκομίσαντες ἱστᾶσι: "carrying out (the crystal coffin), they set (it)."

25.1 ὀργὴν ποιησάμενος: "growing angry."
λόγον ἑωυτῷ δούς: "taking account, reflecting to himself."

25.2 οἷα δὲ ... ἐών: See on 4.2.
φρενήρης: "sane."
τῶν Ἰχθυοφάγων: genitive with a verb of hearing.
αὐτοῦ ταύτῃ: "right there in that place."

25.3 στρατευόμενος ἐγένετο: "in the course of his march he arrived."
ὡς: See on 3.3.
ἐξανδραποδισαμένους: "enslaving, taking into captivity."
χρηστήριον: "oracular shrine," i.e, that of Zeus Ammon, one of the most famous oracles among the Greeks.
ἐμπρῆσαι: <ἐμπίμπρημι, "set afire."
ᾔιε = Attic ᾔει <εἶμι.

25.4 αὐτοὺς ... ἐπελελοίπεε: "had failed them"; i.e., it had run out.
σιτίων ἐχόμενα: "being of the nature of grain," i.e., "in the nature of grain supplies." This relatively rare meaning of ἔχομαι + genitive recurs at 66.1.
ὑποζύγια: "pack animals."
κατεσθιόμενα: "(as a result of) being eaten up," i.e., by the hungry men.

25.5 εἰ μέν νυν μαθών ... ἦν: One might have expected a past contrary to fact condition rather than the present type indicated by the use of the imperfects.
ἐγνωσιμάχεε: "changed his mind."
ἐπὶ τῇ ἀρχῆθεν γενομένῃ ἁμαρτάδι: "after the mistake made at the outset."

25.6 εἶχον: "they were able."
ποιηφαγέοντες: "by eating grass."

25.7 ἀλληλοφαγίην: "cannibalism."
ἀπείς = Attic ἀφείς <ἀφίημι, "give up."
καταβάς: "going downstream."
ἀπῆκε: <ἀφίημι, here, "allow."

26.1 ἔπρηξε: intransitive, "fared," as often with adverb.
ὁρμηθέντες: "after setting off," the most common meaning of ὁρμάω in the passive.
ἀπικόμενοι ... φανεροί εἰσι: "they are known to have arrived."
Ὄασιν πόλιν: The oasis in question is the Khargeh, west of Thebes. Herodotus seems to think that Oasis is the name of a town rather than of an area.
Σάμιοι: Since Greeks did not usually settle hundreds of miles from the sea, there may be some confusion in Herodotus' account here.
ἀπέχουσι: intransitive, "they are distant from." ὁδόν is accusative of extent (S 1581).

26.2 τὸ ἐνθεῦτεν: "as for that (happening) thereafter"; accusative of respect. ἐνθεῦτεν = Attic ἐντεῦθεν.
ὅτι μή: "except for."
ἔχουσι εἰπεῖν: See on 1.2.

26.3 ἐπειδὴ ... ἰέναι ... γενέσθαι: See on 23.4.
μεταξύ κου μάλιστα: "somewhere about midway between."
ἄριστον: "midday meal."
αὐτοῖσι: dative with ἐπιπνεῦσαι, "blew upon."
ἐξαίσιον: "violent, tremendous."
θῖνας: "dunes."
καταχῶσαι: <καταχώννυμι, "bury."
ἀφανισθῆναι: "they were caused to disappear," i.e., "they vanished."

27.1 Ἆπις: a sacred bull whose worship was centered at Memphis. Worship of the Apis bull became quite popular in Egypt in the later centuries of Egyptian history, and particularly under the Ptolemies (323–30 B.C.). The Apis bull was mummified and buried with great ceremony.

27.2 πάγχυ καταδόξας: "believing very firmly."
χαρμόσυνα: predicative, "as a feast of thanksgiving."

ἐπιτρόπους: "governors."
ὅ τι: "why."

27.3 διὰ χρόνου πολλοῦ: "at long intervals."
ἐωθώς: "being accustomed"; see on 15.2.
κεχαρηκότες: <χαίρω, "be joyful."
ὁρτάζοιεν = Attic ἑορτάζοιεν, "held a festival (ἑορτή)."
ἐζημίου: <ζημιόω, "punish."

28.1 κατὰ ταὐτά: "in the same way"; for the crasis (=τὰ αὐτά), cf. on 12.3.
οὐ λήσειν ... αὐτόν: "it would not escape his notice," i.e., "it would not remain unknown to him."
χειροήθης: "tame."

28.2 ἥτις ... γόνον: "which is not hereafter allowed to conceive again in its womb" (How and Wells).
σέλας: "a beam of light."
κατίσχειν: "descends."

28.3 σημήϊα = Attic σημεῖα, "markings."
ἐών ... τετράγωνον: "being black in color, (it has) a white square on its forehead."
αἰετὸν εἰκασμένον: "a likened eagle," i.e., "the figure of an eagle"; εἰκασμένον <εἰκάζω.
οὐρῇ: "tail."
κάνθαρον: "(the figure of) a dung beetle," an insect worshipped in Egypt.

29.1 ὑπομαργότερος: "half-insane."
ἐγχειρίδιον: "dagger, sword."
τύψαι: <τύπτω, "strike."

29.2 κακαὶ κεφαλαί: i.e., "wretched fellows."
ἔναιμοι: "with blood in their veins."
σαρκώδεες: "made of flesh."
ἐπαΐοντες σιδηρίων: "feeling steel"; the genitive is used with verbs denoting perceiving or feeling (S 1361).
ἄξιος μέν γε: Here, γε expresses contempt (GP 128); "worthy indeed."
ἀτάρ τοι: "and yet, I assure you."
οὐ χαίροντες: literally, "not being happy," i.e., "to your sorrow," a common idiom.
γέλωτα ἐμὲ θήσεσθε: "you will make a laugh of me."
πρήσσουσι: dative participle.
ἀπομαστιγῶσαι: See on 16.1.

29.3 διελέλυτο: "had broken off."
Αἰγυπτίοισι: See on 16.3.
ἐδικαιεῦντο: here, "were punished."
τὸν μηρόν: accusative of respect, common with parts of the body (S 1601a).
λάθρῃ Καμβύσεω: "unbeknownst to Cambyses."

30.1 ἐμάνη: "went mad"; aorist passive <μαίνομαι.
πρῶτα ... τῶν κακῶν: "first of all among his acts of wickedness."
ἐξεργάσατο: "did in, destroyed utterly."
ἀδελφεόν = Attic ἀδελφόν.
Σμέρδιν: His Persian name was Bardiya.
πατρός ... αὐτῆς: "of (the same) father and the same mother," i.e., his *full* brother.
ὅσον τε: "approximately."
ἐπὶ δύο δακτύλους: "to (a distance of) two fingers' (breadth)."
εἴρυσε: <εἰρύω = Attic ἐρύω, "draw."

30.2 ὄψιν: here, "a vision."
ἐδόκεε: See on 16.5.
ψαύσειε: "touched," + genitive, as normally with verbs of touching (S 1345).

30.3 ἀποκτενέοντα = Attic ἀποκτενοῦντα, future participle <ἀποκτείνω.
Σοῦσα: Shushan, the capital city of the Persian Empire.
οἱ μὲν ... καταποντῶσαι: a slight anacoluthon, "some say, having led (him) away ... (he killed him), others (say), having led (him) out ... he drowned (him)."

31.1 ἄρξαι: "began," + genitive (S 1348).
συνοίκεε: i.e., as her husband; marriage to one's sister became fairly common in Persia.
ἀπ' ἀμφοτέρων: i.e., they were full brother and sister.

31.2 ἠράσθη: <ἔραμαι, "love," + genitive; in aorist passive, the sense "fell in love with" is common.
οὐκ ἐωθότα: "unaccustomed things."
ποιήσειν: future infinitive with a verb expressing intention.

31.3 κεκριμένοι: <κρίνω: "chosen (to serve)."
ἐς οὗ: "up to (the point) at which," i.e., "until."
μέχρι τούτου: "up to this point," recapitulating ἐς οὗ.
ἐξηγηταί: "interpreters."
ἀνάκειται: "are referred."

31.4 ἐξεῖναι: "(a law saying) that it was permitted."

31.5 περιστέλλοντες: "(by) maintaining."

31.6 ἐρωμένην: present passive participle <ἐράω, "love."
ἔσχε: "acquired," i.e., by marriage.
ἄλλην: Atossa, who eventually married Darius I and became by him mother of Xerxes I.

32.1 ἀμφί: "concerning."
διξός: "of two types."
περὶ Σμέρδιος: "in the case (of the death) of Smerdis."
σκύμνον: "cub."
σκύλακι: "puppy."
παραγενέσθαι: "joined."
ἐπικρατῆσαι: "mastered, prevailed over," + genitive.

32.2 παρημένην: <πάρημαι, "sit beside."
μνησθεῖσα: <μιμνήσκομαι, "remember," + genitive.
ὁ τιμωρήσων: "the one to aid (him)," i.e., a brother to be his natural ally.

32.3 ἀπολέσθαι: "was killed."
θρίδακα: "a head of lettuce."
περιτῖλαι: <περιτίλλω, "peel."
ἄνδρα: here, as often, "husband."
δασέα: <δασύς, "bushy," i.e., "with the leaves on."

32.4 μέντοι: "and yet."
ἐμιμήσαο = Attic ἐμιμήσω, "you imitated."
ἀποψιλώσας: "having stripped bare."
ἐμπηδῆσαι: "leapt upon," + dative.
ἐχούσῃ ἐν γαστρί: sc. "an unborn child" as object.
ἐκτρώσασαν: <ἐκτιτρώσκω, "miscarry."

33 ταῦτα ... ἐξεμάνη: "vented this madness."
ἄλλως: "for another reason."
οἷα ... καταλαμβάνειν: "in the way that many misfortunes are wont to befall mankind."
τήν = Attic ἥν. The "sacred disease" was epilepsy, so called because those suffering from its seizures were felt to be under divine inspiration.
ἀεικὲς οὐδὲν ἦν: "it is in no way unlikely"; the imperfect is occasionally used in statements of existing fact where a present might have been expected (S 1901).

νοῦσον ... νοσέοντος: For the cognate accusative, cf. on 8.3.
μηδὲ ... ὑγιαίνειν: "that the mind is not sound either."

34.1 λέγεται ... εἰπεῖν ... εἰπεῖν δὲ λέγεται: another characteristic Herodotean anacoluthon, in which he appends parenthetical independent clauses to an initial relative clause and then, realizing that the syntactical thread has been broken, repeats the construction with which he began; "it is reported that he said to Prexaspes, whom he both especially honored (and this man used to bring in ... and this man's son was Cambyses' wine pourer, and this honor was ...)—well, it is said that he said the following (to this Prexaspes)."

34.2 Πρήξασπες: vocative.
κοῖόν ... τινα: "what sort of."
ἐπαινέαι = Attic ἐπαίνει, "you are praised."
φιλοινίῃ: "love of wine."
πλεόνως προσκεῖσθαι: here, "to be excessively devoted to."

34.3 περὶ Περσέων: "concerning (the opinion) of the Persians."

34.4 πρότερον γάρ: Herodotus here interrupts the direct report of Cambyses' speech to explain the occasion to which the king has just referred. The parenthesis extends to 35.1.
συνέδρων: <σύνεδρος, "sitting together with."
πρός: "in comparison with."
προσεκτῆσθαι: perfect middle infinitive <προσκτάομαι.

34.5 τοι=σοι.
οἷον σὲ ἐκεῖνος κατελίπετο: "such as he (Cyrus) left behind in you."
ἥσθη: <ἥδομαι.

35.1 ἐπιμνησθέντα: See on 32.2.

35.2 τύχω: here, "hit," + genitive.
φανέονται = Attic φανοῦνται, future.
λέγοντες οὐδέν: "talking nonsense."
φάναι: infinitive for imperative (S 2013).

35.3 ἀνασχίζειν αὐτόν: "to slit him open." For the repetition of the sense of a preceding genitive in a different case, see on 23.2.
κελεύειν: sc. "his servants" as direct object.
βλῆμα: "hit."

ὀϊστόν: "arrow."
περιχαρέα: "extremely pleased."

35.4 ἐπίσκοπα: adverbial accusative, "on target."
δειμαίνοντα: agreeing with Πρηξάσπεα.
οὐδ'... καλῶς βαλεῖν: "I do not think even the god could have hit him so accurately." The "god" is probably Mithras. The repetition of ἄν with the potential infinitive is common in this type of sentence.

35.5 ἑτέρωθι: "at another time."
ἀξιοχρέῳ: "adequate."
ἐπὶ κεφαλήν: "head first," or possibly, "up to the neck."
κατώρυξε: <κατορύσσω, "bury."

36.1 νουθετῆσαι: "to admonish."
πάντα ἐπίτρεπε: "yield entirely to."
καταλάμβανε: here, "check."
ἀγαθόν "(it is) a good thing."

36.2 ὅρα ὅκως μή: "see how they may not," i.e., "beware lest they." The future indicative is normal in urgent exhortations and warnings of this type (S 2213).
πολλά: "often."

36.3 χρηστῶς... ἐπετρόπευσας: "managed well," a sarcastic reference to Croesus' disastrous defeat by Cyrus in 546 B.C. and the subsequent loss of his Lydian throne. These events, as well as the bad advice next mentioned which led to Cyrus' death, are described by Herodotus in Book I.
Ἀράξην: a tributary of the Euphrates. Croesus had persuaded Cyrus to ignore the recommendations of his Persian advisors by crossing this river in order to fight the enemy in Scythian- rather than Persian-controlled territory.
Μασσαγέτας: a Scythian tribe dwelling on the east coast of the Caspian Sea.
ἐκείνων: the Massagetae.
ἐς τὴν ἡμετέρην: sc. γῆν.
ἀπὸ... ὤλεσας: tmesis, the separation of the verb and its prepositional prefix, more common in poetry than in prose (S 1650).
προστάς: "taking a stand in front of," i.e., "leading," + genitive.
ἀλλ' οὔτι χαίρων: For the idiom, see on 29.2; sc. "do you venture to advise me."

προφάσιος: <πρόφασις, "pretext"; genitive with a verb of grasping.
τευ=Attic τινος.
ἐδεόμην: here, "I needed to," + infinitive.
36.4 τὰ τόξα: in plural, "bow and arrows."
ἀναδραμών: "having jumped up," aorist participle <ἀνατρέχω.
36.5 τρόπον: "character, temper."
ἐπὶ τῷδε τῷ λόγῳ: "with this intention."
μεταμελήσῃ: <μεταμέλει (impersonal); literally, "there was a change of mind for," + dative. Translate: "if Cambyses should repent."
οἱ δέ: The δέ is "apodotic," i.e., merely answering a μέν in the "if" clause. Do not translate.
λάμψονται=Attic λήψονται, future middle <λαμβάνω.
ζωάγρια Κροίσου: "as reward for preserving the life of Croesus."
ποθῇ: <ποθέω, "yearn for, miss."
καταχρᾶσθαι: "that they might then dispose (of him)," i.e., put him to death. Herodotus switches constructions within the ὥστε clause, using first a future indicative and then the infinitive.
36.6 περιείη: "(he) was alive," <περίειμι.
περιποιήσαντας: "having preserved (him) alive."
καταπροΐξεσθαι: <καταπροΐσσομαι, "go unpunished."
ἀποκτενέειν: Cambyses is the understood subject.
37.1 ἐν Μέμφι: where some of the earlier kings of Egypt were buried.
37.2 ὥς: See on 13.3.
πολλὰ ... κατεγέλασε: "derided the image (of the god) in many ways."
τὤγαλμα=τὸ ἄγαλμα (crasis).
τοῖσι ... ἐμφερέστατον: "very similar to the Phoenician 'Pataeci'." The origin and meaning of the name Pataeci are unknown; some explain the idols as resembling fat pygmies. The name Pataeci may be connected to the name of Ptah, an Egyptian god.
ὃς δὲ ... ἐγὼ δέ: The second δέ is "apodotic" following a "relative protasis" (GP 178); "and in case anyone hasn't seen these, I will indicate (their nature)."

37.3 ἐσῆλθε: Cambyses is subject.
Καβείρων: originally Phoenician deities resembling Castor and Polydeuces.
θεμιτόν: "lawful."
ἐνέπρησε: See on 25.3.
κατασκώψας: <κατασκώπτω, "mock."
σφέας: i.e., the Cabeiri.

38.1 οὐ γὰρ ἄν ... ἐπεχείρησε: "for (otherwise) he would not have undertaken to."
νομαίοισι=νόμοισι, "customs."
ἐλοίατο=Attic ἕλοιντο, <αἱρέω.
πολλόν τι: "by far."

38.2 οἰκός=Attic εἰκός; "it is not likely that."
ἄλλον γε ἢ μαινόμενον: "except one who is mad."
γέλωτα ... τίθεσθαι: See on 29.2.
οὕτω νενομίκασι ... νόμους: "have come to think this way about matters involving customs."
πολλοῖσί ... ἐν δὲ ... καί: See on 15.3.

38.3 ἐπὶ ... ἀρχῆς: "during his reign."
ἐπὶ ... χρήματι: "at what price."

38.4 δι' ἑρμηνέος: "through an interpreter."
ἀμβώσαντες: <ἀναβοάω, "raise a shout."
εὐφημέειν: "to abstain from blasphemy."
Πίνδαρος: the Greek poet famous for his victory odes (ca. 518-438 B.C.).
ποιῆσαι: here, "to have composed his poetry."

39.1 Πολυκράτεα: Polycrates son of Aeaces was tyrant of the Greek island of Samos ca. 532-522 B.C. He made Samos a great naval power and allied himself with Cambyses against Egypt.

39.2 τριχῇ δασάμενος: "dividing (<δατέομαι) three ways."
μετά: adverb.
ἔσχε ... ἔχων: Note the change of tense; "he got hold of all Samos, and, having (it), he ... "
ξεινίην: "friendly relations."
δεκόμενος=Attic δεχόμενος.

39.3 πρήγματα: here, "power," as often.
ηὔξετο: <αὔξω, "increase, grow."
ἦν βεβωμένα: <βοάω; "was bruited, loudly talked about."

ὅκου ... ἰθύσειε: "wherever he headed to," + infinitive.
ἔκτητο: pluperfect middle < κτάομαι.
πεντηκοντέρους: "ships of fifty oars."

39.4 ἔφερε ... καὶ ἦγε: "he plundered and led off as booty."
διακρίνων: "excepting, leaving out."
χαριεῖσθαι: future infinitive < χαρίζομαι. "please," + dative.
ἀρχήν: See on 16.7.
ἀραιρήκεε = Ionic pluperfect < αἱρέω.
ἠπείρου: "mainland."
Λεσβίους: the inhabitants of Lesbos, an island north of Samos.
πανστρατιῇ: "in full force."
Μιλησίοισι: the inhabitants of Miletus, a city on the coast of Ionia south of Samos and in constant rivalry with Samos.
τάφρον: "ditch."

40.1 πλεῦνος = Attic πλέονος.
ἐς βυβλίον: "on papyrus."

40.2 ἡδύ: sc. ἐστί.
πρήσσοντα: See on 26.1.
τὸ θεῖον: "the disposition of the gods."
καὶ αὐτὸς καὶ τῶν ἂν κήδωμαι: "both myself and (those) whom I care for," the subjects of the following infinitives.
τὸ μέν τι ... τῶν πρηγμάτων ... τὸ δέ: "in one affair ... in another."
προσπταίειν: "to stumble," i.e., "to fail."
διαφέρειν τὸν αἰῶνα: "to pass through life."
ἐναλλάξ: "alternately," i.e., "with ups and downs."
ἤ: here, =μᾶλλον ἤ.

40.3 λόγῳ οἶδα ἀκούσας: "I know that I have heard tell of."
πρόρριζος: "root and branch, " i.e., "utterly."
ποίησον: aorist active imperative.

40.4 φροντίσας: "pondering."
ἐπ' ᾧ ... ἀπολομένῳ: "at which, being lost," i.e., "at the loss of which."
ἀπόβαλε: aorist imperative.
τὠπὸ τούτου = τὸ ἀπὸ τούτου, "hereafter."
τῇσι πάθῃσι: with ἐναλλάξ, "in alternation with disasters."
ὑποκειμένῳ: "prescribed."

ἀκέο = Attic ἀκοῦ, imperative <ἀκέομαι, "remedy (the situation)."

41.1 ἐπιλεξάμενος: "having read."
ἐδίζητο: <δίζημαι, "seek for."
ἀσηθείη: aorist passive <ἀσάομαι, "be grieved."
κειμηλίων: "valuables, heirlooms."
σφρηγίς: "signet ring."
σμαράγδου . . . λίθου: "(made) of emerald stone."
Θεοδώρου τοῦ Τηλεκλέος: Theodorus' work as a gem engraver and metal worker was famous in antiquity.

41.2 ἀναγαγεῖν: "(his crew) to launch (it)."
συμφορῇ ἐχρᾶτο: "reckoned (it) a calamity."

42.1 ἀπὸ τούτων: "after these happenings."
συνήνεικε: See on 4.1.
ἀνὴρ ἁλιεύς: "a fisherman by trade." ἀνήρ often is used in referring to professionals.
χωρήσαντος . . . οἱ τούτου: "when this had advanced for him," i.e., "when he had obtained his request."

42.2 ἀποχειροβίοτος: "living by manual labor."

42.3 μέγα ποιεύμενος ταῦτα: "reckoning this a great distinction."
νηδύι: <νηδύς, "belly."

42.4 ὡς . . . τάχιστα: "as soon as."
ὅτεῳ = Attic ὅτῳ = ᾧτινι.
τὸν . . . ἐσῆλθε: "it occurred to him."
πάντα . . . καταλελάβηκε: literally, "everything, having done which, what sort of things befell him," i.e., "all that he had done and what had befallen him."
ἐπέθηκε: here, "dispatched."

43.1 ἐκκομίσαι: "to remove, rescue."
ἐκ τοῦ μέλλοντος γίνεσθαι: "from that which is going to happen."

43.2 διαλύεσθαι: "that he was breaking off."
ὡς περὶ ξείνου ἀνδρός: "as (he would feel) in the case of a close friend."

44.1 ἐπικαλεσαμένων: "having called (them) to aid."
Κυδωνίην: a town on the northwest side of Crete.
λάθρῃ Σαμίων: See on 29.3.

ἐδεήθη ὅκως: "asked that." For this type of object clause after δέομαι, see S 2210a, 2214.
στρατοῦ: with δέοιτο; for the genitive, see on 7.2.
44.2 δεησόμενος: "to ask x (genitive) to," + infinitive.
45.1 Καρπάθῳ: an island situated between Rhodes and Crete.
πλέοντες: <πλέω, "sail."
δοῦναι σφίσι λόγον: "consulted together."
ἀδεῖν: aorist active infinitive <ἀνδάνω, "please," usually used impersonally, as here, with dative.
φυλασσομένους: "while under guard."
ἀποδρῆναι: <ἀποδιδράσκω, "escape."
45.2 καταπλέουσι ... ἀντιάσας: "having gone out to meet (them) as they were sailing in." ἀντιάζω, "confront," takes the dative.
ἐς μάχην κατέστη: "entered into battle."
οἱ κατιόντες: "those returning home." Exiles are regularly so described.
ἀπέβησαν: "disembarked."
45.3 ἐμοὶ δοκέειν: "as it seems to me," the so-called infinitive absolute (S 2012).
οὐδέν ... ἔδει σφέας: "for it was unnecessary for them."
παραστήσασθαι: "to make x (accusative) stand aside."
οὐδὲ λύγος αἱρέει: "nor does logic dictate that."
τῷ= Attic ᾧ.
ἐπίκουροί ... μισθητοί: "hired allies," i.e., mercenary troops.
45.4 ὑπ' ἑωυτῷ: "under his control."
ἐς τοὺς νεωσοίκους συνειλήσας: "having crowded together in shipsheds."
ἢν ἄρα προδιδῶσι ... πρός: "in case they might practice treachery in support of."
ὑποπρῆσαι: "to set fire to," with ἑτοίμους, "ready."
αὐτοῖσι τοῖσι νεωσοίκοισι: "along with the shipsheds themselves, shipsheds and all." For the construction, see S 1525.
46.1 ἐξελασθέντες: <ἐξελαύνω, "drive out."
ἐπὶ τοὺς ἄρχοντας: "in the presence of the authorities." At Sparta, these would include the two kings, the five ephors, and perhaps the assembly of elders.
οἷα κάρτα δεόμενοι: "as people in extreme need (usually do)."
καταστάσι: "audience, meeting."

ἐπιλεληθέναι: <ἐπιλανθάνομαι, "forget"; here, with accusative, though usually with genitive.
συνιέναι: <συνίημι, "comprehend."

46.2 θύλακον: "sack."
δέεσθαι: here, "needed," + genitive.
τῷ θυλάκῳ περιεργάσθαι: "it was overdone with the sack," i.e., "they did not need the sack." The Spartans were notorious for their spareness with words; cf. the modern "laconic."

47.1 εὐεργεσίας ἐκτίνοντες: "repaying benefactions."
ἐπὶ Μεσσηνίους: The Spartans engaged in bitter hostilities with their Messenian neighbors during the "Messenian Wars" of the 8th and 7th centuries B.C.
οὐκ οὕτω τιμωρῆσαι ... ὡς τείσασθαι βουλόμενοι: "wishing not so much to avenge ... as to exact retribution." τείσασθαι <τίνω.
τοῦ κρητῆρος τῆς ἁρπαγῆς: "for the seizure of the mixing bowl." At I.70, Herodotus tells how the Lacedaemonians, to symbolize an alliance which they had just formed with Croesus, sent him a bronze bowl. It never reached him, and the Lacedaemonians believed the Samians confiscated it.
θώρηκος: "breastplate."

47.2 ἐληίσαντο: <ληίζομαι, "plunder."
τῷ προτέρῳ ἔτεϊ ἤ: "in the year prior (to the one in which they plundered)."
λίνεον: "made of linen."
ζῴων ἐνυφασμένων: "with many animals embroidered on it"; ἐνυφασμένων <ἐνυφαίνω, "weave in."
εἰρίοισι ἀπὸ ξύλου: "wool from a tree," i.e., "cotton."

47.3 τῶν ... ποιέει: "each strand of the garment's yarn produces (the effect) for the sake of which it is worth marvelling at (the garment)."
ἐοῦσα γὰρ λεπτή: "for although the yarn is fine."
ἁρπεδόνας: here, "constituent threads," out of which the yarn is spun.
φανεράς: "visible."
Λίνδῳ: a city on the island of Rhodes.
ἀνέθηκε: "dedicated."
Ἀθηναίῃ: i.e., Athena.

48.1 συνεπελάβοντο: "jointly put their hands to," i.e., "participated in," + genitive.

ὥστε γενέσθαι: "so as for (it) to take place."
εἶχε ... γενόμενον: periphrastic; "had been perpetrated."
Herodotus frequently uses forms of γίνομαι (=Attic γίγνομαι) as substitutes for passive forms of ποιέω.
γενεῇ πρότερον: "a generation earlier."
κατὰ ... τὸν αὐτὸν χρόνον ... τῇ ἁρπαγῇ: "at about the same time as the theft (was perpetrated)." For the dative with ὁ αὐτός, see on 16.5.
γεγονός: with ὕβρισμα.

48.2 Κερκυραίων: inhabitants of Corcyra, an island lying off the coast of Epirus, a country northwest of Greece. They originally came there as colonists from Corinth.
Περίανδρος: tyrant of Corinth (625–585 B.C.), a position in which he was preceded by his father Cypselus (657–625 B.C.).
Ἀλυάττεα: Alyattes, king of Lydia from 610–560 B.C. and father of Croesus.
ἐπ' ἐκτομῇ: "for castration," i.e., to be made eunuchs.
προσσχόντων: "having beached (their ships)."
ἐπ' οἷσι: "for what reason," defining the content of τὸν λόγον.
ἱροῦ ἅψασθαι: "to attach themselves to the temple," as suppliants.

48.3 οὐ περιορῶντες: "not allowing (the Corinthians)."
ἐργόντων=Attic εἰργόντων, "keeping away," + genitive of separation.
κατὰ ταὐτά: See on 28.1.
ἠιθέων: "unmarried youths."
τρωκτά: "sweets."
ἐποιήσαντο νόμον: "they made it a custom."

48.4 ἐς τοῦτο ... ἐς ὅ: "for so long ... until."

49.1 οἱ δέ: the Corinthians. Herodotus implies that they would have been restrained from hostility against the Samians by pressure from their Corcyrean colonists and friends, who owed the Samians a debt of gratitude for the rescue just narrated. For the apodotic δέ, see on 36.5.
νῦν δέ: "but in fact."
αἰεὶ ἐπείτε ἔκτισαν: "ever since they colonized."
ἀλλήλοισι διάφοροι ... ἑωυτοῖσι: "at odds with each other," i.e., the Corinthians and their colonists.

49.2 ἀπεμνησικάκεον: "bore a grudge against," + dative.
πρότεροι ... ἦρξαν: "began (the hatred)."
ἀτάσθαλον: "impious."

50.1 συνέβη: "it happened that."
πρὸς τῇ γεγονυίῃ: "in addition to the (misfortune) which had (already) occurred."

50.2 μητροπάτωρ: "maternal grandfather."
Ἐπιδαύρου: a city in Argolis and a center of worship of Asclepius.
ἐφιλοφρονέετο: "made welcome."

50.3 ἐν οὐδενὶ λόγῳ ἐποιήσατο: "took no account of."
ἅτε φονέα: sc. ὄντα; "since he was the murderer." For the construction, see on 16.2.
διαλεγομένῳ: sc. Περιάνδρῳ.
τέλος: adverbial accusative, "at last."
περιθύμως ἔχων: "being very angry." Intransitive ἔχω + adverb = εἰμί + adjective.

51.1 οὐδεμίαν μηχανὴν ... μὴ οὔ ... ὑποθέσθαι τι: "there was no way that he did not suggest something." The negative with the infinitive is doubled because the infinitive depends on a verb or phrase expressing a negative idea.
ἐλιπάρεε: "he kept persevering."
ὁ δέ: the son.

51.2 μαλακὸν ἐνδιδόναι ... οὐδέν: "to show no sign of softening."
τῇ: "whither, to where."
ἀπηγόρευε μή: "forbade (anyone) to." μή merely emphasizes the negative idea of prohibition and should not be translated.

51.3 ὅκως: here, "whenever."
ἀπηλαύνετ' ἄν: "he was repeatedly driven away." ἄν may be used with imperfect or aorist indicative to indicate repeated action (S 1790).
ἀπειλέοντος: "threatening," + dative.
ἐξέργειν = Attic ἐξείργειν.

52.1 τοῦτον ... ὀφείλειν: indirect discourse reporting the content of the proclamation.
ὅσην δὴ εἴπας: "stating a (fine) however large (he may have stated it)," i.e., "stating a (fine) of such and such an

amount." This indefinite use of ὅσος δή is common in Herodotus.

52.2 πρός: "in consequence of."
πρός: here, adverb, "in addition."
ἀπειρημένου: "what was forbidden"; <ἀπεῖπον.
διακαρτερέων: "bearing up, persevering."
στοιῆσι=Attic στοαῖς, "public porticoes."
ἐκαλινδέετο: "he would wallow."

52.3 ἀλουσίῃσι: "lack of washing."
ὑπείς: <ὑφίημι, here, "relent from," + genitive.
ἤιε ἆσσον: "went closer," i.e., "approached."
ταῦτα τὰ νῦν ἔχων πρήσσεις: Though the sense is clear, the construction is obscure. Perhaps, "these (miseries), having which at present you fare (so miserably)."
ἤ ... παραλαμβάνειν: "or (for you) to take over."
ἐόντα ... ἐπιτήδεον: modifying the understood σε; "being helpful to."

52.4 Κορίνθου τῆς εὐδαίμονος: "well-blessed Corinth." Note that Κόρινθος is feminine, despite the masculine ending.
εἷλεν=Attic εἷλον <αἱρέω,
ἐς τόν σε ἥκιστα ἐχρῆν: "against (him) whom you should least have (treated so)."
ἐν αὐτοῖσι: here, as occasionally, simply a general reference to the context; "in the course of things."
τὸ πλεῦν μέτοχός εἰμι, ὅσῳ ... ἐξεργασάμην: "I partake of it to a greater extent (πλεῦν=Attic πλέον) inasmuch as I did the things." σφεα is neuter plural referring vaguely to whatever activities may have led to the supposed misfortune.

52.5 φθονέεσθαι: "to be envied."
κρέσσον=Attic κρεῖσσον; here, "superior."
ὁκοῖόν τι: "what sort of thing (it is)."

52.6 κατελάμβανε: here, "was chiding."
ἑωυτῷ ... ἀπικόμενον: "since he had entered into conversation with him." The reflexive is indirect, referring back to the subject of the introductory verb (ἔφη).

52.7 πενθερόν: "father-in-law."
πρηγμάτων: here, "troubles," as often; cf. 39.3.

53.1 παρηβήκεε: pluperfect <παρηβάω, "pass one's prime."
συνεγινώσκετο ἑωυτῷ: "admitted to himself."

ἐπορᾶν = Attic ἐφορᾶν.
οὐκ ἐνώρα: "he did not see (any ability)."
νωθέστερος: "rather stupid."

53.2 οὐδὲ ἀνακρίσιος ... ἀγγελίην: "did not consider the message-bearer worthy even of a reply."
περιεχόμενος: "clinging to," i.e., "being reluctant to give up on," + genitive.
ταύτης ἂν πείθεσθαι: "that he would listen to her." The genitive, rather than the more usual dative with πείθομαι, emphasizes the implied idea of hearing.

53.3 βούλεαι = Attic βούλει < βούλομαι.
διαφορηθέντα: "(to be) destroyed."
ζημιῶν: supplementary participle with παῦσαι (S 2098).

53.4 σκαιόν: "awkward."
ἰῶ: present imperative < ἰάομαι, "cure."
τῶν ... προτιθεῖσι: "prefer the more reasonable course to (strict) justice." προτιθεῖσι = Attic προτιθέασι.
τὰ μητρῶια ... τὰ πατρῶια: "their mother's cause ... their patrimony."
ὁ δέ: Polycrates.
δῷς: 2nd singular aorist subjunctive < δίδωμι.

53.5 τὰ ἐπαγωγότατα: "the most attractive arguments."
ἔστ' ἂν πυνθάνηται: "so long as he heard tell of."

53.6 διάδοχον: "successor to," + genitive.

53.7 καταινέσαντος: "having consented."

54.1 προσβαλόντες: intransitive, "having launched an attack."
τοῦ μὲν ... πύργου ... ἐπέβησαν: "they mounted upon the tower."
κατὰ τὸ προάστιον: "near the outskirts."
μετά: adverb.
χειρὶ πολλῇ: with βοηθήσαντος; "having come to help with many a hand," i.e., with a large force of soldiers.

54.2 τὸν ἐπάνω πύργον: "the upper tower."
ῥάχιος: < ῥάχις, "back."
δεξάμενοι: here, "having withstood."
ἔκτεινον: "began to slaughter (the Samians)." This "inchoative" sense of the imperfect is common; see S 1900.

55.1 ὅμοιοι ἐγίνοντο ... Ἀρχίῃ τε καὶ Λυκώπῃ: i.e., "had behaved like Archias and Lycopas."

Herodotus Book III

συνεσπεσόντες: <συνεσπίπτω; "having burst in along with," + dative.
φεύγουσι: dative participle.
ἀποκληισθέντες: <ἀποκληίω, "shut off from."
πόλι = Attic πόλει.

55.2 τρίτῳ... γεγονότι: "a third (generation) descendant," i.e., a grandson.
ἄλλῳ Ἀρχίῃ τῷ Σαμίου τοῦ Ἀρχίεω: "another Archias the (son) of Samios son of Archias."
Πιτάνῃ: an aristocratic district (δῆμος) of Sparta.
ταφῆναι: See on 10.2.
δημοσίῃ: "at public expense."

56.1 πολιορκέουσι: modifies σφι.
ἐς τὸ πρόσω... προεκόπτετο: "was making headway."
πρηγμάτων: with οὐδέν; "none of their efforts."

56.2 ματαιότερος: "sillier, more irresponsible."
ὅρμηται λέγεσθαι: "has begun to be spread about"; sc. "some say" to govern the following infinitives with accusative subjects.
ἐπιχώριον... μολύβδου: "having struck much local coinage from lead."
καταχρυσώσαντα: <καταχρυσόω, "cover with gold."

57.1 καί: adverb, "also."
Σίφνον: one of the Cycladic islands, located to the southwest of Samos.

57.2 ἅτε: "because," here, followed by genitive absolute. Cf. on 16.2.
ἀνάκειται: "has been dedicated."
ὅμοια τοῖσι πλουσιωτάτοισι: "in a fashion similar to the richest (treasuries)."

57.3 ἐχρέωντο... εἰ: "they asked the oracle whether."
ἡ δὲ Πυθίη ἔχρησε: "the Pythia responded." The Pythia was the priestess of Apollo charged with delivering the message of the god, often, as here, rendered in hexameter verse.

57.4 πρυτανήια: "town hall."
λεύκοφρυς: "white-browed."
δεῖ: "there is need of," + genitive.
φράδμονος: <φράδμων. "shrewd."
φράσσασθαι: <φράζω, "observe."

ξύλινόν ... λόχον: "wooden ambush."
Παρίῳ λίθῳ ἠσκημένα: "adorned with Parian marble," famous for its glistening whiteness. Paros was another of the Cycladic islands.

58.1 ἰθύς = Attic εὐθύς, "immediately."
ἐπείτε ... τάχιστα: See on 7.1.
προσίσχον: For the sense, see on προσσχόντων at 48.2.

58.2 μιλτηλιφέες: "painted with red ochre (μίλτος)."

58.3 χρῆσαι: here, "to lend."
οὐ φασκόντων: "refusing."
ἐπόρθεον: "they began ravaging." For the "inchoative" imperfect, see on 54.2.

58.4 ἔπρηξαν: "exacted a sum of x (accusative) from y (accusative)." Apparently the Samians exacted a ransom for their Siphnian prisoners.

59.1 Ἑρμιονέων: residents of Hermionia in the Argolid.
Ὑδρέαν τὴν ἐπὶ Πελοποννήσῳ: "Hydria, the island off the coast of the Peloponnese" and opposite Hermionia.
Τροιζηνίοισι παρακατέθεντο: "deposited in the care of the Troezenians," neighbors of the Hermionians.
Κυδωνίην: See on 44.1.
ἐπὶ τοῦτο: "for this reason," i.e., to settle there.
ἐξελῶντες: future participle < ἐξελαύνω; Zacynthus is an island to the west of the mainland of Greece.

59.2 εὐδαιμόνησαν: "prospered."
τὸν τῆς Δικτύνης νηόν: "the temple of Dictyna"; in fact, Dictyna, a manifestation of Artemis, was a Cretan, not a Samian, deity. νηόν = ναόν.
Αἰγινῆται: the inhabitants of Aegina, an island off the coast of the Argolid.

59.3 μετά: "with the help of."
τῶν νεῶν ... ἠκρωτηρίασαν: "of the ships having boar-shaped (ones), they cut off the prows at the tip." κάπριος is a two-termination adjective.

59.4 ἔγκοτον ἔχοντες: "bearing a grudge."
ἐπ': "in the time of."
ἐποίησαν: "did x (accusative) to y (accusative)."

60.1 ἐμήκυνα: "lengthened (the account)."
σφι: dative of agent with ἐξεργασμένα.

ὑψηλοῦ ἐς ... ὀργυιάς: "rising to a height of one hundred fifty fathoms," i.e., about 900 feet.

τούτου ὄρυγμα ... ἀμφίστομον: "of this (hill) an excavation, starting from below and having openings at each end"; i.e., they tunneled through its base. This tunnel may still be seen in Samos. Herodotus, after starting to identify the three wonders of Samos in the same sentence (NB ὄρεός τε), gets carried away, as often, by a digression and has to start afresh in 60.3 below.

60.2 ἑπτὰ στάδιοι: about 4200 feet, a stade being a little over 600 feet. The tunnel is actually only about 1100 feet long (How and Wells).

ἑκάτερον: "in respect to each (of these dimensions)"; i.e., it was 8 feet square.

εἰκοσίπηχυ βάθος: "of 20 cubits in depth," i.e., about 30 feet deep.

ὀχετευόμενον διὰ σωλήνων: "being channeled through pipes."

60.3 Μεγαρεύς: "an inhabitant of Megara," the city just to the east of the Isthmus of Corinth.

Ναυστρόφου: "(the son) of Naustrophus."

χῶμα: "dike, breakwater."

60.4 τρίτον: adverb.

τῶν ἡμεῖς ἴδμεν: "which we know of," the relative being attracted from the logical accusative into the case of the antecedent (S 2522).

61.1 χρονίζοντι: "lingering."

ἐπανιστέαται = Attic ἐπανίστανται.

μάγοι: "Magians," i.e., members of the Persian priestly caste; for ἄνδρες, see on 42.1.

μελεδωνόν: "(as) steward."

ὡς κρύπτοιτο γενόμενος: "that it was being kept secret after occurring."

εἰδείησαν: here, "believed," as occasionally in Herodotus.

61.2 ἐπεχείρησε: "made an attempt on."

βασιληίοισι: "kingship, throne."

εἶπα = εἶπον; see on 22.1.

οἰκώς = Attic ἐοικώς, "resembling," + dative.

61.3 ἀναγνώσας: "having persuaded."

εἶσε: < ἵζω, "make to sit."

τῇ ... ἄλλῃ: sc. γῇ.
προερέοντα: "(a herald) to proclaim."
ὡς Σμέρδιος ... ἀκουστέα εἴη: "that listening must be done to Smerdis," i.e., "that Smerdis was to be heeded"; impersonal use of the verbal adjective to express obligation (S 2149).

62.1 τῆς Συρίης: "in Syria." There was actually no Agbatana in Syria. The Ecbatana or Agbatana which was the capital of the Median empire was located in modern Iran.
ἐς μέσον: "publicly, to all."

62.2 ἐλπίσας: "thinking."
αὐτός τε προδεδόσθαι: "and himself to have been betrayed."

62.3 ὅκως: "that."

62.4 οἱ τεθνεῶτες: perfect participle <ἀποθνήσκω; "the dead."
ἀνεστέασι=Attic ἀνεστᾶσι, perfect <ἀνίστημι.
Ἀστυάγεα: Astyages ruled the Medes ca. 585–550 B.C., before his reign was terminated by his defeat at the hands of Cyrus.
ὥσπερ πρὸ τοῦ: "as (it has always been) before this," i.e., if the course of nature has not been altered.
οὐ μή τί ... νεώτερον ἀναβλάστῃ: "nothing untoward shall spring up." οὐ μή with the aorist subjunctive expresses an emphatic denial (S 1804).
μεταδιώξαντας: "that (your servants), having gone in pursuit of."
ἐξετάζειν: "should put him to the test."

63.1 ἤρεσε: aorist <ἀρέσκω.
Ὤνθρωπε=ὦ ἄνθρωπε; crasis.
γάρ: looking ahead to the ὦν (=οὖν) at the start of the next sentence; "since you claim ..., therefore now ... "
χαίρων: i.e., "unpunished"; cf. on 29.2.
κότερα=Attic πότερα, introducing alternative indirect questions in apposition to τὴν ἀληθείην.

63.2 ἐξ ὅτευ: "from the time."
ἀπέδεξε=Attic ἀπέδειξε <ἀποδείκνυμι, here, "appoint."
ἐπιθέμενον: here, "commanding (me)."
εἶπαι=εἰπεῖν; see on 22.1.

63.3 οὐδὲν ἐπικαταψευσάμενος: "adding no lies."
οἷα ἀνὴρ ἀγαθός: "as a good man."
ἐπιβατεύων: "taking his stand upon," +·genitive.

64.1 ἔτυψε: See on 29.1.

64.2 ἀπολωλεκὼς εἴη: "he had destroyed," periphrastic perfect <ἀπόλλυμι.
περιημεκτήσας: "being incensed."
τὴν ταχίστην: sc. ὁδόν; "by the quickest (route) possible" (adverbial accusative).

64.3 τοῦ κολεοῦ ... μύκης: "the tip of the scabbard of his sword."
κατὰ τοῦτο τῇ: "in the same place where." For the earlier incident, see 29.
καιρίῃ: sc. πληγῇ: "by a fatal wound."
τετύφθαι: <τύπτω.

64.4 τῷ ... ἐκέχρηστο: "it had been told to him by an oracle." For the verb (χράω), see on 57.3; for the "anaphoric" use of the article as a pronoun referring to a person already mentioned, see S 1120d.
Βουτοῦς: Buto, a city in the Egyptian delta.
ἔλεγε ἄρα: "meant in fact."

64.5 τῆς τε: sc. συμφορῆς. Note the position of τε; "by the effect of the (general) calamity, both the (contributing calamity brought about) by the magus and his own wound."
ἐκπεπληγμένος: <ἐκπλήσσομαι, "be stunned."
ἐσωφρόνησε: here, "he came to his senses."
συλλαβών: "comprehending."
πεπρωμένον: "fated."

65.1 τότε ... τοσαῦτα: "at that time (he said) just so much."
καταλελάβηκε: here, used impersonally; "it has befallen."
ἔκρυπτον: "I tried to conceal"; the conative imperfect of attempted action (S 1895).
ἐκφῆναι: <ἐκφαίνω.

65.2 μηδαμὰ ὤφελον ἰδεῖν: "would that I had never seen." The aorist of ὀφείλω is used with the infinitive to express a wish unattainable in past time; literally, "I ought never to have."

65.3 ἀπαιρεθέω=Attic ἀφαιρεθῶ; "that I might be robbed of," + accusative. Since ἀφαιρέω in the middle takes two accusatives (rob x from y), one accusative may be "retained" in the passive use (S 1747).
ταχύτερα ἢ σοφώτερα: "with more speed than sense."
οὐκ ἐνῆν ἄρα: literally, "it was after all not inherent," i.e., "it was not humanly possible."

ἀδεῶς: "without fear."
ἐπιλεξάμενος μή: "reckoning with the danger that"; μή + optative here points out the element of fear contained in the participle.
ὑπαραιρημένου: <ὑφαιρέω.

65.4 ἁμαρτών: <ἁμαρτάνω, "miss, fail to see," + genitive.
οὐδὲν δέον: "there being no need"; accusative absolute (S 2076).
οὐδὲν ἧσσον: "nonetheless."
ἐστέρημαι: perfect passive <στερίσκω, "deprive of," + genitive.

65.5 τὸν ... χρῆν ... τιμωρέειν: "the one who should have avenged." Imperfect χρῆν + infinitive expresses an unfulfilled obligation.

65.6 δεύτερα τῶν λοιπῶν: "as the next best of the options remaining."
μὴ περιδεῖν ... περιελθοῦσαν: "not to ignore ... having passed over," i.e., "not to allow to have passed over."
εἴτε ... εἴτε: "if, on the one hand, ... if, on the other."
ἀπαιρεθῆναι: "let it be taken away"; infinitive for imperative, as is ἀνασώσασθαι ("win it back") at the end of the sentence.
τεῳ=Attic τινι.
κατὰ τὸ καρτερόν: "in force."

65.7 ἐκφέροι: a wish, as the absence of ἄν shows.
ἀρῶμαι: "I pray."
ἅμα τε εἴπας: i.e., "as soon as he had said."
ἀπέκλαιε: inchoative imperfect; see on 54.2.
πρῆξιν: "fortune."

66.1 τά ... ἐσθῆτος ἐχόμενα: "whatever in the nature of clothing." See on 25.4.
κατηρείκοντο: <κατερείκω, "rend, tear."

66.2 ὡς ... τάχιστα: See on 42.4.
ἐσφακέλισε: "become gangrenous."
ἐσάπη: aorist passive <σήπω, "rot."
ἀπήνεικε: sc. "disease" as subject.
ἄπαιδα: "barren of," + genitive.
ἔρσενος: <ἔρσην=Attic ἄρσην, "male."

66.3 ὑπεκέχυτο: pluperfect middle <ὑποχέω, "spread over," + dative.
ἠπιστέατο: <ἐπίσταμαι, here, "think," as often in Herodotus.
ἐπὶ διαβολῇ: "slanderously."
οἱ ἐκπολεμωθῇ: "might be stirred to war against him," i.e., against Smerdis.
πᾶν τὸ Περσικόν: "all Persia."

67.1 δεινῶς: here, "vehemently."
ἔξαρνος ἦν μή: "was denying that." μή with the infinitive here merely stresses the idea of denial expressed by the introductory verbal phrase (S 2739).
αὐτοχειρίῃ: "by his own hand," i.e., by Prexaspes'.

67.2 μῆνας ἑπτὰ ... τῆς πληρώσιος: "the seven months that remained to complete eight years of Cambyses' reign."

67.3 ἀπεδέξατο = Attic ἀπεδείξατο, here, "demonstrated, performed."
πάρεξ: "except," + genitive.
ἀτελείην εἶναι στρατηίης καὶ φόρου: "that there be an exemption from military service and tribute."

68.1 ἐγένετο κατάδηλος: "he was exposed."

68.2 ὅς περ ἦν: "who he really was."
τῇδε συμβαλλόμενος: "inferring (it) in this way."
ἀκροπόλιος: i.e., the royal palace at Susa.

68.3 ἔσχε: See on 31.6.

68.4 γινώσκειν = Attic γιγνώσκειν.
Ἀτόσσης: See on 31.6.
ὅτεῳ τούτῳ: "who is this man with whom."

68.5 συγκατημένων: "sitting with," i.e., "dwelling with (Atossa)."
ἄλλην ἄλλῃ τάξας: "stationing one in one place, another in another."

69.2 γεγονυῖαν εὖ: "being nobly born."
ὑποδύνειν: "to slip under," i.e., "to shoulder."
δοῦναι δίκην: "to pay the penalty"; sc. δεῖ μιν.

69.3 ἄφασον: aorist imperative <ἀφάσσω, "feel, catch hold of."
ὦτα: <οὖς, ὦτος, "ear."

69.4 κινδυνεύσειν μεγάλως: "that she would run a great risk."
ἐπίλαμπτος: "caught," two-termination compound adjective.

ἀϊστώσει: "that he would make her disappear," i.e., "do away with her."

69.5 ὑπεδέξατο: < ὑποδέχομαι, "promise."
ὁ Καμβύσεω: "the son of Cambyses (the First)"; Cyrus named his son after his own father.
ἄρχων: "during his reign."
ἀπέταμε = Attic ἀπέτεμε < ἀποτέμνω.

69.6 αὐτῆς μέρος ἐγίνετο τῆς ἀπίξιος: "it became her turn to approach."
ἐν περιτροπῇ: "in rotation."

70.1 ἐπιτηδεοτάτους ἐς πίστιν: "most suitable to trust."
ἀνενείκαντος: "having brought up (the matter)."

70.2 Περσέων προσεταιρίσασθαι: "should take as his ally from among the Persians."

70.3 Δαρεῖος: Darius I, ruler of Persia 521–486 B.C.

71.1 πίστις = Attic πίστεις.
ἀπίκετο: impersonal; "it came," i.e., when it was his turn.

71.2 ὡς συστήσων: "to arrange."
συνήνεικε ὥστε: See on 14.7.
ὑπερβάλλεσθαι: "to delay."
οὐ γὰρ ἄμεινον: sc. τὸ ὑπερβάλλεσθαι.

71.3 εἰς = Attic εἶ < εἰμί.
οὐδὲν ἥσσω: "not at all less than," i.e., "in no way inferior to."
ἐπὶ τὸ σωφρονέστερον: "more cautiously."
δεῖ: sc. ἡμᾶς.
οὕτως: referring to the increase in numbers just recommended.

71.4 ἐπίστασθε: imperative.
ἐξοίσει: "will tattle."
ἰδίῃ ... ἑαυτῷ: "for himself alone."
περιβαλλόμενος: "aiming at."

71.5 ὠφείλετε ... ποιέειν: "you ought to be doing"; the imperfect indicative indicates an obligation unfulfilled.
ἐπ' ὑμέων αὐτῶν βαλόμενοι: "throwing (your dice) for yourselves," i.e., "on your own."
ἀναφέρειν: here, "to refer (the matter)."
ὑπερέθεσθε: < ὑπερτίθημι, "share with," + dative.

ποιέωμεν: subjunctive in an exhortation (S 1797a).
ὑμῖν ... ὑπερπέσῃ: "passes away for you," i.e., without their taking action.
ὡς: merely repeats the sense of ὅτι.
φθάς: participle <φθάνω, "anticipate, get the jump on"; here, with the genitive of comparison since the sense is simply "faster than I." No one will be an accuser first before Darius if his companions refuse to heed his advice.
σφεα: "these things."

72.1 ὥρα: <ὁράω.
σπερχόμενον: "hot with anger."
ἴθι: colloquial imperative <εἶμι; "come now."
ἐξηγέο=Attic ἐξηγοῦ; "relate."
πάριμεν: "we shall approach"; the present forms of εἶμι often have future sense.
διεστεῶσας: <διΐστημι; "(are) stationed at regular intervals."
εἰ μὴ ἰδών, ἀλλ' ἀκούσας: i.e., "from word of mouth, even if you have not seen them."
τέῳ: interrogative, as the accent shows.
περήσομεν: future <περάω, "pass by."

72.2 τὰ λόγῳ μὲν οὐκ οἷά τε δηλῶσαι, ἔργῳ δέ: "the things impossible to realize by speech, but (possible to realize) by action."
λαμπρόν: "illustrious."

72.3 τοῦτο μὲν ... τοῦτο δέ: "in the first place ... in the second."
παρήσει: <παρίημι, "let pass, grant admission."
τὰ μέν ... τὰ δέ: "in some cases ... in others."
σκῆψιν εὐπρεπεστάτην: "a most respectable pretext."

72.4 γλιχόμεθα: "we strive after," + genitive.
ἐπιτράπηται=Attic ἐπιτρέπηται, "turn to (for help)," + dative.
περιεχόμεθα: See on 63.2.

72.5 τῶν πυλουρῶν: "gatekeepers."
διαδεικνύσθω: "let him be declared."
ὠσάμενοι: <ὠθέω; "having thrust our way."
ἔργου ἐχώμεθα: "let us cling to action."

73.1 κότε κάλλιον παρέξει: "when will the opportunity be better?"

ἤ: "or."
ὅτε: "since."

73.2 ἐπέσκηψε: here, "invoked upon," + dative.
μὴ πειρωμένοισι: μή shows that the participle is conditional; "if they didn't try."
οὐκ ἐνεδεκόμεθα: "we didn't heed."

73.3 τίθεμαι ψῆφον: "I cast my vote."
συλλόγου: "assembly."
ἀλλ' ἢ ἰόντας: "except by going."
ταύτῃ αἴνεον: "gave approval along these lines."

74.1 ἐν ᾧ: See on 19.2.
κατὰ συντυχίην: "by coincidence."
φίλον προσθέσθαι: "to win over (as) a friend."
ἀνάρσια: See on 10.2.
πρὸς δ' ἔτι ἐόντα: "and still further because he was."

74.2 λαβόντες: i.e., "binding."
ἦ μέν: introducing the oath exacted; "that on his honor" (GP 389).
ἕξειν παρ' ἑωυτῷ: "he would keep to himself."
ὑπισχνεύμενοι: "promising."
τὰ πάντα ... μύρια: "everything by the tens of thousands," i.e., "everything imaginable."

74.3 δεύτερα προσέφερον: "made a second proposal."
συγκαλέειν: future infinitive; "that (they) would call together."

74.4 ὡς ... ἐόντος αὐτοῦ: "in the belief that he was, of course, the most reliable," ὡς + genitive absolute replacing a complete clause, as often. δῆθεν strikes an ironic note.

75.1 τῶν ... αὐτοῦ: προσδέομαι can govern two genitives; "the things which they asked of him."
ἑκὼν ἐπελήθετο: "he willingly disregarded."
Ἀχαιμένεος: the founder of the Persian royal family; see on 2.2.
ἐγενεηλόγησε τὴν πατριήν: "recited the family ancestry."
τελευτῶν ἔλεγε: "he ended by saying."
πεποιήκοι: For the sense, see on 59.4.

75.2 ἀναγκαίην = Attic ἀνάγκην, subject of καταλαμβάνειν.

75.3 ἐπαρησάμενος: < ἐπαράομαι, "invoke curses upon."
ἐπὶ κεφαλήν: "head first."

φέρεσθαι: "so as to be borne," a so-called epexegetical (i.e., explanatory) infinitive, complementing the sense of the main verb.

76.1 ἦισαν = Attic ἦσαν (<εἰμι).

76.2 στίχοντες = Attic στείχοντες, "making their way."
οἱ μὲν ἀμφί: i.e., "those supporting."
οἰδεόντων: "swelling," here, "being in ferment."
ἰέναι: The infinitive depends on κελεύοντες above.
τὰ δεδογμένα: "the things agreed upon."

76.3 ὠθιζομένων: literally, "jostling," i.e., "wrangling."
ἰρήκων: <ἴρηξ, "hawk."
ζεύγεα: "pairs."
αἰγυπιῶν: "vultures."
τίλλοντά ... ἀμύσσοντα: "plucking ... scratching."
τήν: article with γνώμην. Such separation is rare.
τεθαρσηκότες: "encouraged."

77.1 οἷόν τι Δαρείῳ ἡ γνώμη ἔφερε: "the sort of thing that Darius' opinion predicted."
χρεωμένους: "(as if) enjoying."

77.2 ἐνέκυρσαν: <ἐγκύρω, "encounter," + dative.

77.3 αὐτοῦ ταύτῃ: See on 25.2.
συγκεντέουυι: "stabbed to death."
ἀνδρεῶνα: <ἀνδρεών, "men's quarters."

78.1 ἐν βουλῇ ἔχοντες: "deliberating over."
τεθορυβημένους: <θορυβέω, "throw into confusion."
ἀνά τε ἔδραμον: tmesis; for the sense, see on 36.4.
πρὸς ἀλκήν: "to arms."

78.2 φθάνει τὰ τόξα κατελόμενος: "got the jump in seizing his bow and arrows," i.e., he seized them in time before the attackers arrived; cf. on 71.5.
αἰχμήν: here, "spear."
προσκειμένων: here, "pressing hard, attacking."
ἦν χρηστὰ οὐδέν: sc. τὰ τόξα. Because the fighting was in close quarters, bows and arrows were useless.

78.3 οὕτερος = ὁ ἕτερος; crasis.
ἐσέχων: "opening into."
προσθεῖναι: here, "to shut."

78.4 συμπλεκέντος: aorist passive participle <συμπλέκω, "entwine with," + dative.
οἷα ἐν σκότει: "as (happens) in the dark."
προμηθεόμενος μὴ πλήξῃ: "taking care not to strike."

78.5 ἀργόν: "inactive."
ὅ τι: "why."
σέο: "for you"; genitive after a verb expressing concern.
ὤθεε: imperative.
καὶ δι' ἀμφοτέρων: "even (if it goes) through both (of us)."

79.1 τρωματίας: <τραυματίας, -ου, "wounded man."
πατάγῳ: "clatter."
τὸν ἐν ποσὶ γινόμενον: i.e., "who crossed their path."

79.2 ἔσχε: "stopped (them)."

79.3 θεραπεύουσι: here, "observe," as a holiday.

80.1 κατέστη: here, "subsided."
ἐκτὸς πέντε ἡμερέων ἐγένετο: i.e., "five days had passed."
δ' ὦν: "all the same."

80.2 ἐς μέσον Πέρσῃσι καταθεῖναι τὰ πρήγματα: "to deposit the power in the midst of the Persians," i.e., to establish a democracy.
μετεσχήκατε: perfect <μετέχω. "share in," + genitive.

80.3 κατηρτημένον: <καταρτάω, "set in order."
ἀνευθύνῳ: "without accountability"; adjective of two terminations.
καί: "even."
ἄν: with στήσειε; "it would place."
οἱ: i.e., in the person who comes to power.
ἀρχῆθεν: "from the very start."
ἀνθρώπῳ: The use of ἄνθρωπος here shows that envy is said to be innate in all mankind, not just the autocrat.

80.4 κεκορημένος: perfect participle <κορέννυμι, "glut with."
τὰ δὲ φθόνῳ: "and on the other hand (he does many impious things when glutted) with envy."
ἄνδρα ... τύραννον: "a man who wields absolute power"; the word implies that the power is not held by popular consent.
ἄφθονον: "without jealousy (of others)."
τὸ δὲ ὑπεναντίον ... πέφυκε: "he comes by nature (to be) the opposite."

πολιήτας = Attic πολίτας.
φθονέει: "is jealous of," + dative.

80.5 ἀναρμοστότατον: "(a king is) the most inconsistent."
οὐ κάρτα θεραπεύεται: "is not toadied to."
ἅτε θωπί: "as if by a flatterer (θώψ)."
ἔρχομαι: See on 6.1.
βιᾶται: in middle, "uses violence on"; here, as often, "rapes."
ἀκρίτους: "without a trial."

80.6 πλῆθος ... ἄρχον: "majority-rule."
ἰσονομίην: "equality of rights."
τῶν ... οὐδέν: "it does none of those things which the monarch (does)."
πάλῳ ... ἀρχὰς ἄρχει: "holds offices by lot."
ὑπεύθυνον: "accountable."
τίθεμαι ... γνώμην: "I propose as an idea," i.e., "I move that ... "
ἀέξειν: "exalt."
ἔνι = ἔνεστι.

81.1 ἐπιτράπειν = Attic ἐπιτρέπειν, "to entrust (matters)."
λελέχθω κἀμοὶ ταῦτα: "let those things have been said (perfect imperative) by me as well," i.e., "let me be said to concur in this."
τὰ δ' ... ἄνωγε φέρειν: "but, as to what he orders (urging us) to confer." ἄνωγα is perfect with present meaning.
γνώμης: genitive with ἡμάρτηκε < ἁμαρτάνω (S 1352).
ἀχρηίου: "useless."
ἀξυνετώτερον: "more uncomprehending."

81.2 ἀκολάστου: "unbridled."
ἀνασχετόν: "tolerable."
ὁ: the tyrant.
τῷ: the mob.
χειμάρρῳ: "in full torrent."
ἴκελος: "like," + dative.

81.3 περιθέωμεν: < περιτίθημι, here, "confer x (accusative) upon y (dative)."

82.1 ἔχοντα: See on 16.7.
πάντων τῷ λόγῳ ἀρίστων ἐόντων: "and these being, for the sake of the argument, the best (each can be)."

τοῦτο: i.e., the last mentioned.
προέχειν: "to excel."

82.2 ἀμωμήτως: "irreproachably."
σιγῷτο: present optative passive <σιγάω, here, "keep silent."

82.3 ἐς τὸ κοινόν: "in the common interest (of the state)."
φιλέει: "are wont to, tend to."
ἕκαστος ... ἀπικνέονται: "each ... they (all collectively) end up."
κορυφαῖος: "chief, head man."
στάσιες = Attic στάσεις, "factional disputes."
ἀπέβη ... διέδεξε: both impersonal; "it ends up ... it makes itself clear." The aorists are "gnomic," i.e., they state a general truth.
ὅσῳ: "by how much."

82.4 ἀδύνατα μὴ οὐ: "(it is) impossible that ... not." For the double negative, see on 51.1.
τὰ κοινά: here, and in the next sentence, "the common interest" of the evildoers (κακοῖσι).
συγκύψαντες: "conspiring together."
ἀν(ὰ) ... ἐφάνη: tmesis; "he turns out to," + participle. The aorist is gnomic.

82.5 ἑνὶ δὲ ἔπεϊ πάντα συλλαβόντα εἰπεῖν: "for (one) to speak combining all in a single sentence," i.e., "to sum it all up in a word."
τεῦ δόντος: "with whom as (its) donor?"
κότερα: Do not translate πότερον/α when it introduces alternative direct questions.
ἡμέας ... τὸ τοιοῦτο περιστέλλειν: "that we should keep to such a system."
διὰ ἕνα ἄνδρα: i.e., Cyrus the Great.
χωρίς: "apart from."
ἔχοντας εὖ: For intransitive ἔχω + adverb, see on 50.3.

83.1 προεκέατο: "were proposed."
προσέθεντο: "assented," + dative.
ταύτῃ: i.e., Darius' proposal.
ἐς μέσον: See on 62.1.

83.2 στασιῶται: "partisans."
γάρ: in mid-sentence, frequently gives a reason for a statement which immediately follows.

κλήρῳ ... λαχόντα: "chosen by lot."
ἐπιτρεψάντων: genitive absolute; "with (us) entrusting (the matter)."
τὸν ἂν ἐκεῖνο ἕληται: sc. "to appoint."
ἐναγωνιεῦμαι: future <ἐναγωνίζομαι, "contend against."
ἐπὶ τούτῳ: "on this condition."
ὑπεξίσταμαι: "withdraw from," + genitive.
ἐπ' ᾧ τε: "on the condition that"; a fixed idiom.
οἱ ἀπ' ἐμεῦ αἰεὶ γινόμενοι: "my descendants forever."

83.3 ἐκ μέσου κατῆστο: i.e., he withdrew himself from the debate.
τοσαῦτα ὅσα αὐτὴ θέλει: "only so far as it is itself willing."
οὐκ ὑπερβαίνουσα: "as long as it does not overstep."

84.1 ὡς: "how."
ἐξαίρετα: "as special gifts."
δωρεήν: here, "set of gifts."

84.2 ἐς τὸ κοινόν: i.e., for all of them to share alike.
ἐσαγγελέος: <ἐσαγγελεύς, "usher."
ἄλλοθεν: "(a woman) from any other (family)."

84.3 αὐτῶν ἐπιβεβηκότων: "while they were mounted (on horseback)."

85.1 ἱπποκόμος: "stable boy, groom."
μηχανῶ: middle imperative.

85.2 ἐν τούτῳ ... ἐστι: "depends on this."
εἵνεκεν: here, as occasionally, "so far as concerns," + genitive.
φάρμακα: here, "magical means."
ὥρη: sc. ἐστί.

85.3 ἐγχρίμπτων: "bringing (it) near."
ἐπῆκε ὀχεῦσαι: "he allowed to mount (the mare)."

86.1 διαφωσκούσῃ: "dawning."
κατὰ συνεθήκαντο: "in accordance (with what) they had agreed to do."
ἵνα: with indicative, "where."
ἐχρεμέτισε: "whinnied."

86.2 ἐξ αἰθρίης: "out of a clear sky," and thus a sign of divine favor toward Darius.
ἐτελέωσε: "confirmed."

προσεκύνεον: "kissed the ground at the feet of," i.e., "abased themselves before," a characteristic Persian gesture of deference.

87 ἐπ' ἀμφότερα: "both ways."
τῶν ἄρθρων: here, "the genitals."
αὐτήν: i.e., his hand.
ἀναξυρίσι: <ἀναξυρίδες, "trousers."
ὡς ... ἀπίεσθαι μέλλειν: "(and they say that) when (the grooms) were about to release"; for the infinitive, see on 23.4.
ἐξείραντα: "putting forth."
φριμάξασθαι: <φριμάσσομαι, "snort."

88.1 ἀπεδέδεκτο: See on 63.2.
ἐπὶ δουλοσύνῃ: "on terms of servitude."
οὐκ ἂν ἐσβάλοιεν: "would not have penetrated." One might have expected aorist indicative with ἄν rather than the potential optative.

88.2 γάμους ... Πέρσῃσι: "made his first marriages with Persians."
τὴν μὲν ... τὴν δέ: both objects of ἐγάμεε. Note the shift from internal (cognate) accusative (γάμους) to external accusative.

88.3 δυνάμιός ... ἐπιμπλέατο: "everything had been filled with power by him," i.e., his power was firmly established. Note the unusual plural verb with a neuter plural subject.
τύπον: "carving."
ζῷον: "(as) a figure."
σύν ... ἀρετῇ: "through the virtue."
Οἰβάρεος: sc. σὺν τῇ ἀρετῇ.

89.1 σατραπηίας: "satrapies"; in 89–117, Herodotus gives an account of the organization of the Persian Empire under Darius, with an account of the tribute (φόρος) paid to him. For the nations mentioned, see How and Wells on these chapters.
κατὰ ἔθνεά ... νέμων: a complex and difficult passage. Darius seems to have "arranged for payments of tribute to come in (προσιέναι) both nation by nation (κατὰ ἔθνεα) and assigning also their neighbors to these, and, as he got beyond the people (more) adjacent (τοὺς προσεχέας), assigning the more distant nations (τὰ ἑκαστέρω), some to one group and others to others (in separate satrapies)."

Herodotus Book III

89.2 ἀπαγινέουσι: participle, "bringing as tribute."
εἴρητο: impersonal, "it was announced," i.e., "the order was given."
Βαβυλώνιον σταθμόν: "Babylonian in weight," i.e., weighed by the Babylonian standard. This was heavier than the Greek Euboean standard used for weighing the gold tribute next mentioned.
δύναται: "is worth."
μνέας: According to Greek standards, sixty "minas" equalled one talent.

89.3 κατεστηκός: "established, set."
πέρι: See on 22.3.
κάπηλος: "shopkeeper"; cf. ἐκαπήλευε, "merchandised," below.
ὀλίγωρος: "insolent."
ἤπιος: "gentle."

90.1 εἷς: "as a single (payment)."
νομός: "satrapy, province." Note the accent.

90.2 ἐπὶ δεξιὰ ἐσπλέοντι: "to the right for a person sailing in (to the Hellespont)," i.e., to the east.

90.3 τὴν φρουρέουσαν ἵππον τὴν Κιλικίην χώρην: "the cavalry guarding the country of Cilicia."
ἀναισιμοῦτο: here, "were spent."

91.1 Ἀμφίλοχος ὁ Ἀμφιάρεω: Amphiaraus, father of the city founder Amphilochus, was a famous seer who went on the expedition of the Seven against Thebes. He went on the urging of his wife Eriphyle, who was in turn killed by her son Amphilochus, himself a seer, for forcing his father to join the expedition.
οὔροισι: See on 5.1.
ἀρξάμενον ἀπὸ ταύτης: "as regards (the part) beginning from this city."
ταῦτα: "these lands."
ἀτελέα: "exempt from tribute."

91.2 ἐκεκοσμέατο: "had been included."
τῆς Μοίριος λίμνης: Lake Moeris is in the Nile valley in Egypt and is now called Birket el-Kurun.

91.3 ἐπιμετρεομένου: "measured out besides."
δυοκαίδεκα μυριάδας: "120,000 (measures)."

92.1 παῖδες ἐκτομίαι: "eunuchs"; cf. on 48.2.
93.2 τοὺς ἀνασπάστους καλεομένους: "the so-called 'dragged-up' persons," i.e., those persons deported by the king and forced to resettle.
94.2 φόρον: sc. τὸν πλῆστον.
πρός: here, "in comparison with."
ψήγματος: "gold dust."
95.1 τὸ Βαβυλώνιον: here, "as measured by the Babylonian standard."
συμβαλλόμενον: here, "being compared, being measured."
τρισκαιδεκαστάσιον λογιζόμενον: "being reckoned at thirteen times the value (of the silver)."
95.2 τὸ πλῆθος: "in sum," accusative of respect.
τὸ δ' ἔτι τούτων ἔλασσον ἀπιείς: "leaving that which is still less than these (talent payments)," i.e., he does not mention sums less than a talent.
96.1 τῆς Λιβύης ὀλιγαχόθεν: "from a small part of Libya."
μέντοι: "further"; μέντοι may, as here, mark the advancement to a new stage in the argument (GP 407).
ἀπὸ νήσων: i.e., the Greek-inhabited islands in the Aegean.
96.2 πίθους κεραμίνους: "clay jars."
τήξας: <τήγω, "melt."
κατακόπτει: "mints."
97.1 δασμοφόρος: "(as) subject to paying tribute."
νέμονται: "inhabit."
97.2 Νύσην τὴν ἱρήν: location unknown but probably in the Nile valley.
σπέρματι: Below, at 101.2, Herodotus will clarify this remark by reporting that the semen of the Indians is as black as their skins.
ἔκτηνται = Attic κέκτηνται.
97.3 διὰ τρίτου ἔτεος: "every third year," by Greek inclusive reckoning; i.e., "every two years" in our terms.
τὸ μέχρι ἐμεῦ: "up to my day."
χοίνικας: <χοῖνιξ, a dry measure approximately equivalent to one quart.
ἀπύρου: "unfired," i.e., "unrefined."
φάλαγγας ἐβένου: "logs of ebony."

97.4 Κόλκοι δὲ <τὰ> ..., οὗτοι ὧν ... ἀγίνεον: "as for the things which the Colchians ..., now these peoples brought the gifts ..." Once again, Herodotus' syntax gets sidetracked by a parenthetical thought, after which he begins the sentence afresh in a different form.
τὰ ... πρὸς βορέην ἄνεμον: "the regions to the north."
οὐδὲν ... φροντίζει: "take no thought of," + genitive.
καὶ ἐς ἐμέ: "right up to my time."
διὰ πεντετηρίδος: "at four year intervals"; cf. on 97.3.

97.5 λιβανωτοῦ: "of frankincense."

98.2 τῶν καὶ πέρι: "and concerning whom."
πρῶτοι: i.e., "nearest."
Ἰνδῶν ... ἠῶ: "for the region to the east of the Indians"; ἠῶ <ἠώς, ἠοῦς, "dawn."

98.3 ὁμόφωνα σφίσι: "sharing the same language."
ἕλεσι: "swamps."
τοῦ ποταμοῦ: the Indus.
καλαμίνων: "made of reeds," in this case, probably bamboo.
καλάμου δὲ ἓν γόνυ ... ποιέεται: literally, "one 'knee' of reed is manufactured as each boat," i.e., "is used on." A "knee" of reed was the section between two of its nodes. In the case of bamboo, this could be a length of seven feet or more.

98.4 φλοΐνην: "made of rushes."
ἀμήσωνται: <ἀμάω, "reap."
φορμοῦ τρόπον: adverbial; "mat-fashion."

99.1 ἐδεσταί: <ἐδεστής, "eater."
κάμῃ: here, "becomes exhausted by disease."
αὐτὸν τηκόμενον ... διαφθείρεσθαι: "that he, (by) wasting away, ... was being spoiled."
τὰ κρέα: "as meat."
ἄπαρνός ἐστι μή: See on ἔξαρνος ἦν μή at 67.1.
οὐ συγγινωσκόμενοι: "unforgiving."
κατευωχέονται: "feast upon (him)."

99.2 ὡσαύτως: "in like manner."
ἐπιχρεώμεναι: "associating with (her)."
ἐς ... τούτου λόγον: "to an accounting of this," i.e., to the point where old age had to be taken into account.
πρὸ ... τοῦ: adverbial; "prior to that"; cf. on 62.4.

100 ἑτέρων: "different," i.e., from those already mentioned.
νομίζουσι: See on 15.3.
ποιηφαγέουσι: See on 25.6.
ὅσον κέγχρος τὸ μέγαθος ἐν κάλυκι: "(a grass with a seed) about the size of a millet seed in the calyx." μέγαθος=Attic μέγεθος.
ἕψουσι: < ἕψω, "boil."
τὴν ἔρημον: sc. γῆν. ἔρημος is a two-termination adjective.

101.1 μεῖξις: "sexual intercourse."
ἐμφανής: "in the open."

101.2 γονή: "semen."
θορήν=γονήν.
ἑκαστέρω: here, "far distant from," + genitive.

102.1 Κασπατύρῳ ... πόλι: present-day Kabul.
Πακτυϊκῇ χώρῃ: in northeastern Afghanistan.
ἄρκτου: "the Bear," i.e., the northern constellation so named (Ursa Maior).
Βακτρίοισι: inhabitants of northern Afghanistan and sections of what is now the Soviet Union.
στελλόμενοι: "going forth."

102.2 μύρμηκες: "ants."
κυνῶν: < κύων, "dog."
ἀλωπέκων: "foxes."
εἰσὶ ... αὐτῶν: "there are (some) of these."
ἐνθεῦτεν: i.e., from their natural habitat in Bactria.
χρυσῖτις: "mixed with gold dust."

102.3 σειρηφόρον: "as trace-bearer," i.e., free of the yoke and attached only by reins. The word suggests that the camels were not pack animals but pulled wagons of some sort, despite the fact that the hunter sat on the middle camel.
παρέλκειν: "to pull at the sides," again suggesting a wagon.
αὐτός: i.e., each of the hunters.
ἐπιτηδεύσας ὅκως: "arranging that."
ἀπὸ τέκνων ὡς νεωτάτων ἀποσπάσας: "taking (it) away from children as newly-born as possible," i.e., choosing a female who has most recently given birth.
ζεύξει: sc. ταύτην.
ἐς ταχυτῆτα: "in speed."
χωρίς: "besides."
πολλόν: adverbial, "by far."

103 αὐτῆς: "(about it)," genitive of connection (S 1380), replacing περί + genitive after verb of saying or thinking.
τέσσερας μηρούς καὶ γούνατα τέσσερα: "four thigh bones and four knees," an error which arises from the appearance of the leg when the camel kneels.
τά ... αἰδοῖα ... πρὸς τὴν οὐρὴν τετραμμένα: "its genitals turned toward its tail"; the camel is a retromingent, i.e., it voids its urine toward the rear.

104.1 λελογισμένως: "with careful calculation."
καυμάτων: "the heat."

104.2 τὸ ἑωθινόν: "early in the morning."
μεσαμβρίης: "at midday."
ὑπερτείλας: <ὑπερτέλλω, "rise."
μέχρι οὗ: here, a prepositional phrase, "until," + genitive.
ἀγορῆς διαλύσιος: "market closing," i.e., about 10 a.m.
τὴν Ἑλλάδα: sc. "it burns."
αὐτούς ... βρέχεσθαι: "that they drench themselves."

104.3 ἐπὶ μᾶλλον ψύχει: "it grows ever colder."
καὶ τὸ κάρτα: "most especially, exceedingly."

105.1 θυλάκια: "little bags," diminutive of θύλακος, for which see 46.2.
ὀδμῇ: "smell, scent."
ταχυτῆτα: accusative of respect; sc. "this ant" as subject of εἶναι.
προλαμβάνειν ... τῆς ὁδοῦ: "get a head start."
συλλέγεσθαι: "are gathering together," i.e., to attack.

105.2 θέειν: epexegetical infinitive; "at running."
παραλύεσθαι: "are cut loose."
ἐπελκομένους: "being dragged along behind."
οὐκ ὁμοῦ: i.e., "first one, then the other."
ἐνδιδόναι μαλακὸν οὐδέν: "show no sign of weakness."
τὸν ... πλέω: "the majority."
σπανιώτερος: "in scantier quantity."

106.1 τῆς οἰκεομένης: sc. γῆς.
τὰ κάλλιστα: "the best products."
τὰς ὥρας πολλόν τι κάλλιστα κεκρημένας: "seasons blended in a manner by far the best," an attitude which reflects the beliefs of the Hippocratic school of medicine, which regarded Europe's climate as superior to that of Asia. κεκρημένας <κεράννυμι.

106.2 τὰ πετεινά: "those that fly."
Νησαίων δὲ καλευμένων: "The so-called Nisaean breed" is a variety of the Median horses.
ἄπλετος: "endless."

106.3 καρπὸν εἴρια: "wool as fruit"; the reference is to cotton, which grows on bushes and not trees as Herodotus claims; cf. on 47.3.
προφέροντα: "surpassing," + genitive.
τῶν ... ὀίων: "the (wool which comes) from sheep." ὀίων <ὄις.

107.1 πρὸς ... μεσαμβρίης: i.e., southward. Herodotus here ignores the greater part of Africa.
σμύρνη: "myrrh."
κασίη: "cassia," a variety of cinnamon.
λήδανον: "gum resin."

107.2 τὴν στύρακα θυμιῶντες: "burning storax gum," a kind of incense.
ὄφιες ὑπόπτεροι: "winged snakes."
οὗτοι οἵ περ: "the very ones which." At II.75, Herodotus has described how Arabian winged serpents annually invade Egypt, where they are destroyed by native ibises.

108.1 εἰ μὴ γίνεσθαι: "if there did not occur." The infinitive is substituted for the imperfect indicative in the contrary to fact protasis under the influence of the indirect discourse.
οἷόν τι ... ἠπιστάμην γίνεσθαι: "such a thing as I knew to occur."
ἐχίδνας: "vipers."

108.2 ἐδώδιμα: "edible."
ἐπιλίπῃ κατεσθιόμενα: "be eaten up and become extinct."

108.3 τοῦτο μέν: Here, answered by ἡ δὲ δὴ λέαινα at 108.4 below. "On the one hand, the rabbit ... Whereas the lioness ..."
ἐπικυΐσκεται: "conceives while already pregnant."
τὸ μὲν ... τῶν τέκνων ἐν τῇ γαστρί: "one of the fetuses."
δασύ "(is) furry."
ψιλόν: here, "hairless."
ἐν τῇσι μήτρῃσι πλάσσεται: "is being shaped in the womb."
ἀναιρέεται: "is being conceived," or possibly, with change of subject, "she is conceiving."

Herodotus Book III 55

- 108.4 ὄνυχας: "claws."
  ἐσικνέεται καταγράφων: "penetrates as he scratches."
  αὐτέων: i.e., the womb (μῆτραι).
  ὑγιές: here, as often, "sound."
- 109.1 ἐγίνοντο: "were born."
  ὡς ἡ φύσις αὐτοῖσι ὑπάρχει: "as is natural for them," i.e., by laying eggs the way other snakes do, as Herodotus points out in 109.3.
  οὐκ ἂν ἦν βιώσιμα: "life would not be possible."
  νῦν δέ: "but in fact."
  θορνύωνται κατὰ ζεύγεα: "copulate in pairs."
  αὐτῇ ... τῇ ἐκποιήσι: "the very act of procreation."
  δειρῆς: "neck."
  ἐμφῦσα: "clinging closely."
- 109.2 γονέϊ: < γονεύς, "sire."
  ἔκδυσιν: here, "emergence."
- 109.3 δηλήμονες: "injurious to," + genitive.
  ἐκλέπουσι: "hatch."
  πολλόν τι χρῆμα: "a huge number."
- 110 καταδήσωνται: < καταδέω, "fasten, bandage."
  βύρσῃσι: "ox hides."
  αὐλίζεται: literally, "dwell in the open"; here, "roost."
  νυκτερίσι: "bats."
  τέτριγε: < τρίζω, "squeal, squeak"; the perfect has present significance.
  δρέπειν: "harvest."
- 111.1 θωμαστότερον: adverb.
  λόγῳ οἰκότι χρεώμενοι: "giving a reasonable account."
  ἐν τοῖσι ὁ Διόνυσος ἐτράφη: i.e., India. ἐτράφη < τρέφω.
- 111.2 κάρφεα: "sticks."
  νεοσσιὰς προσπεπλασμένας ἐκ πηλοῦ: "nests affixed with mud."
  ἀποκρήμνοισι: "precipitous."
- 111.3 σοφίζεσθαι: "devise," still in indirect discourse.
  ὄνων: "donkeys."
  ἀπογινομένων: "that have died."
  ὑποζυγίων: See on 25.4.
  διαταμόντας ὡς μέγιστα: "cutting into the largest pieces possible."

τὰς δὲ ... ἴσχειν: "but these (nests), being unable to support (the pieces)."

112 ἐν ... δυσοδμοτάτῳ: "in the most foul-smelling place."
εὐωδέστατον: "extremely fragrant."
αἰγῶν τῶν τράγων: "he-goats."
πώγωσι: "beards."
οἷον γλοιός: "like gum."
μύρων: See on 20.1.

113.1 θυωμάτων: "perfumes."
ἀπόζει ... ὡς ἡδύ: "there breathes from the land of Arabia a divine aroma, so sweet is it."
πήχεων: "cubits." One cubit=approximately 18 inches.
ἐπείη: <ἐφίημι, "allow," + dative.
ἕλκεα: "sores."
ἀνατριβομένων: "suffering abrasion."

113.2 ξυλοργέειν: "to do carpentry."
ἁμαξίδας: "little wagons."
κτήνεος: "animal."
τό ... γένος ... φορέουσι: either "as regards the other kind, they have ... ," or Herodotus simply shifts from singular subject to plural verb under the influence of ὀίων.

114 ἀποκλινομένης ... τῆς μεσαμβρίης ... χώρη: literally, "as midday declines, Ethiopia extends toward the setting sun," a very confused way of saying that Ethiopia stretches far to the southwest.
ἀμφιλαφέας: "in abundance."

115.1 Ἠριδανόν τινα ... πρὸς βορέην ἄνεμον: literally, "that a river issuing into the sea to the north is called a certain Eridanus by the barbarians." The Eridanus was variously identified with the Po, Vistula, and Rhone by Greek writers.
ἤλεκτρον: "amber," a substance found in the Baltic region.
Κασσιτερίδας: the "Tin Islands," again variously identified, may be Britain or some island off the coast of Spain.
ἐούσας: "as really existing."

115.2 αὐτὸ ... τὸ οὔνομα: "declares in its very name."
Ἑλληνικόν: "a Greek (word)."
αὐτόπτεω: <αὐτόπτης, "eye witness."
μελετῶν: "studying diligently."
τὰ ἐπέκεινα: "on the further side."
δ' ὦν: "but in any case."

Herodotus Book III

116.1 ὅκως ... γινόμενος: "how (it is) produced."
ὑπέκ τῶν γρυπῶν ἁρπάζειν Ἀριμάσπους ἄνδρας: At IV.3, Herodotus again mentions the race called Arimaspi and the so-called Gold-Guarding Griffins.

116.3 οἴκασι = Attic ἐοίκασι.
περικληίουσαι: "shutting in."
ἀπέργουσαι = Attic ἀπείργουσαι, "enclosing."
αὐτά: pronoun recapitulating a direct object which has preceded the verb; "the things seeming ..., to have them."

117.1 πεδίον: probably somewhere in the land around the Sea of Aral in the Soviet Union.
διασφάγες: <διασφάξ, "chasm."
ἐπείτε ... ἔχουσι: "but ever since the Persians have been holding"; cf. the same sense of ἐπείτε + present indicative in the next section.

117.2 Ἄκης: unidentified.
ἄρδεσκε: "watered."
διαλελαμμένος πενταχοῦ: "divided (<διαλαμβάνω) into five parts."

117.3 ἐνδείμας: aorist participle <ἐνδέμω, "wall up."
τῆς διεξόδου: "from the outlet."
ἐσδιδόντος: intransitive, "pouring in."

117.4 διαχρέωνται: here, "experience."
ὕει: "sends rain"; cf. on 10.3.
μελίνην: "millet."
χρηίσκονται: "they need," + dative.

117.5 ὠρυόμενοι: "howling."
τοῖσι δεομένοισι αὐτῶν μάλιστα: "for those of them needing (the water) most."
φερούσας: intransitive, "leading."

117.6 διάκορος: "satiated."
χρήματα μεγάλα πρησσόμενος: "exacting huge sums."

118.1 κατέλαβε: See on 65.1.
χρηματίσασθαι: "to transact business with," + dative.
τυγχάνῃ μισγόμενος: "happened to be having intercourse with," + dative.

118.2 περιώρων: plural imperfect <περιοράω, "permit"; note accent and augment.
ἀκινάκεα: <ἀκινάκης, a Persian short sword.

ῥῖνας: <ῥίς, "nose."
ἀνείρας ... χαλινόν: "threading (the noses and ears) on his horse's bridle."
αὐχένας: See on 14.4.

119.1 ἀρρωδήσας: See on 1.2.
ἀπεπειρᾶτο: "tested," + genitive.
συνέπαινοι: "agreeable."

119.2 ἐλπίδας: here, "suspicions."
τὴν ἐπὶ θανάτῳ: sc. δέσιν, cognate accusative with ἔδησε; "he imprisoned them for execution."

119.3 κλαίεσκε ἄν καὶ ὀδυρέσκετο: "she wept and lamented again and again." The repeated action is doubly stressed by the "iterative" forms in -εσκ- (S 1790) and by the ἄν attached to the imperfect, for which see on 51.3.
διδοῖ: See on 21.1.
ῥύσασθαι: "to rescue"; epexegetical infinitive.

119.5 περιεῖναι: "to survive"; epexegetical infinitive.
ἀλλοτριώτερος: "more alien," i.e., "more distantly related."
κεχαρισμένος: <χαρίζομαι; "proven by gracious acts," i.e., "worthy of your gratitude."

119.6 ἀνήρ: See on 32.3.

119.7 εὖ: with εἰπεῖν.
παραιτέετο: "she asked to be spared."

120.1 κατὰ δέ κου μάλιστα: "just about at the same time as."
πρήγματος: For the genitive, see on 21.2.
ἀκούσας μάταιον ἔπος: literally, "having heard an insulting word (spoken about himself)," i.e., "having been verbally insulted."
ἰδών: "having laid eyes on (Polycrates)."

120.2 Δασκυλείῳ: the capital of the satrapy of Phrygia, located near the coast of the Propontis.
κρινομένων: "while (they) were comparing themselves."
προφέροντα: "casting (it) up (to him)."

120.3 σὺ γὰρ ἐν ἀνδρῶν λόγῳ: γάρ here indicates sarcastic incredulity (GP 77); "of course you belong in the rank of he-men."
προσκειμένην: here, "lying in."
ὧδε δή τι ... εὐπετέα χειρωθῆναι: "so outrageously easy to be subdued"; δή τι here adds an indignant note (GP 209) looking ahead to the following relative clause explaining the

ease with which Polycrates won control of the island. A clause would have been more normal.

120.4 οὐκ οὕτω ... ὡς: "not so much ... as."
κακῶς ἤκουσε: "he heard (himself) badly (spoken of)," i.e., "he was publicly maligned."

121.1 ὅτευ δή: "of whatever sort (he actually requested)," i.e., "of some sort or other."
Ἀνακρέοντα: the famous Greek lyric poet (ca. 570–490 B.C.), known for his drinking songs. He spent some time on Samos as the guest of Polycrates, having been summoned to teach music to the tyrant's sons.
Τήιον: "of Teos," a Greek city on the coast of Asia Minor in Ionia, north of Samos.

121.2 εἴτε ἐκ προνοίης αὐτὸν ... εἴτε καὶ συντυχίῃ: Herodotus, abruptly shifting constructions, never supplies an infinitive to complete the idea begun with the accusative subject αὐτόν; "and somehow, (it is said) that either by design he (Polycrates), denigrating the powers of Oroetes—or some chance intervened."
ἀπεστραμμένον: < ἀποστρέφω.

122.1 διφάσιαι: "two conflicting."
Μαιάνδρου: a river in Caria known for its winding (meandering) course.

122.2 θαλασσοκρατέειν: "rule the seas," by establishing a thalassocracy as Athens did later.
πάρεξ Μίνω: "except for Minos," the legendary king thought to have ruled Crete and the seas from his palace at Cnossus during the times before the Trojan War.
ἀνθρωπηίης: "human," as opposed to the superhuman figures of legend.

122.3 χρήματα: "money," as often.
κατά: See on 20.2.
ὀρθώσεις ... σεωυτόν: "will keep yourself upright," i.e., "succeed, prosper," as often.

122.4 ἔα: imperative < ἐάω.
εἵνεκεν: For the sense, see on 85.2.

123.1 ἱμείρετο: "he desired," + genitive.
Μαιάνδριον: Maeandrius, son of Maeandrius, succeeded Polycrates as tyrant of Samos.

γραμματιστής: "secretary."
κόσμον: "furnishings."
ἀξιοθέητον: "worth going to see."
τὸ Ἥραιον: a famous temple of Hera on Samos.

123.2 προσδόκιμον: "expected (to arrive)."
λάρνακας: "chests."
πλὴν κάρτα βραχέος: "except for a very shallow space."
χείλεα: "lips," i.e., "rims."
ἐπιπολῆς: "on top of," + genitive.

124.1 τῶν μαντίων: "his seers."
πρός: adverb.
ἐν τῷ ἠέρι μετέωρον: "suspended aloft in midair." ἠέρι= Attic ἀέρι.
χρίεσθαι: "was annointed."

124.2 παντοίη ἐγίνετο: "became all kinds of things," i.e., "tried everything."
ἐπεφημίζετο: <ἐπιφημίζω, "speak words of ill-omen."
σῶς: contracted nominative singular <σόος, "safe."
παρθενεύσεσθαι: "would remain unmarried."
ἤ: "(rather) than."
ἐστερῆσθαι: See on 65.4.

125.1 ἀλογήσας: "taking no account of," + genitive.
Κροτωνιήτην: "a citizen of Croton," a Greek colony in Italy.
κατ' ἑωυτόν: "of his time."

125.2 ὅτι ... μή: See on 26.2.
μεγαλοπρεπείην: "in magnificence."

125.3 οὐκ ἀξίως ἀπηγήσιος: "in a manner not worthy of mention."
ἀνεσταύρωσε: "he impaled (the corpse)."
χάριν εἰδέναι: See on 21.3.
ἐν ἀνδραπόδων λόγῳ ποιεύμενος: "reckoning (them) as slaves."

125.4 ἀνακρεμάμενος: <ἀνακρεμάννυμι, "hang up."
ὅκως: See on 51.3.
ἀνιεὶς ... ἰκμάδα: "exuding moisture."
εὐτυχίαι: "successes."
[τῇ ... προεμαντεύσατο]: "in the way that Amasis ... predicted to him." The line is rejected as spurious because it does not appear in the most reliable manuscripts.

126.1 ὠφέλεε: <ὠφελέω, "help."
ἀπαραιρημένους τὴν ἀρχήν: For the construction, see on 65.3.

126.2 ταραχῇ: "commotion."
κατὰ ... ἔκτεινε: tmesis.
οἱ ὠνείδισε τὰ ἐς Πολυκράτεα ἔχοντα: "reproached him with the words referring to Polycrates," i.e., the taunt recorded in 120.3.
κατὰ δέ: sc. ἔκτεινε.
καί ... ἀγγαρήιον: "and even one of Darius' mounted couriers."
μιν: recapitulating pronoun; see on 116.3.
κομιζόμενον: "as he was making his way."
ὑπείσας: "having set in ambush."

127.1 ἐκ ... τῆς ἰθέης: "openly."
ἅτε: here, introducing both the genitive absolute and the following two nominative participles (ἔχων, πυνθανόμενος).
οἰδεόντων: See on 76.2.
ἐδορυφόρεον: "served as a spear-bearing bodyguard."
εἶχε: Oroetes is subject. The relative construction is dropped in favor of a fresh independent clause.

127.2 ὑποστάς: "undertaking (the task)."
ὁμίλῳ: "tumult."
ἔργον οὐδέν: "(there is) no need."

127.3 ἔοργε: perfect <ἔρδω.
ἥΐστωσε: See on 69.4.
καταλαμπτέος ἐστὶ ἡμῖν: "he must be checked by us." The dative of agent is normal with the verbal adjective expressing obligation.

128.1 πάλλεσθαι: "to cast (lots)."

128.2 περὶ ... πρηγμάτων: "being concerned with many matters."

128.3 περιαιρεόμενος: here, "undoing."
ἐνδεξαίατο: <ἐνδέχομαι, here, "consent to."

129.1 στραφῆναι τὸν πόδα: "was twisted in the foot," i.e., "sprained it."

129.2 ἰσχυροτέρως: "unusually severely."
ἀστράγαλος: "ankle bone."
νομίζων: "being accustomed."

πρώτους τὴν ἰητρικήν: According to Herodotus (II.84), the Egyptians were medical specialists, each physician treating only one disorder. τὴν ἰητρικήν is accusative of respect.
στρεβλοῦντες: "(by) twisting."

129.3 ἀγρυπνίῃσι: "by insomnia."
φλαύρως: "in a wretched manner."
παρακούσας: "having chanced to hear about," + accusative.
ἀνδραπόδοισι: "the captured retinue."
ὅκου δή: "somewhere or other."
ἀπημελημένον: <ἀπαμελέω. "neglect."
ῥάκεσι ἐσθημένον: "clothed in rags."

130.1 οὐκ ὑπεδέκετο: "did not admit (to his skill)."
Ἑλλάδος: Magna Graecia, the region of Italy that contained Democedes' town of Croton, is here considered a part of Greece.

130.2 κέντρα: "goads," used for torture.
ἀτρεκέως: with ἐπίστασθαι.
φλαύρως ἔχειν: "he had an inferior grasp on."

130.3 ἐπέτρεψε: sc. Darius as subject.
ἰήμασι: "remedies."
ἤπια: See on 89.3.
ὕπνου ... μιν λαγχάνειν ἐποίεε: "he caused him to get (some) sleep." The genitive is partitive.
ἀρτίπουν: "sound of foot."

130.4 ἐπίτηδες: "purposely."

130.5 ὑποτύπτουσα ... φιάλῃ: "dipping with a bowl."
δαψιλέϊ: "lavish."
ὡς: here, equivalent to ὥστε.
στατῆρας: "staters," a type of coin.
χρῆμα πολλόν τι: See on 109.3.

131.1 συνείχετο: "he was entangled with," + genitive.
ὀργήν: "in temper"; accusative of respect.
ἀσκευής περ ἐών: "although being without instruments"; περ is often concessive in force (GP 485).
ἐργαλήια: "tools."

131.2 ταλάντου: "at the salary of a talent"; genitive of price (S 1372).
δημοσίῃ: See on 55.2.
εὐδοκίμησαν: "became famous."

131.3 Κυρηναῖοι: citizens of Cyrene in northern Africa.
ἤκουον ... εἶναι: "hear (themselves said) to be," i.e., "were spoken of as being"; cf. on 120.4.

132.1 ἐξιησάμενος: "having completely cured."
ἑνὸς τοῦ ... ἀπιέναι: "one thing, his going back"; articular infinitive.

132.2 ἀνασκολοπιεῖσθαι: "to be impaled," <ἀνασκολοπίζω. The future middle here has passive force, as often.
παραιτησάμενος: here, "having won pardon from," + accusative; cf. on 119.7.
Ἠλεῖον: "from Elis," on the western coast of the Peloponnese.
μέγιστον πρῆγμα: "an object of the highest regard."

133.1 φῦμα: "growth, tumor."
ἐκραγέν: <ἐκρήγνυμι. "burst open."
ἐνέμετο: "it spread."
ὅσον ... ἔλασσον: "as long as the tumor was rather small."
ἡ δέ: δέ is apodotic.
ἐν κακῷ: "in a bad way."

133.2 ἐξορκοῖ μιν: "makes her swear."
ἦ μέν: See on 74.2.
ἀντυπορηγήσειν: "would do as a service in return."
δεήσεσθαι δέ: sc. "he promised."

134.1 ἔχων: "although having."
κάτησαι: <κάθημαι, here, stressing inactivity.

134.2 τι ἀποδεικνύμενον: "as accomplishing something."
ἐπ' ἀμφότερα ... φέρει: "leads to two ends."
σφέων: with προεστεῶτα; "at their head."
σχολὴν ἄγοντες: "leading (a life of) leisure."

134.3 ἀπαμβλύνονται: "are blunted."

134.4 ἐκ διδαχῆς: "on instruction."

134.5 τὴν πρώτην: adverbial, "first of all."
ἰέναι ἔασον: "let pass the going," i.e., "give up thoughts of going."
μοι: "for my sake, please"; the so-called ethical dative, indicating the interest of the speaker in what is being done (S 1486).
στρατεύεσθαι: infinitive for imperative.

λόγῳ πυνθανομένῃ: "hearing tell (of them)," i.e., of the Greek women whom she mentions next.
ἕκαστα: "all the details."

134.6 αὐτούς: the Greeks.

135.1 ἐπέλαμψε: < ἐπιλάμπω, "dawn."
τὰ παραθαλάσσια: "the coastal regions."
ὅκως τε: "and (to be careful) that." The switch from infinitive (διεξελθεῖν) to an object clause with future indicative implies that this second instruction is to involve a particularly strenuous effort; cf. the same substitution after ἐδέετο in 135.2 just below: "he asked him (to make sure) that he would come."
διαδρήσεται: < διαδιδράσκω, "run away from, elude."

135.2 ἐκείνου: i.e., Democedes himself.
ἔπιπλα: "moveable possessions."
πολλαπλήσια: "multiplied greatly."
πλεύσεσθαι: future middle < πλέω.
ὁλκάδα: "a freighter," feminine.

135.3 δοκέειν ἐμοί: See on 45.3.
εὑ=αὐτοῦ, here, as indirect reflexive pronoun referring back to Democedes.
ἐπιδραμών: "rushing in," i.e., "eagerly."

136.1 ἐπλήρωσαν: sc. ἀνδρῶν.
γαῦλον: "a bucket," a name given to round Phoenician cargo vessels.
ἀγαθῶν: genitive with ἐπλήρωσαν.
ἐθηεῦντο: < θεάομαι, "look at."
ἀπεγράφοντο: i.e., they recorded in writing what they said.
Τάραντα: Tarentum, a city in Calabria, southern Italy.

136.2 ῥηϊστώνης: "kindly feeling for," + genitive.
πηδάλια: "rudders."
Μηδικέων: "Persian," as often.
δῆθεν: here, suggesting indignation; "on the grounds that they were actually *spying* ... " (GP 266).
τὴν ἑωυτοῦ: sc. γῆν.

137.1 ἀγοράζοντα: here, simply "strolling about in public," as often.

137.2 προϊέναι: < προΐημι; "to hand (him) over."
σκυτάλοισι: "staffs, sticks."

προΐσχομένους: "putting forth," i.e., "speaking out."
δρηπέτην: "runaway slave."

137.3 ταῦτα: with περινβρίσθαι; "to have been insulted in this way."
ἐκχρήσει: impersonal, "will please," + dative.
ἀπέλησθε: <ἀφαιρέω; sc. αὐτόν. For the two accusatives, see on 65.3.

137.4 τὸ προσωτέρω: "the more distant (part)."

137.5 ἀναγομένοισι: "as they were putting out to sea"; cf. on 41.2.
ἅρμοσται: <ἁρμόζω; "had betrothed."
Μίλωνος: a famous wrestler (παλαιστής) from Croton, said to have caught his hand in a tree trunk while attempting to split it and to have been eaten by wolves while so trapped.
γυναῖκα: "(as) wife."
οὔνομα: here, "celebrity, mention."
κατὰ ... τοῦτο: "for this reason."
τελέσας: "having paid," as often.
καί: "as well."

138.1 ἐκπίπτουσι: here, "were driven ashore."
Ἰηπυγίην: the region of southern Italy called Calabria by the Romans.

138.2 κάτοδον: "return," from exile.
Κνιδίους: inhabitants of Cnidus, a Greek city in Asia Minor.
ἀποχρᾶν οἱ: "it satisfied him that," + accusative and infinitive.

139.2 κατέλαβε: See on 65.1.
χλανίδα ... πυρρήν: "red mantle."
ὠνέετο: conative imperfect, "tried to buy."

139.3 πωλέω ... χρήματος: "I am not selling at any price."
ἄλλως: "quite apart (from selling it)," i.e., "for free."
ἠπίστατο: See on 66.3.
ἀπολωλέναι: "was lost"; for the intransitive 2nd perfect of ἀπόλλυμι, see S 819.
δι' εὐηθίην: "by his foolishness."

140.2 Ἑλλήνων: with τίς.
τῷ ... προαιδεῦμαι: "to whom I am already obliged."
ἤ τις ἢ οὐδείς: "hardly anyone."
χρέος: "debt."
εἰδέω: subjunctive <οἶδα.

140.4 εἰ καὶ σμικρά, ἀλλ' ὧν: "(gifts), even if small ones, yet indeed."
ἴση γε ἡ χάρις ὁμοίως: "my gratitude is on just the same scale."
μεταμελήσῃ: See on 36.5.
ποιήσαντι: "having treated."

142.1 ἐπιτροπαίην: "as a charge."
τῷ: i.e., Maeandrius; for the anaphoric article, see on 64.4.
οὐκ ἐξεγένετο: impersonal, "it was not possible."

142.2 τέμενος: "sacred precinct."
οὔρισε = Attic ὤρισε, <ὁρίζω, "mark off."

142.3 μοι παρέχει: impersonal, "it is in my power"; cf. on 73.1.
τὰ τῷ πέλας ἐπιπλήσσω: "those things which I rebuke in my neighbor."
κατὰ δύναμιν: "to the best of my ability."

142.4 γέρεα = Attic γέρατα, <γέρας, "privilege, right."
ἱερωσύνην: "the priesthood."
τῷ αὐτός ... περιτίθημι: "for whom I made a shrine and (for whom) I bestowed freedom on you."

142.5 γεγονώς ... κακῶς: Cf. on 69.2.
ὄλεθρος: here, a colloquial term of abuse; "'bad news,' a rogue."
ὅκως: sc. ὄρα; cf. on 36.2.
λόγον: here, "accounting."

143.1 μετήσει: <μεθίημι.
ἕκαστον: i.e., each of the Samian leaders whom he suspected of desiring to replace him.
συνέλαβε: "he arrested," as often.

143.2 Λυκάρητος: According to Herodotus at VI.27.1, Lycaretus later became tyrant of the island of Lemnos.

144 ὑπόσπονδοι: "under a truce."
σπεισαμένου: <σπένδομαι, "have libations poured," to ratify a solemn treaty.
κατέατο = Attic ἐκάθηντο.

145.1 ὑπομαργότερος: See on 29.1.
ὅ τι δὴ ἐξαμαρτών: "having committed an offense of some sort or other"; for the construction, cf. on 121.1.
γοργύρῃ: "dungeon."
διακύψας: "peeping through."

145.2 ἀνέπειθε: conative imperfect.
γοργύρης: genitive with ἠξίωσας.
οὕτω δή τι: See on 12.1.
145.3 σφέας: i.e., the Persians.
ἀπίξιος: genitive with τιμωρήσομαι (S 1405); "I will punish them for coming."
146.1 ὑπέλαβε: here, "accepted."
ἐς τοῦτο ἀφροσύνης: "to such a degree of folly."
ὡς: See on 130.5.
περιέσεσθαι: <περίειμι, here, "surpass," + genitive.
τῆς: sc. δυνάμεως.
ἀπολάμψεσθαι: See on λάμψεσθαι at 36.5.
ἀκέραιον: predicate adjective (two termination) with πόλιν; "intact."
146.2 οὕτω: "in that condition."
προσεμπικρανέεσθαι: future infinitive <προσεμπικραίνομαι, "be embittered against."
διῶρυξ: "tunnel."
146.3 ἀναπετάσας: <ἀναπετάννυμι, "spread open."
ἐξῆκε: sc. τοὺς ἐπικούρους.
συμβεβάναι: <συμβαίνω; "that agreement had been reached."
διφροφορευμένους: "riding in litters."
146.4 πιεζεύμενοι: "being hard-pressed."
κατειλήθησαν: See on 13.1.
147.1 ἐντολὰς ... ἐντολέων: another anacoluthon; Herodotus, diverted by an explanatory parenthesis (μήτε ... μήτε ...), fails to provide a verb to govern the accusative object but reintroduces the "instructions" in a new case beginning a new sentence. Translate: "Otanes..., as for the instructions which Darius..., though mindful of these instructions, chose to forget them."
147.2 ἔν ... ἱρῷ: "on sacred ground." Normally, refuge at a temple or shrine would guarantee safe asylum from violence. Herodotus emphasizes the sacrilege of the massacre.
148.1 ἀποδράς: See on 45.1.
ἀνενεικάμενος: <ἀναφέρω.
ὅκως: See on 51.3.
ποτήρια: "drinking vessels."

ἐξέσμων: imperfect <ἐκσμάω, "scour."
ὁ δ' ἂν ... προῆγε: "he would lead." For the ἄν, see on 51.3.
Κλεομένεϊ: Cleomenes I ruled Sparta ca. 519–490 B.C. as one half of the dual kingship peculiar to Sparta.
ἐξεπλήσσετο: See on 64.5.

148.2 μαθὼν δὲ ὡς: "and realizing that he (Maeandrius) ..."
τιμωρίην: i.e., Spartans to help him recover Samos.
ἐφόρους: The five ephors had the executive and legal authority which actually ran the Spartan government. The two Spartan kings took the lead in religious matters and served as commanders in chief to the Spartan army. They also exercised important influence on foreign policy, as Cleomenes does here.
ἐξεκήρυξαν: <ἐκκηρύσσω, "banish by decree."

149 σαγηνεύσαντες: "dragnetting," a Persian procedure described by Herodotus later at VI.31. After invading an island, the Persian soldiers would join hands, forming a human chain which extended from one coast to the other. They would then advance together, rounding up all the island's inhabitants.
νοσῆσαι τὰ αἰδοῖα: "so as to be ill in the genitals"; the infinitive is epexegetic.

150.1 ἐν ὅσῳ: "while, as long as."

150.2 ἐκ τοῦ ἐμφανέος: "openly."
ἀπέπνιξαν: <ἀποπνίγω, "strangle."
σιτοποιόν: "(as) a cook."
ἀναισιμώσωσι: See on 6.2.

151.1 φροντίζοντας οὐδέν: See on 97.4.
προμαχεῶνας: "bastions, fortification towers."
κατωρχέοντο: <κατορχέομαι, "dance derisively."
κατέσκωπτον: See on 37.3.

151.2 ἡμίονοι: literally, "half-donkeys," i.e., "mules."
τέκωσι: aorist subjunctive <τίκτω.

152 ἤσχαλλε: <ἀσχάλλω, "be impatient."
πειρησάμενος: "making trial (of their strength)," i.e., "attacking." The verb has the same sense in its passive use at the end of the sentence.
τῷ: "the (stratagem) by which." At I.191, Herodotus describes how Cyrus captured Babylon by diverting the Euphrates and sneaking his troops into the city along the riverbed, which passed through its walls.

Herodotus Book III 69

ἀλλὰ γάρ: "but the fact was."
δεινῶς ἦσαν ἐν φυλακῇσι: "were exceedingly watchful."
153.1 τέρας: "portent."
ὑπό: here, "in a state of."
ἀπείπας: "having forbidden."
153.2 οἱ: dative, anticipating Ζωπύρῳ, with ἐδόκεε.
σὺν ... θεῷ: "by divine providence."
εἰπεῖν ... τεκεῖν: sc. οἱ ἐδόκεε.
154.1 μόρσιμον: "fate, destiny."
περὶ πολλοῦ ... ποιέεται: "he considered (it) to be of very great importance," a very common idiom.
πολλοῦ τιμῷτο: "he valued it highly."
ἐς τὸ πρόσω μεγάθεος: "for increase of (one's) prestige."
154.2 οὐκ ἐφράζετο: here, "he did not consider."
μιν: the city.
ὑποχειρίην: "in his power."
εἰ δ': "but (he thought he could capture it) if."
λωβησάμενος: "mutilating."
αὐτομολήσειε: "he should go over as a deserter."
ἐν ἐλαφρῷ ποιησάμενος: "making light (of it)."
ἀνήκεστον: "irremediable."
κακῶς περικείρας: "crudely shearing off."
155.1 κάρτα βαρέως ἤνεικε: "bore it very heavily," i.e., "took it very hard."
ὅ τι ποιήσαντα: The participle agrees with the understood object of λωβησάμενος; "who was the man having mutilated (him) ... and for having done what."
155.2 τῷ: οὗτος ἀνήρ is the antecedent.
ἀλλοτρίων: "strangers."
ἐμεωυτόν: sc. ἐλωβησάμην.
δεινόν τι ποιεύμενος: "reckoning it a dreadful thing."
155.3 ἔθευ=Attic ἔθου, 2nd singular aorist middle <τίθημι.
παραστήσονται: <παρίστημι, here, "come over, surrender."
ἐξέπλωσας: <ἐκπλέω, "sail away," here in a colorful metaphor with φρενῶν; "how have you not sailed straight out of your mind?"
155.4 ὑπερετίθεα=Attic ὑπερετίθην, imperfect <ὑπερτίθημι, "communicate." For the middle in the same sense, see

on 71.5. One might have expected the aorist in what seems to be a past contrary to fact condition.
ἐπ' ἐμεωυτοῦ βαλόμενος: See on 71.5.
τῶν σῶν δεήσῃ: "you fall short of your (responsibilities)."
ὡς ἔχω: "(just) as I am."
τεύξεσθαι: here, "I will attain," + genitive.

155.5 ἀπ' ἧς ἂν ἡμέρης: a compressed version of "from whatever day on which."
ἐς: here, "on."
τῆς μηδεμία ἔσται ὤρη: "for which there will be no concern." Note the smooth breathing which distinguishes ὤρη = "concern" from ὥρη = "time."
τὰς Σεμιράμιος καλεομένας: "said to belong to Semiramis," the Greek version of Sammu-ramat, mother of Adad-nirari III of Assyria (810–783 B.C.).
Νινίων: "the Ninevites."
διαλείπειν: infinitive for imperative (S 2013).
κάτισον = Attic κάθισον < καθίζω.
τὰς Χαλδαίων: the Chaldeans, famous in antiquity for their skill in astronomy and the occult.
ἐχόντων: imperative.
ἀμυνεύντων = Attic ἀμυνούντων, future participle < ἀμύνω; "(weapons) for the purpose of defense."
ἐᾶν: "allow (them)," another imperatival infinitive, as is κελεύειν in the next sentence.

155.6 Βηλίδας: "belonging to Belus," a name for Marduk, the patron god of Babylonia.
Κισσίας: Kissia was the region in which Susa, the Persian capital, was located.
βαλανάγρας: literally, hooks used to remove the pin or bolt (βάλανος) used to lock a door; translate, "keys."
τὸ δὲ ἐνθεῦτεν: See on 26.2.

156.1 ἐπιστρεφόμενος: "turning back," i.e., "looking around."
ὡς δῆθεν: "as if (being) indeed."
κατὰ τοῦτο: "to this duty."
παρακλίναντες ... πύλην: "opening one (side of the double) gate a crack."

156.2 τὰ κοινά: "the governing assembly."
συμβουλεῦσαι: 3rd singular aorist optative, not the infinitive, as the accent shows.

156.3 ἥκω μέγιστον ἀγαθόν: English would say "my coming is the greatest good."
καταπροΐξεται: See on 36.6.
διεξόδους: "ins and outs."

157.1 ἀναπεφυρμένον: <ἀναφύρω, here, "defile."
σύμμαχον: predicative.
τῶν ἐδέετο σφέων: "the things which he asked of them." For the two genitives, cf. on 75.1.

157.2 αὐτῶν: "from them," genitive of source (S 1410).

157.3 περιχαρέες: See on 35.3.
συγκειμένας: "agreed upon."
τῶν Βαβυλωνίων: partitive genitive with ἐπιλεξάμενος.

157.4 εἶχον ἐν στόμασι: i.e., his name was always on their lips.
πάντα: "everything, all that mattered."

158.1 ἐσῆκε: <ἐσίημι.

158.2 Διὸς τοῦ Βήλου: Zeus Belus was an eastern combination of the Greek Zeus and the Babylonian patron deity Belus.

159.1 περιεῖλε: here, "razed."
τὸ γὰρ ... Κῦρος: For Cyrus' capture of Babylon in 538 B.C., see on 152.
μάλιστα ἐς τρισχιλίους: "about 3000."

159.2 ὡς ... προιδών: "making provision that"; ὥστε is much more common than ὡς in this construction (S 2209).
ὅσας δή: "such and such a number"; see on 52.1.
κεφαλαίωμα: "total number."

160.1 κριτῇ: predicative.
πρὸς τῇ ἐούσῃ: "in addition to the existing (Babylon)."

160.2 τά=ἅ.
ἀτελέα νέμεσθαι: "to live in without paying taxes."
μέχρι: here, "throughout."
ηὐτομόλησε ἐκ Περσέων: This Zopyrus later served as an Athenian general and died in battle fighting for Athens. It is possible that Herodotus met him there about 440 B.C. and that he was the source of the story about his grandfather's spectacular exploit. See How and Wells for details.